하트에 관한
20가지
이야기

그리스 로마 신화에서 이모티콘까지

하트에 관한 20가지 이야기

초판 1쇄 2019년 11월 4일 발행

지은이 메릴린 옐롬
옮긴이 노승영
펴낸이 김성실
책임편집 김태현
표지 디자인 형태와내용사이
본문 디자인 책봄
제작처 한영문화사

펴낸곳 시대의창   **등록** 제10-1756호(1999. 5. 11)
주소 03985 서울시 마포구 연희로 19-1
전화 02) 335-6121   **팩스** 02) 325-5607
전자우편 sidaebooks@daum.net
페이스북 www.facebook.com/sidaebooks
트위터 @sidaebooks

ISBN 978-89-5940-718-7 (03900)

잘못된 책은 구입하신 곳에서 바꾸어 드립니다.

이 도서의 국립중앙도서관 출판예정도서목록(CIP)은
서지정보유통지원시스템 홈페이지(http://seoji.nl.go.kr)와
국가자료종합목록시스템(http://www.nl.go.kr/kolisnet)에서 이용하실 수 있습니다.
(CIP제어번호 : CIP2019039154)

하트에 관한 20가지 이야기

메릴린 옐롬 지음
노승영 옮김

그리스 로마
신화에서
이모티콘까지

시대의창

차례

들어가며 7

심장이 큰 우리 남편에게

들어가며

그림 1_ 작자 미상. 1400~1464년 피시풀 유적에서 출토된 브로치.
영국 런던, 대영 박물관 소장.

이 책의 시작은 2011년 대영 박물관에서 경험한 깨달음의 순간으로 거슬러 올라간다. 중세 유물 전시회를 관람하고 있었는데, 유물 중에는 1966년 노팅엄셔에서 발견된 피시풀 유적의 금화와 보물도 있었다. 상당수는 프랑스에서 제작되었기에 프랑스어가 새겨져 있었다. 이를테면 작은 황금 맹꽁이자물쇠는 한쪽 면에 '드 투de tout', 반대쪽 면에 '몽 쾨르mon cuer'라고 되어 있었는데, '내 마음 다해'라는 뜻이다('heart'는 이 책에서 문맥에 따라 하트, 심장, 마음, 가슴 등으로 번역했다—옮긴이).

바로 그때 심장 모양의 정교한 브로치가 눈길을 사로잡았다. 위쪽으로 봉긋하게 솟은 좌심방과 우심방, 아래쪽으로 뾰족하게 나온 V꼴 모서리. 나는 난생 처음 보는 것마냥 쳐다보았다. 그때, 그

짧은 찰나에, 내가 자라면서 본 모든 하트 — 밸런타인데이 카드의 하트, 사탕 박스의 하트, 포스터와 풍선의 하트, 팔찌와 향수 광고의 하트 — 가 머릿속을 스치고 지나갔다. 두 장의 잎이 완벽한 대칭을 이룬 하트는 우리 몸속에 든 볼품없는 덩어리 기관과 딴판이라는 생각이 문득 들었다. 인간의 심장은 어떻게 해서 이토록 멋진 도상圖像이 되었을까?

그때부터 이 미스터리가 나를 따라다니며 사랑이라는 필연적 주제로 이끌었다. 나는 하트를 나침반 삼아 이 무궁무진한 영토를 누비고 다녔다.

심장이 사랑과 연관된 것은 놀랄 일이 아니다. 사랑에 빠져본 사람이라면 누구나 자신의 낭만적 상상 속에서 찬란하게 빛나던 사람을 보았을 때 심장 박동이 빨라진다는 사실을 안다. 행여 그 사람을 잃는 불운을 겪으면 가슴이 아프다. 우리는 사랑하는 사람에게 버림받았을 때 "심장이 무너져"라거나 "심장이 찢어져"라고 말한다.

심장이 사랑과 짝을 이룬 것은 언제부터일까? 하트 도상은 언제 만들어졌을까? 어떻게 해서 온 세상에 퍼졌을까? 심장을 들여다보면 시대와 장소에 따른 사랑의 의미에 대해 무엇을 알 수 있을까? 종교는 사랑이 깃든 심장에 대해 어떤 태도를 취했을까? 이런 물음에 답하기 위해 나는 이 책을 썼다.

고대 이집트인들은 심장이 영혼의 보금자리이며 사람이 죽으면 심장의 무게를 저울에 단다고 믿었다(그림 2). 이집트 《사자의 서》에 따르면 망자의 심장이 순수하여 '마트'라는 이름의 진리의 깃털보다 가벼우면 그는 내세에 들어갈 수 있지만, 생전에 나쁜 짓을 저질렀기에 심장이 불순하여 깃털보다 무거우면 무시무시한 짐승의 먹잇감이 된다. 기독교에서 말하는 최후의 심판은 재판정에서 심장의 무게를 단다는 이집트식 발상에서 영감을 얻은 것이 틀림없다.

하지만 고대 이집트인들은 심장을 연정의 보금자리로 여기기도 했다. 한 이집트인 시인은 자신의 심장을 자신이 사모하는 여인의 '노예'로 형상화했으며 또 다른 시인은 평범한 하루를 보내다가 문득 심장이 사랑으로 차오르는 것을 느꼈다. "밭 매러 가는데 사랑이 나의 심장을 집어삼키다니 이 얼마나 놀라운 일인가!" 그때로부터 삼천 년도 더 지났지만 우리는 그들의 감정이 우리의 감정과

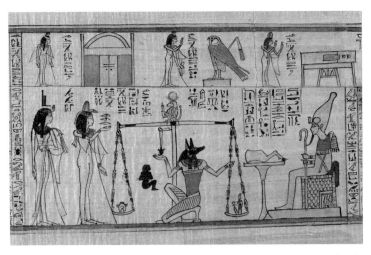

그림 2_ 아문의 가수 나니를 그린 기원전 1050년경 장례 파피루스(부분). 파피루스에 채색. 뉴욕, 메트로폴리탄 미술관 소장. 1930년 로저스 기금으로 구입.

똑같다는 사실을 한눈에 알 수 있다.

뒤이어 중동에서 생겨난 유대교, 기독교, 이슬람교는 대체로 사랑이 깃든 심장을 경계했다. 성경의 〈아가〉와 이야기 몇 편을 제외하면 이 종교들의 경전에서는 사람과 사람의 관능적 사랑을 찬미하지 않는다. 사실 일신교가 탄생하면서 세속과 종교는 심장에 대한 권리를 놓고 다투는 맞수가 되었다. 이 다툼은 첫 천 년에 걸쳐 여러 형태로 나타났으며 중세에는 공공연한 논쟁거리가 되었다.

리라를 뜯으며 사랑 노래를 부른 12세기 프랑스 남부의 트루바두르troubadour(새로운 운문을 찾아내 정교한 사랑의 서정시를 써내는 사람—옮긴이)들은 사랑이 깃든 심장에서 솟아나지 않은 노래는 가치가 없다고 생각했다. 그 뒤에 옥시탄어 트루바두르들을 필두로 프랑스 북부의 음유시인과 이야기꾼은 이상화된 여인에게 자신의 심장을 바치겠다고 맹세하고 정절의 징표로 심장을 '교환'하기를 갈망했다. 물론 이 고상한 행동 양식은 주로 귀족을 대상으로 했으며 심지어 귀족들조차 그렇게 높은 기준에 맞추어 살지는 못했다. 그럼에도 프랑스, 독일, 이탈리아의 지방 궁정에서 선포된 고귀한 사랑의 맹세는 그 뒤로도 끈질기게 살아남았다. 수 세기를 거치면서 이 맹세는 서구의 남녀가 서로에게 기대하는 크고 작은 격식으로 발전했으며 오늘날까지 남아 있는 낭만적 정신을 만들어냈다.

같은 시기에 기독교는 심장을 재조명했다(방법은 달랐지만). 성경에 따르면 심장은 하느님의 말씀을 받고 간직하는 주된 기관이었다. 기독교 교부 중에서 심장 하면 가장 먼저 떠오르는 인물은 성 아우구스티누스다. 그는 《고백록》에서 심장을 200번 이상 언급했는데, 이것은 자신의 가장 깊숙한 내면을 일컫는 표현이었다. 자주 인용되는 다음 구절에서 아우구스티누스는 자신의 믿음을 이렇게 확언한다. "주님은 우리를 지으실 때에 주님을 바라보며 살아가도록 지으신 까닭에, 우리의 심장은 주님 안에서 안식할 때까지는 쉴 수가 없습니다."(《고백록》, 크리스천다이제스트, 2017, 26쪽) 기독교가 그리스도를 향한 순결한 심장을 칭송하고 세속적 사랑을 추구하는 정욕의 심장을 혐오하게 된 데는 성 아우구스티누스의 탓이 가장 클 것이다.

12세기와 13세기, 클레르보의 베르나르도, 빙엔의 힐데가르트, 성 프란치스코 같은 걸출한 인물들의 주도하에 수도원과 수녀원에서 종교적 삶이 부흥하면서 '예수에게 헌신하는 순수한 심장'으로 대표되는 내면적 삶이 새로이 주목받았다. 교회는 에로틱한 사랑에 맞서 하느님과 그의 모든 피조물에 대한 사랑〔이것을 개념화한 것이 '카리타스caritas'(애덕愛德)라는 덕목이다〕을 내세웠으며 후자가 더 우월하다고 주장했다.

하지만 교회가 세속적 사랑에 공식적으로 반대했음에도 에로스는 탈속脫俗의 은둔지까지 비집고 들어왔다. 일부 수도자들은 서로 또한 하느님과 대화할 때 연애의 언어를 구사했다. 헬프타의 제르트루다 같은 신비주의 사상가들은 예수와의 내밀한 육체적 만남을 묘사했는데, 프랑스나 독일의 로맨스에서 인용했다고 해도 믿길 정도였다.

사랑을 나타내는 하트(♥)가 처음 등장한 것은 중세 문화 부흥기였다. 하트는 세속화와 종교화에 두루 쓰였으며 무엇보다 궁정에서 번성했다. 사랑이 깃든 심장이라는 모티프는 일단 탄생하자 보석, 태피스트리, 상아 조각, 나무 상자 등 상류층의 향락을 위해 생산된 수천 가지 물건에 도입되었다. 이 사랑의 상징은 처음에는 사회의 엘리트 구성원들에게만 알려졌으나 이제는 누구나 볼 수 있는 만인의 소유물이 되었다.

하트의 매력은 심미적, 철학적, 심리학적으로 해석할 수 있다. 완벽한 균형과 대담한 색상은 우리의 미감에 호소한다. 똑같이 생긴 두 절반이 하나로 합쳐진 모습은 각 사람이 영혼의 짝과 하나 되기를 갈망한다는 (플라톤적) 철학 관념을 암시한다. 또한 둥근 윗부분은 무의식적 차원에서 가슴과 엉덩이의 성적 이미지를 불러일으킨다. 이를 비롯한 온갖 이유로 이 중세적 상징은 여러 시대와 장소에서 여러 집단의 사람들에게 저마다 다른 사랑의 의미를 구현했다.

이 책은 서구 문화에 초점을 맞추지만 고전기와 중세 사이의 아랍 세계와 (그보다는 비중이 작지만) 현대 아시아의 몇 가지 사례도 살펴볼 것이다. 이런 사례에서 보듯 심장과 사랑의 관계는 서구 바깥에도 널리 퍼져 있다. 이를테면 사랑을 뜻하는 한자에는 심장을 뜻하는 글자가 들어 있다.

심장 → 心
사랑 → 愛

심장과 사랑의 관계를 따라가다 보니 전혀 예상하지 못한 길로 들어서게 되었다. 나는 철학자와 의사가 심장의 기능을 놓고 어떻게 논쟁을 벌였는지, 어떻게 해서 심장이 이따금 몸과 따로 매장되었는지, 어떻게 가톨릭과 프로테스탄트 둘 다 심장을 종교적 목적으로 활용했는지 탐구했다. 온갖 문화권의 작가와 예술가가 심장을 어떻게 묘사하고 표현했는지 전부 조사하려면 평생으로도 모자랄 것이다. 하지만 몇 가지 주제만 추리더라도 '사랑'이라는 단어에 담긴 신비롭고 다채로운 현상에 더 가까이 갈 수 있으리라.

1장

사랑이 깃든
고대의 심장

내 말을 믿어라.
사랑의 축복은 서두르지 말고
느긋한 마음으로
차근차근 꾀어내야 한다.
― 오비디우스

사랑이 깃든 심장이 시각적 형태를 갖추기 오래전부터 심장과 사랑의 관계는 말과 글에서 단단히 자리 잡았다. 이미 고대 그리스의 서정시에서 심장을 사랑과 동일시했다. (이 언어적 표현은 시각적 대응물을 얻기 위해 무려 2,000년 가까이 기다려야 했지만.) 알려진 최초의 사례 중 하나인 그리스 시인 사포는 사랑으로 전율하는 '미친 심장' 때문에 괴로워했다. 사포는 기원전 7세기 레스보스 섬에서 여성 제자들에게 둘러싸여 살면서 그들을 위해 열정적인 시를 썼는데, 지금은 단편적으로만 남아 있다.

　사랑이 내 심장을 흔들었네,

　산에서 부는 바람이

참나무를 흔들듯.

사포의 심장은 한 번도 잠잠하지 않았다. 자신의 의지에 반해 끊임없이 사랑의 여신 아프로디테의 손길에 흔들렸다. "제 심장을 사나운 고통으로 부수지 마소서"라며 아프로디테에게 호소하기도 했다. 하지만 만년에 이르러서는 더는 풋풋한 사랑에 동요하지 않는 자신의 '무거운 심장'을 한탄했다.

사포의 목소리는 누대歷代에 걸쳐 메아리친다. 사람들은 사랑을 심장에 침투하는 신성한 광기로 경험했다. 그리스의 전기 작가 플루타르코스는 사포보다 약 600년 뒤에 안티오코스 왕이 이 질병을 앓고 있음을 간파했다. 안티오코스는 계모 스트라토니케와 사랑에 빠졌을 때, "사포가 노래한 그 모든 확실한 신호들을 나타냈으니, 말이 막히고 얼굴이 불같이 달아오르는가 하면 눈빛이 어두워지고 갑자기 땀이 흘렀으며 심장도 불규칙적으로 두근거리는"게 명백했다. 사랑은 심장에 주로 깃들어 몸 전체에 영향을 미치는 신체 경험으로 이해되었다. 종종 사랑은 필멸자가 변덕스러운 신에게 사로잡히는 고통으로 묘사되었다.

기원전 250년경 로도스의 아폴로니우스가 《아르고 호 이야기》에서 들려준 이아손과 메데이아의 이야기는 그리스 신들이 어떻게 인간을 사랑에 빠뜨리는지 잘 보여준다. 여신 헤라와 아테나의 부추김을 받은 아프로디테는 어린 아들 에로스를 시켜 메데이아가 이아손과 사랑에 빠지게 한다. 그리하여 메데이아는 이아손이 황금 양털을 손에 넣도록 돕는다.

(에로스는) 화살 오늬를 시위 중간에 먹였고,

곧바로 두 손으로 버티고 당겨 메데이아에게 쏘아 보냈다. ……

화살은 소녀의 심장 밑에서

불꽃 같이 깊숙이 타들어갔다.

《아르고 호 이야기》, 작은이야기, 2010, 159쪽.

후대에 통통한 큐피드로 바뀌기는 했지만, 활과 화살을 가진 에
로스는 본디 천진난만한 존재가 아니었다. 그는 위험하고 비인간
적인 힘으로, 순진무구한 처녀에게 성욕을 불어넣어 심장을 격정
으로 채우고 끝내 파멸로 이끈다.

고대 그리스의 철학자들은 심장이 우리의 가장 강렬한 감정들과
관계가 있다고 생각했는데, 그중 하나가 사랑이었다. 플라톤은 사
랑뿐 아니라 두려움, 화, 격분, 고통 같은 부정적 감정을 경험하는
데도 가슴이 주된 역할을 한다고 주장했다. 그는 《티마이오스》에
서 심장이 몸의 감정 작용을 전부 다스린다고 확언했다.

아리스토텔레스는 심장의 역할을 한층 확대하여 모든 인간적 행
위를 주관하도록 했다. 심장은 쾌락과 고통의 근원일 뿐 아니라 불
멸의 영혼 프시케가 주로 머무는 장소이기도 했다. 아리스토텔레
스가 플라톤과, 또한 후대의 그리스 철학자 갈레노스와 어떻게 다
른가는 17세기 철학자와 과학자 사이에서 끝없는 논쟁거리였다.

그림 3_ 작자 미상. 기원전 510~490년경. 실피움(국화과 식물—옮긴이) 꼬투리를 묘사한 은화. 키레네, 데메테르 · 페르세포네 성소, 목록 번호 14번.

로마 시대가 되자 심장과 사랑의 연관성은 상식이 되었다. 사랑의 신 베누스는 아들 큐피드의 도움을 받아 심장에 불을 놓는 존재로 칭송 — 또는 비난 — 받았다. 인간의 심장을 겨냥한 사랑의 화살은 늘 압도적 효과를 발휘했다. 베누스의 손에 불타거나 큐피드의 화살에 꿰뚫린 심장은 카툴루스, 호라티우스, 프로페르티우스, 오비디우스 같은 시인들의 작품에 자주 등장한다.

이 시인들은 종종 연인을 가명으로 일컬었지만 — 카툴루스는 '레스비아', 프로페르티우스는 '킨티아', 오비디우스는 '코리나' — 실제 인물이 있었는지는 미지수다. 그럼에도 그들은 '도미나'의 모습을 중심으로 사랑의 경험을 설득력 있게 묘사했는데, 도미나는 그들의 심장을 움켜쥐고 그들의 생각을 사로잡고 그들을 감정적 노예로 만든 여인을 일컫는다.

적어도 카툴루스의 경우, 레스비아는 로마 정치인의 아내 클로디아를 일컫는 가명으로 알려져 있다. 다른 시인들의 애인은 유부녀나 '화류계 여인demimondaine' — (노예와 달리) 자유인 여인으로, 남녀가 어울리는 사적 만찬에 참석하거나 서커스나 경주 같은 공공 행사장을 들락거렸다 — 이었을 것이다. 이런 종류의 여인은 문란하다는 평을 들었으나, 시인은 기꺼이 자신의 심장을 바쳤다.

또한 카툴루스는 그림 3의 심장 형상과 묘한 관계가 있다. 동전에 새겨진 실피움(지금은 멸종한 거대 회향茴香의 일종인)의 씨앗은 오늘날의 하트(♥)를 빼닮았다(하트가 사랑을 나타내기 시작한 것은 중세부터지만). 카툴루스는 시에서 특별히 고대 리비아의 키레네를 실피움 생산지로 언급했다. 실피움 수출로 얼마나 부유해졌던지 키레네 사람들은 동전에 실피움을 새길 정도였다.

> 레스비아, 몇 번을 입맞추면
> 만족하겠느냐고 그대는 묻소 ……
> 실피움 산지 키레네에 깔린
> 아프리카 모래보다 많이.

카툴루스가 연애시에서 실피움을 언급한 이유는 무엇일까? 오늘날 가장 일반적인 설명은 실피움이 고대에 피임약으로 널리 쓰였다는 것이다. 심지어 또 다른 키레네 동전에는 여인이 한 손으로 실피움을 만지면서 다른 손으로 성기를 가리키는 그림이 새겨져 있다. 2세기 그리스의 의사 소라누스는 실피움을 한 달에 한 번씩 소량 복용하면 임신을 예방할 수 있을 뿐 아니라 필요하다면 낙태도 할 수 있다고 주장했다.

실피움 씨앗의 모양이 천 년도 더 뒤에 유럽에서 생겨난 하트와 관계가 있을 가능성은 희박하다. 그럼에도, 카툴루스가 연애시에서 실피움을 언급한 것에서 보듯 여성들은 성관계의 결과를 늘 걱정해야 했다. 카툴루스도 그의 애인도 임신을 바라지 않았다. 이 시는 실피움 산지 아프리카에서 온 모래보다 많은 레스비아의 입맞춤에 격분하여 험담을 늘어놓는 '참견꾼들'을 조롱하며 끝난다.

실피움이 카툴루스에게 어떤 의미였든, 그림 3의 꼬투리가 훗날 세상에서 가장 보편적인 사랑의 상징이 될 형상의 가장 오래된 모습임은 부인할 수 없다.

로마의 연애시인 중에서 가장 널리 알려진 오비디우스는 **아모르** amor를 일종의 게임으로 묘사한다. 이 게임은 규칙만 안다면 누구나 참가할 수 있다. 그는 《사랑의 기교Ars amatoria》에서 (다소 빈정대는 투로) 이 규칙을 가르치겠다고 나선다. 이 책은 당대에 금세 인기를 끌었고 중세에 다시 한번 유행했으며 오늘날에도 수많은 언어로 번역되어 전 세계에서 읽힌다(아마존 서점에 등록된 영어판만 최소 열 종이다).

오비디우스에게 사랑은 정사와 정서의 묘한 조합인데, 전자에 방점이 찍힌다. 사실 그가 남자에 대해 '심장'이라는 단어를 쓸 때면 독자는 그것을 에로스, 즉 성욕과 동일시해야 한다. 오비디우스의 주인공 — 무엇보다 그 자신 — 은 운명의 여인을 '노획鹵獲'하여 잠자리로 끌어들이는 임무를 띤 전사다.

사랑은 전투와 같다. 게으름뱅이 군인은 저리로 가라.

용기 없는 병사는 군기軍旗를 수호하지 못한다.

오비디우스에 따르면 에로스는 자신 이외에 어떤 법도 몰랐으며, 어떤 도덕도 그의 열정만큼 강하게 심장을 묶지 못했다. 시인은 "연인의 심장을 보여주는" 용감한 남자에게, 즉 저항할 수 없는 매력을 가진 여인을 차지하려고 난관을 이겨내려는 남자에게 아낌없는 박수를 보냈다. 그는 남자란 유혹하는 존재요 여자란 유혹당하는 존재라고 생각했지만, 그가 아는 여인들은 결코 사랑이라는 게임에서 수동적인 존재로 머물지 않았다.

그렇다면 여자의 심장은 어땠을까? 이곳도 에로스의 보금자리였지만, 오비디우스에 따르면 그 밖에도 돈, 아첨, 비밀, 평판 등 수많은 욕망이 심장을 가득 채웠다. 오비디우스는 자신이 욕망하는 여인들을 결코 매력적으로 묘사하지 않았다. 하지만 여인이 온당한 대접을 받는 장소가 하나 있었으니 그곳은 바로 침실이었다. 그는 침실에서 여인이 자신의 짝이 되고 자신처럼 섹스를 즐기리라 기대했다. "나는 둘 다 절정까지 이르지 못하는 포옹을 싫어한다." 오비디우스는 포르노 분위기를 풍기지 않으면서도 성행위의 내밀한 측면을 능란하게 묘사했다. 아래 시에서 보듯, 오비디우스는 어떻게 해야 남녀가 성적 쾌감을 동등하게 공유할 수 있는지 잘 알았다. 고금을 막론하고 여자라면 누구나 공감할 것이다.

내 말을 믿어라. 사랑의 축복은 서두르지 말고
느긋한 마음으로 차근차근 꾀어내어야 한다.

여인이 만져주기를 원하는 부위를 찾아내었으면

부끄러워하지 말고 그곳을 만져주어라. ……

그러나 돛을 지나치게 활짝 펴서 너의 연인을 뒤에 처져 있게 하지도 말고,

그녀로 하여금 너보다 빠른 속력으로 내닫게 하지도 말라.

목표를 향해 나란히 달려가라.

이리하여 기쁨의 절정에 달한 남녀는 함께 함락된 듯 누워 있으리라.

오비디우스는 쾌락에 젖은 '심장'을 이렇게 그렸다. 그는 베누스
와 마르스 같은 그리스·로마 신들의 밀회에서 단서를 얻어 사랑
을 상호적 쾌감에 둘러싸인 두 몸으로 상상했다. 이 모습에는 천상
적인ethereal 것이 전혀 없다. 400년 전 플라톤이 주창한 형이상학적
관념론, 1,300년 뒤 단테가 사랑에 부여하는 종교적 의미, 19세기 낭
만주의의 호들갑스러운 정서 상태와는 무관하다. 오비디우스식 사
랑은 살에 깃들었으며, '심장'은 성기의 고상한 별명에 불과했다.

로마 자유인의 결혼에서 중요한 것은 에로틱한 사랑보다는 혼맥,
사회적 지위, 재산, 자손이었다. 그럼에도 심장은 여전히 남편과
아내 사이에 다정한 감정을 불러일으킨다고 간주되었다. 사실 신
부의 약손가락에 끼우는 결혼반지는 심장과 특별한 관계가 있는
것으로 여겨졌다. 2세기 로마의 작가이자 문법가 아울루스 겔리우
스는 이렇게 설명한다.

이집트인이 그러듯 인체를 잘라 열면 약손가락에서 출발하여 심장에 이

르는 매우 섬세한 신경이 있다. 따라서 가장 중요한 기관과의 느슨한 연관성에 의거하여 나머지 어떤 손가락보다 약손가락에 반지의 영예가 돌아가야 할 것이다.

기막힌 상상 아닌가! 현재의 해부학 지식에서 보면 터무니없지만, **베나 아모리스**vena amoris(사랑의 정맥)라는 가는 혈관이 약손가락과 심장을 잇는다는 로마인의 믿음은 수 세기 동안 이어졌다. 로마의 극작가 마크로비우스의《사투르누스 축제Saturnalia》에서 보듯 5세기에도 건재했으며, 심지어 중세 결혼식에서도 일상적으로 등장했다. 중세 잉글랜드 솔즈베리에서는 결혼 예식서에 신랑이 반지를 신부의 약손가락에 끼워야 하는 이유를 이렇게 설명했다. "그 손가락에 있는 혈관이 심장까지 이어져 그 안의 애정에 닿기 때문이다." 그리하여 로마인들은 반지를 신부의 손가락에 끼움으로써 결혼식을 마무리하고 신부의 애정을 다지는 풍습을 확립했다.

로마의 여인이 아내로서의 소임을 다하고 죽으면 사람들은 사랑이 깃든 심장을 언급하며 그녀를 기렸다. 기원전 2세기의 한 비문에는 이렇게 쓰였다. "이곳은 아리따운 여인의 초라한 무덤이니, 고인은 남편을 심장으로 사랑했노라. 아들을 둘 낳고 말씨와 걸음걸이가 우아했으며 집안을 잘 건사했도다." 비문은 망자를 어머니로서, 주부로서, 우아한 화자로서, 충실한 심장의 소유자로서 찬미했다.

남자의 심장도 아내를 향한 애정을 담는 곳으로 인식되었다. 기원전 58년, 위대한 정치인 키케로는 첫 아내 테렌티아에게 보내는 편지를 이렇게 시작했다. "내 삶의 빛이요, 내 심장의 욕망이여. 사랑하는 테렌티아, 그대를 생각하면 가슴이 미어진다오." 그는 '심장의 욕망'과 30년 넘게 결혼 생활을 유지했으나, 그 사이에 여러 번 별거했는데 주로 키케로의 선택에 의해서였다. 결국 두 사람은 이혼했으며 키케로는 두둑한 지참금을 가져온 한참 연하의 푸블릴리아와 재혼했다. 하지만 키케로가 진정으로 사랑한 사람은 딸 툴리아였는데, 그녀는 그가 재혼한 지 한 달 만에 죽었다. 그는 오열을 멈추지 못한 채 (요즘 말로 하자면) 깊은 우울에 빠졌다. 로마인들은 (특히 여자와 관련하여) 슬픔을 겉으로 드러내는 것을 탐탁해하지 않았으므로 키케로는 자신의 감정을 숨겨야 했다. 얼마 지나지 않아 그는 푸블릴리아와의 짧은 결혼 생활을 끝냈다.

카툴루스는 레스비아에 대해 쓰지 않을 때 로마인 남편과 아내에게 각각 어떤 심장이 알맞은지 서술했다. 남편의 심장: "그의 심장 깊은 곳에서 / 감미로운 욕망의 불이 타오르네." 아내의 심장: "부군의 명령에 복종하니 / 사랑의 덩굴손이 심장을 감싸네." 오늘날의 젊은 미국인은 아내의 심장이 남편의 심장에 복종하는 것을 받아들일까? 그러진 않을 것 같다.

그럼에도 고금의 많은 나라와 비교했을 때 로마의 여인들은 꽤 독립적이었다. 그들은 집 안에서 아낙에 머물러 있지 않았으며 집 밖을 비교적 자유롭게 돌아다닐 수 있었다. 남편은 가문에서 정해 줬고 여성에겐 선택권이 없었지만, 일부다처제 사회와 달리 남편을 다른 아내들과 공유하지 않아도 되었다. 로마법에서는 남자에게 (한 번에) 한 명의 배우자만 허용했기 때문이다. 아내가 심장의 이끌림을 따라 애인의 품에 안기면 남편은 이혼할 권리가 있었으나, 과거와 달리 아내를 죽일 수는 없었다.

아우구스투스 황제는 결혼한 여성의 성적 자유를 속박하고자 기원전 18~17년에 〈간통법Lex Julia de adulteriis〉을 도입하여 간통을 중범죄로 규정했다. 그는 10년 뒤에 갑자기 오비디우스를 귀양 보냈는데, 이 극단적 판결의 근거는 두 가지였다. 하나는 시였고 — 아마도 《사랑의 기교》였으리라 — 다른 하나는 구체적으로 명시되지 않은 '경거망동'이었다. 아우구스투스는 불륜과 전투를 벌이면서 — 자신의 행동은 이에 구애받지 않았지만 — 가족에게도 예외를 두지 않았다. 딸 율리아와 손녀 소小율리아도 같은 죄목으로 추방당했다. 오비디우스는 머나먼 흑해 해안에서 말년을 보내야 했지만 로마인들에게 잊히지는 않았다. 그의 작품은 계속해서 엄청난 인기를 끌었다.

그리스인과 로마인은 사랑이 올림포스 산의 전능한 신들 손에서 시작된다고 믿었을까? 마지막 발언은 오비디우스에게 청하자. "신은 나름의 쓰임새가 있으니, 있다고 믿자." 많은 동시대인도 오비디우스처럼 회의적이었다. 몇몇은 신을 열렬히 믿었을지 모르지만, 플라톤을 비롯한 많은 사람들은 신을 우화 속 인물로, 성격 유형으로, 신성한 본질로 여겼다. 그리스·로마 신화에서 신은 인간과 똑같이 행동했다. 사랑하고 전쟁을 벌이고 질투와 분노에 사로잡히고 간통을 저지르고 거짓말을 하고 속이고 청년과 처녀를 유혹하고 가끔은 아기를 훔치기까지 했다. 그들은 초자연적 힘을 발휘하여 사랑의 대상을 정복하거나 필멸자를 파국적 사랑에 빠뜨리는 데 전혀 거리낌이 없었다.

그들의 힘은 자연의 힘과 마찬가지로 근본적으로 탈도덕적이었으며 그들이 인간에게 불러일으킨 성적 사랑은 종종 파멸로 이어졌다. 이를테면 메데이아는 이아손이 황금 양털을 손에 넣도록 도와주지만 그가 자신을 버리고 다른 여인에게 가자 분노에 사로잡혀 자신의 아이들을 죽인다. 의붓아들 히폴리토스와 사랑에 빠진 파이드라는 결국 아들을 죽게 하고 자신도 목숨을 끊는다. 아프로디테의 꾐에 빠져 파리스와 도주한 헬레네는 트로이 전쟁의 불씨가 되었다. 극작가 아이스킬로스가 그녀를 '심장을 먹는 사랑의 꽃'이라고 부를 만도 했다. 이런 경우에 고대의 남성 작가들은 가장 끔찍한 만행을 저지를 심장을 신화의 여인들에게 부여했다. 심장이 다른 심장과 조화롭게 결합하는 일은 드물었다. 심장은 종종 먹히고 꿰뚫리고 정복되고 침략되고 찢기고 훼손되었다.

그럼에도 그리스인과 로마인은 결혼을 다정하게 서로 사랑하는 심장의 부화기孵化器로 여겼다. 《오디세이아》의 페넬로페와 오디세우스를 시작으로 그리스 문학에서는 애정과 혼맥과 정절로 묶인 부부상을 제시했다. 그리스·로마 시대 부부의 일상생활이 어땠든 — 살벌했든 비참했든 달콤했든 화목했든 온갖 감정이 뒤섞였든 그들은 적어도 겉으로는 부부애의 이상을 칭송했다. 오늘날 우리가 아는 불꽃 튀는 낭만적 사랑은 보듬어야 할 것이 아니라 두려워해야 할 것이었다.

신체 부위 중에서 사랑과 가장 흔히 연결된 것은 심장이지만, 고대인들은 성기도 무시하지 않았다. 그리스 도자기는 구석구석에 성교 장면을 넣었으며 고대 아테네인들은 거대 남근상을 세우기까지 했다. 로마 신들의 나체 조각상은 남근이나 젖가슴을 가리지 않았으며 오비디우스는 '여인이 애무받기를 좋아하는 부위'를 대담하게 암시했다. 그럼에도 사랑이 가랑이 사이에만 있다고 주장할 만큼 냉소적인 사람은 많지 않았다.

2장

심장에서 나온
아람의 노래들

사랑은 한 번 바라보기만 해도
심장에 달라붙는다.

— 이븐 하즘

476년에 서로마 제국이 몰락한 뒤로 유럽에서는 세속적 사랑에 대한 글을 찾아보기 힘들지만, 지중해 건너 북아프리카에서는 구전이나 문헌으로 된 표현을 발견할 수 있다. 그곳에서는 고대 그리스·로마와 마찬가지로 심장을 사랑과 연관 지었다. 아랍의 음유시인 **라위**ᵣāwī는 애절한 연애시를 암송했는데, 시의 주제는 유목민 천막 안에서의 위험천만한 동성 간 밀회와 '남자 사이의 열정'으로부터 지체 높은 유부녀에 대한 순수한 흠모의 정에 이르기까지 다양했다. 8~9세기에 채록된 이 시들에서는 632년 무함마드가 죽기 전에 유목민 베두인족이 어떤 사랑을 나눴는지 엿볼 수 있다. (그 뒤에는 종교가 애욕적 사랑을 제치고 아랍 시의 주제가 되었다.)

이슬람교 이전에 연인의 심장은 종종 여인에 대한 갈망으로 가득 차 애달팠다. 유목민끼리의 만남은 대개 짧았으며 슬픈 이별로 끝났다. 시인 카브 빈 주하이르Ka'b Bin Zuhair는 이렇게 외쳤다. "수아드가 떠나가고 오늘 나의 심장은 사랑으로 앓네." 또 다른 시인 아무르 이븐 아비 라비아Umar Ibn Abi Rabi'ah는 자신의 심장을 사로잡은 자이나브에 대한 짝사랑에 공감해달라고 친구들에게 부탁했다. 세번째 시인 알 아스와드 빈 야푸르al-Aswad Bin Yafur는 병약한 노년을 탄식하면서 "눈살로 남자의 심장을 쏠" 수 있는 여인들과 쾌락을 맛보던 시절을 회상하며 아쉬워했다.

이 주제들이 친숙하게 들리는 이유는 상사병으로 심장을 다친 시인이 상투적 존재이기 때문이다. 우리는 이미 고대에서 그런 시인을 보았으며 앞으로 중세와 19세기에서도 볼 것이다. 하지만 이 초기 아랍 연인들의 남다른 점은 위험하기 짝이 없는 세상에 살면서 모험으로 용기를 입증했다는 것이다. 그는 끊임없이 이동해야 했고 드넓은 사막으로 둘러싸였으며 바람에 시달리고 낙타에 의지했으며 멀리 보이는 천막에 안도했다. 그들이 사랑하는 여인은 하늘거리는 옷을 입고 사향 냄새를 풍겼으며 낙원을 상징했다. 하지만 시인들은 여인을 사막의 물처럼 변덕스러운 존재로 묘사하기도 했다. 많은 여인은 가족이나 남편이나 보호자가 있었으며 그녀를 만나려면 그들을 따돌려야 했다. 이슬람교 이전 베두인들이 묘사하는 사랑의 모험을 벌이려면 저돌적 용기를 발휘해야 했다.

하지만 남편과 아이에도 불구하고 밀회를 포기하지 않는 대담한 여인들은 늘 있었다. 많은 여인을 사랑한 임루 알 카이스Imru' al-Qays는 자신이 밤에 찾아간 여인들, 특히 아기를 돌보면서 자신과 정사를 나눈 여인을 기억한다. "젖먹이가 울자 그녀는 몸의 절반을 아기에게 돌렸으나 내 몸에 눌린 나머지 절반은 돌리지 못했다."

에휴! 박식한 학자 말로는 이 구절이 "아랍 고전 시 중에서 가장 음란하다"고 한다. 임루 알 카이스는 이런 정복 사례를 들며 자신의 젊은 시절 매력과 여인을 즐겁게 하는 능력을 과시했다.

하지만 이 시를 쓸 당시에 그는 수많은 여인과 염문을 뿌리고 있었으며 자신의 심장이 한 여인의 손길에 휘둘리는 것을 한탄했다. 더는 이 여인 저 여인 자유롭게 만나고 다닐 수 없게 된 그는 자신의 심장이 그녀의 눈에 '상처'를 입고 산산조각 났으며 다시는 회복될 수 없을 것이라 불평했다.

열정적이고 생생한 연애시를 통해 우리로 하여금 유목 생활을 하는 베두인의 심장과 마음속에 들어가게 해준 시인은 임루 알 카이스 말고도 100여 명에 이른다. 그들은 대담한 애정 행각을 과시했다. 때로는 달아나는 사랑을 붙잡았으며 때로는 (어느 시대나 그렇겠지만) 가질 수 없는 사랑 때문에 회한에 잠겼다.

어느 문명에나 전설적 연인이 있다. 로마에는 안토니우스와 클레오파트라가, 프랑스에는 아벨라르와 엘로이즈가, 프랑스와 독일에는 트리스탄과 이졸데가, 잉글랜드와 프랑스에는 랜슬롯과 귀네비어가, 영국에는 로미오와 줄리엣이 있었다. 실제 인물을 바탕으로 삼았든 완전히 허구이든, 이들이 나눈 열렬한 사랑의 기록은 언제까지나 간직될 것이다. 이들이 에로틱한 열정을 더욱 강렬하게 경험한 것은 가문, 나라, 교회, 남편 등으로 인한 걸림돌 때문이었으며, 대부분은 슬프거나 비극적 결말을 맞았다.

아랍 문화에도 자밀과 부사이나, 마지눈과 라일라, 쿠사이르와 아자 같은 전설적 연인이 있다. 이 연인들이 눈길을 끄는 것은 연애의 이상理想에 충실했을 뿐 아니라, 중세 유럽을 뒤흔든 '궁정연애courtly love'의 씨앗을 뿌렸기 때문이다.

시인 자밀은 용맹하고 충실하고 (선배들과 달리) 순결한 베두인 연인의 새로운 전형을 제시했다. 이 새로운 이상은 자밀의 시대에 확립된 이슬람의 가치를 반영했는데, 이에 따르면 사랑을 하는 사람은 결코 육체관계를 맺지 않으면서도 여인을 멀리서 우러러보며 마음을 다하여 그녀에게 충실할 수 있었다.

자밀의 이야기는 자기 부족의 젊은 여인 부사이나를 향한 사랑의 열병을 따라간다. 여인은 그의 유혹을 받아들였는데, 처음에는 보호자의 눈과 소문을 피해 이따금 만났다. 하지만 부사이나는 대화를 나누고 이따금 입맞춤하는 것 이상은 허락하지 않았다. 그 선을 넘는 것은 베두인 여인에게 치명적일 수 있었기 때문이다.

머지않아 자밀은 부사이나에게 청혼했다. 그녀의 가족이 더 나은 혼처가 있다며 결혼을 거부하자 자밀은 실의에 빠졌다. 하지만 그는 유부녀가 된 그녀를 여전히 흠모했다. "부사이나가 처녀일 때 나는 처녀를 사랑했고 / 그녀가 결혼하자 유부녀를 사랑하게 되었네." 이슬람교 이전 시인들과 달리 자밀은 오직 한 사람에게 충실했으며 내세에서 그녀를 만날 것이라고 위안 삼았다. 이 점에서 자밀의 사랑은 이슬람 신앙과 닮았다. 지상에서 허락되지 않은 사랑은 언젠가 낙원에서 얻을 수 있을 터였다. 부사이나는 성인이 되었으며 자밀은 매일 그녀에게 기도했다. 그와 동료 시인은 사랑을 종교 같은 것으로 여겼으며 연인을 사랑의 신으로 섬겼다.

11세기에 스페인 남부에 살았던 아랍의 신학자이자 법률가이자 철학자 이븐 하즘Ibn Hazm이 사랑에 대해 쓴 글은 아랍 세계뿐 아니라 12세기 프랑스에서까지 큰 영향을 미쳤다. 〈사랑과 연인에 대하여 On Love and Lovers〉에서 그는 "사랑의 다양한 의미, 원인, 사건, 곡절, 그리고 사랑을 둘러싼 바람직한 상황을 서술하겠"다고 장담하면서 개인적인 경험과 믿음직한 사람들이 회상하는 경험을 근거로 삼겠노라 약속했다. 맨 처음 언급한 것은 종교와 법률이었다. "사랑은 종교에 의해 비난받지 않으며 법률에 의해 금지되지도 않는다. 심장은 알라의 손에 있기 때문이다." 그렇다면 심장은 알라에게 친밀하게 연결되어 있다. 알라는 "심장을 자신에게 바치"라고 요구하기 때문이다(《꾸란》26장 89절).

이븐 하즘은 이슬람교인이었지만, 그에 못지않게 플라톤주의자였다. 플라톤과 마찬가지로 그는 사랑이 신체적 아름다움에서 비롯하나 진정한 사랑은 영혼을 향한 것이어야 한다고 생각했다. 그는 선배 시인의 말을 떠올렸다. "붉은 옷을 입은 사람을 보면 심장이 수심으로 미어지도다." 눈과 영혼, 그리고 물론 심장은 마치 연가의 후렴처럼 이븐 하즘의 글에 거듭 나타난다.

이따금 짧은 만남에서도 "사랑은 한 번 바라보기만 해도 심장에 달라붙"는다. 첫눈에 심장을 사로잡는 사랑은 많은 문화권에서 상투적으로 쓰는 비유다. 하지만 이븐 하즘은 진정한 사랑을 하려면 시간이 걸린다고 주장한다. 그가 가슴속에서 사랑을 안 것은 오랜 세월이 지나서였다. 후대의 많은 유럽 작가들은 그의 말에 반대하고 첫눈에 반한 사랑을 고집할 것이다. 그래야 더 극적이니 말이다.

하지만 한 번에 두 사람을 사랑할 수 없다는 그의 주장에는 다들 동의할 것이다. 그는 이렇게 말했다. "심장에는 두 사람을 사랑할 공간이 없다. 심장은 하나이며 오로지 한 사람에게만 사로잡힌다. 다르게 행동하는 심장은 사랑의 법칙에 비추어 보건대 수상쩍다." 심장이 진정한 사랑을 하나만 담을 수 있다는 믿음은 서구 로맨스를 떠받치는 기둥이 되었다.

이븐 하즘의 세상에서 사랑하는 이와 사랑받는 이는 대부분 차이가 났다. 나이, 감정, 신분의 격차가 흔했다. 종종 남자는 노예나 하층 계급과 사랑에 빠졌으며 심지어 결혼하기도 했다. 그런데 유럽의 궁정연애 기록에서는 상황이 정반대다. 음유시인이나 기사는 왕이나 영주의 부인 같은 지체 높은 여인에게 매혹당한다. 남편은 자신의 배우자에 대한 청년의 관심이 정신적 영역에 머무는 한 눈 감아준다.

결국 이븐 하즘은 육체관계에 이르렀다. 에로틱한 사랑에 대한 이야기를 수없이 들려준 뒤에 — 주로 이성애였으나 동성애도 몇 건 있었다 — 그는 성행위의 죄악, 특히 혼전 섹스, 간통, 비역을 질타했다. 열정은 '지옥의 문을 여는 열쇠'였다. 그의 조언은 죄를 짓지 말고 가능한 한 금욕하라는 것이었다. "심장이 미혹된 자, 영혼이 사랑에 홀린 자"는 지옥에 떨어질 것이다. "순수한 심장으로"

알라에게 나아가는 자만이 낙원에서 영원한 보금자리를 선물로 받을 것이다. 이븐 하즘이 이해한바 심장은 (그가 비난한) 세속적 열정의 보금자리인 동시에 종교적 신앙의 보금자리였다. 지난날 어떤 열정을 경험했든 그는 영적인 것을 육적인 것 우위에 놓고 신에 대한 사랑을 위해 필멸자에 대한 사랑을 포기함으로써 알라와 화해했다.

3장

하트
아이콘의
원조들

그림 4_ 작자 미상. 6세기 여성 음악가의 형상으로 장식된 대접. 은제. 이란 테헤란, 테헤란 미술관 소장.

고대 그리스, 로마, 아랍, 초기 중세 문명을 조사하는 내내 나는 심
장의 시각적 표상을 뒤졌다. 친숙한 하트 아이콘이 맨 처음 등장한
사례를 찾고 싶었다. 시와 산문에서 묘사된 심장과 사랑의 관계를
찾는 것과 사랑을 상징하는 두 잎의 대칭형 하트 그림을 발견하는
것은 전혀 별개다. 여러 달 동안 머릿속을 떠나지 않는 질문이 있
었다. 하트는 고중세 이전에도 존재했을까? 답은 그렇다이기도 하
고 아니다이기도 하다. 하트의 형태가 그림 3의 키레네 동전에서
보듯 기원전 6세기까지 거슬러 올라간다는 점에서는 그렇다이지
만, 그 형태 자체가 인간의 심장을 나타내지 않으며 사랑과 동일시
되지 않았다는 점에서는 아니다.

　얼마 안 가서 나는 지중해 지역에서 또 다른 하트 모양을 여러

개 발견했다. 이를테면 6세기 페르시아(지금의 이란)에서 제작된 멋진 은제 대접에는 우리에게 친숙한 가리비 하트를 빼닮은 무늬가 새겨져 있다. 무슬림에게 정복되어 이슬람교를 받아들이기 전 페르시아에서는 사산 왕조의 권력이 정점에 달했다. 국왕은 강성했으며 궁정 문화는 사치스러웠다. 그림 4의 대접은 매우 정교하게 세공되고 여인의 형상 네 개가 양각되었는데 — 악사 세 명과 무희 한 명 — 각각 포도나무와 포도로 둘러싸였으며 한 줄의 하트 장식이 그들을 갈랐다. 하지만 이 무늬가 인간의 심장을 나타낼 가능성은 낮으며 사랑과 연결되었을 가능성은 더더욱 희박하다. 대접에 포도, 잎, 포도나무를 주로 새긴 것으로 보건대 사랑보다는 포도주와 관계가 있었을 것이다.

6세기의 또 다른 하트 무늬는 유럽에서 기원했는데, 2016년 가을 파리에서 열린 〈중세에서 무엇이 새로울까?Quoi de neuf au Moyen Age〉라는 제목의 전시에서 선을 보였다. 가톨릭 사제의 것이다가 6세기 귀족의 무덤에 껴묻힌 걸쇠 한복판에는 하트를 닮은 작은 물건이 놓여 있었다. 이 작은 하트는 단순히 예쁜 문양이었을까, 아니면 특별한 의미가 있었을까?

네덜란드의 신경외과 의사이자 출판인 고故 피에르 핑컨Pierre Vinken은 중세 초기에 등장한 이런 문양에는 심장을 나타낼 의도가 없다고 주장했다. 단순한 장식으로 대체로 담쟁이 잎을 형상화했으리라는 것이다. 그가 《심장의 형상The Shape of the Heart》에서 제시한 예들은 그의 논지를 뒷받침한다. 하지만 핑컨이 언급하지 않은 초기 유물들을 보면 두 잎 모양의 형태에 상징적 의미가 있었을지도 모른다는 생각이 든다. 어떤 의미였는지는 모르겠지만. 가장 흥미로운 것 중 하나는 《계시록 주해서Commentaria In Apocalypsin》로 알려진 스페인의 필사본 26점이다. 이 유물은 9세기 후반에서 13세기 초반으로 거슬러 올라간다.

《계시록 주해서》의 원작자는 8세기 수도사 리에바나의 베아투스Beatus of Liébana인데, 그는 세상의 종말이 임박했다고 믿었다. 이 믿음의 근거는 신약성경의 마지막 책인 《계시록》이다. 이 책에서는 세상의 최후를 상세하게 묘사하는데, 의인은 하늘로 올라가고 악인은 무시무시한 재앙을 맞는다. 베아투스와 그의 동시대인들은 종말의 해를 800년으로 못 박았지만, 그해가 지났는데도 《주해서》는 모자라브Mozarab가 정착한 스페인 북부의 수많은 수도원에서 여전히 필사되었다. 모자라브는 711년 스페인이 무슬림에게 정복된 뒤에도 이슬람교로 개종하지 않고 신앙을 지킨 기독교인들이다.

10세기 중엽에 제작되어 지금은 뉴욕 모건 박물관에 소장된 베아투스 필사본 하나는 마이우스Maius라는 스페인인 필경사 겸 채식사彩飾師의 작품이다(사본 번호 644). 특히 눈길을 끄는 것은 본문의 단을 표시하려고 한 줄로 그린 빨간색 테두리의 작은 하트들이다. 중세 필사본 전문가 크리스토퍼 드 해멀Christopher de Hamel에 따르면 이 무늬는 "상사병에 걸린 십대 소녀의 연습장에 그려진 하트"와 비슷하지만 실은 사랑과 전혀 무관할 것이다.

게다가 모건 베아투스의 다른 부분에서는 양식화된 작은 하트 두 개가 그리스도의 어린 양 삽화를 장식하고 있었다. 아마도 모건 베아투스의 채식사는 6세기 페르시아인과 서고트족 기독교인이 쓰던 하트 문양을 보고서는 자신의 작품을 장식하는 데 요긴하겠다고 생각했을 것이다.

975년에 완성된 또 다른 베아투스 필사본인 히로나 코덱스에는 상징적 의미가 담겼을지도 모르는 하트가 그려져 있다. 계시록의 네 기사를 그린 전면 삽화에서 흰 말을 머리부터 꼬리까지 장식한 것은 아무리 봐도 빨간색의 작은 하트다. 왜 이 말만 이렇게 장식했을까? 계시록에서 이 그림의 바탕이 된 구절을 살펴보면 말 네 마리가 각각 나름의 색깔과 특징이 있음을 알 수 있다.

> "흰 말이 있는데 그 탄 자가 활을 가졌고."
> "이에 다른 붉은 말이 나오더라. 그 탄 자가 …… 큰 칼을 받았더라."
> "검은 말이 나오는데 그 탄 자가 손에 저울을 가졌더라."
> "청황색 말이 나오는데 그 탄 자의 이름은 사망이니라."
>
> 《계시록》 6장 1∼8절.

네 말의 의미는 수 세기 동안 신학자들의 골머리를 썩였다. 말은 운명의 징조임이 분명한데, 오른쪽 위의 붉은 말은 전쟁을 상징하고 왼쪽 아래의 검은 말은 기근을 상징하고 오른쪽 아래의 청황색 말은 죽음을 상징한다. 흰 말을 탄 사람은 종종 그리스도와 동일시되지만, 해석에 따라서는 적그리스도로 보기도 한다.

《히로나 베아투스》에서는 흰 말을 탄 사람이 나머지와 확연히 다르다(그림 5). 그의 말은 즐거워 보이는 하트로 장식되어 있지만 기사는 몸을 뒤로 돌려 뒤쪽의 다른 기사들을 쳐다보고 있는데, 아마도 그들에게 활을 겨누고 있는 듯하다. 흰 말의 하트는 기사가 전쟁, 기근, 죽음에 대적한다는 표시인지도 모른다. 이것은 그가 그리스도를 나타낸다는 견해와 일치하는 시각적 표현이다.

또 다른 필사본은 더더욱 요령부득이다. 필경사의 이름을 딴《파쿤두스 베아투스》는 국왕 페르난도 1세와 왕비 산차의 명으로 1047년에 제작되었다. 이 필사본은 환상적인 그림 여러 점에 하트

그림 5_ 작자 미상. 10세기《히로나 베아투스*Girona Beatus*》(folio 126r) 중 〈첫 네 인의 개봉The Opening of the First Four Seals〉(부분). 금은 채식, 400x260mm. 스페인 히로나, 히로나 성당 박물관. © moleiro.com.

장식을 했다.

〈계시록의 네 기사〉에서는 오른쪽 위와 왼쪽 아래에 있는 두 마리 말의 궁둥이에 하트 낙인이 하나씩 찍혀 있다. 왜 이 두 마리는 하트 낙인을 찍고 왼쪽 위의 흰 말은 작은 원들로 덮고 오른쪽 아래의 말은 아무런 장식도 안 했을까? 나로서는 답할 길이 없다.

파쿤두스 베아투스에 실린 또 다른 그림 〈충실과 진실이라 불리는 기사〉에서는 말 여섯 마리가 세 곳에 그려져 있다. 맨 위의 두 마리는 궁둥이에 군대 휘장처럼 하트 낙인이 찍혔으나 아래쪽의 네 마리는 이런 장식이 없다. 파쿤두스는 다른 삽화에서도 동물을 하트로 장식했으며 하트 모양을 쌓아 올려 야자나무 줄기를 만들기도 했다.

10~11세기 스페인 북부에서 그려진 이 모든 모자라브 하트는 12~13세기의 후대 베아투스 필사본에서는 찾아볼 수 없다. 이 하트들이 왜 사라졌는가는 수수께끼다. 뒤이어 나타난 프랑스와 이탈리아의 (종교적이면서 또한 비종교적인) 하트 그림과 직접적 관계가 있는가는 또 다른 수수께끼다. 또 다른 발견이 이루어지지 않는 한 우리는 고대 페르시아와 중세 유럽 초기의 하트 장식이 심장이나 사랑과 무관하다고 결론지어야 할 것이다. 이 유쾌한 형상들의 의미는 사라졌거나 잊혔다.

잠시 이 형상에 어떤 일이 일어났을지 생각해보자. 그림 3의 고대 리비아 동전에 실린 실피움 꼬투리와 밀접한 관계가 있었다면 피임이나 낙태의 상징이 되었을지도 모른다. 아니면, 500~600년 뒤에 그림 4의 고대 페르시아 대접에 하트의 줄이 새겨졌을 때는 포도주와 술 빚는 사람의 상징이 되었을지도 모른다. 그것도 아니라면 그림 5의 베아투스 필사본에서 보건대 10세기 스페인에서 말의 낙인이 되었을지도 모른다. 아닌 게 아니라 두 장의 잎은 궁둥이를 닮았다. 하지만 이 중 어떤 의미도 우리가 하트라고 부르는 가리비 모양과 부합하지 않는다. 하트가 사랑의 상징이 되려면 여건이 맞아떨어지기를 기다려야 했으며 그 여건이 처음으로 등장한 것은 고중세였다.

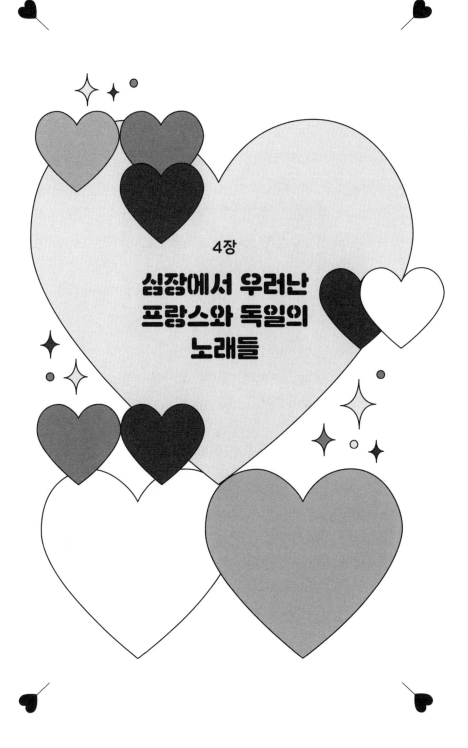

4장

심장에서 우러난
프랑스와 독일의
노래들

그림 6_ 작자 미상. 《코덱스 마네세Codex Manesse》 중 〈그레스텐의 알람 씨: 음유시인Herr
Alram von Gresten: Minne Gespräch〉(COD. Pal. 848, Bl. 311r), 1300~1340년. 양피지,
표지는 채색한 축도. 35x25cm. 독일 하이델베르크, 하이델베르크 대학교 도서관.

12~13세기가 되자 사랑이 깃든 심장은 스페인 북부, 프로방스, 프랑스, 독일, 이탈리아의 영주 궁정에서 보금자리를 찾았다. (옥시탄어를 말하는) 프랑스 남부에서는 '트루바두르'라 불리고 (프랑스어를 말하는) 북부에서는 '트루베르trouvère'라 불린 음유시인들은 **핀 아모르**fin' amor로 알려지게 된 새로운 형태의 사랑을 찬미했다. 핀 아모르는 번역이 불가능하다. 오늘날은 궁정연애라 부르지만 원래 의미는 '극단적 사랑'이나 '정제된 사랑', '완벽한 사랑'에 가까웠다.

궁정연애에서 트루바두르는 자신의 심장을, 심장 전체를 오직 한 여인에게 바치겠다고 맹세해야 했다. 영원히 그녀에게 진실하겠다는 약속과 함께. 트루바두르는 숙녀와 그녀의 궁정 사람들이

모인 자리에서 리라나 하프를 뜯으며 심장을 다해 노래했다. 방랑할 때는 '갈망하는 심장'의 불씨가 된 여인을 향해 불멸의 사랑을 선포했다. 이 표현은 12세기 트루바두르 베르나르트 데 벤타도른 Bernart de Ventadorn이 잉글랜드에 돌아온 아키텐의 엘레오노르를 만난 뒤에 그녀에게 영감을 얻어 만든 것이다. 엘레오노르는 (최초의 트루바두르 연애시를 지었다고 전해지는) 아키텐 공 기욤 9세의 손녀로, 프랑스의 루이 7세와 결혼할 때와 잉글랜드의 헨리 2세와 재혼할 때 뛰어난 트루바두르들을 이끌고 왔다.

베르나르트의 한 송시는 이런 단언으로 시작한다. "귀한 노래는 / 심장에서 흘러나와야 하리. / 심장에서 흘러나오는 노래는 / 그 속에 핀 아모르가 들어 있어야 하리니." 베르나르트는 자신이 그 어떤 트루바두르보다도 노래를 잘하는 이유를 사랑이 심장을 — 입과 눈과 영혼과 더불어 — 집어삼켰고 자신의 여인에 대한 헌신이 세상만큼 크기 때문이라고 주장했다. "그녀는 내 심장을 차지하고 모든 것을 차지했네. / 나와 온 세상을."

핀 아모르는 사랑하는 이에게 자신의 가치를 입증하려는 연인에게 긍정적 영향을 미치는 것으로 평가되었다. 또 다른 트루바두르 아르노 다니엘 Arnaud Daniel은 심장 안의 사랑이 자신을 "더 나은 존재가 되게 한"다고 말했다. 그는 이런 극단적 사랑이 다른 누구의 심장이나 영혼에도 들어간 적 없다고 주장했다. 트루바두르는 노래든 사랑이든 도덕적 용기이든 자신의 개인적 솜씨를 예찬하는 데 거리낌이 없었다.

에로틱한 욕망을 표현하는 데에도 거리낌이 없었다. 이름난 여성 트루바두르인 디 백작부인은 자신의 기사에 대한 사랑을 솔직한 육체적 언어로 표현했다. 그녀는 "그에게 나의 심장과 사랑을 주네"라고 쓰고는 대담하게도 자신의 팔로 남편 대신 그를 끌어안고 싶다고 덧붙였다. 남성 트루바두르 사이에서 드문 존재이던 그녀는 남성과 마찬가지로 침실의 기쁨을 찬미했다.

햇볕과 온기와 무성한 포도나무가 있는 남프랑스에서는 북부에 자리 잡은 종교적 금욕주의에도 불구하고 결코 관능적 삶이 위축되지 않았다. 잿빛 그늘이 진 북부의 트루베르들은 대체로 육체에 덜 치중했다. 하지만 그들도 자신이 선택한 여인에게 심장을 맹세하고 핀 아모르의 명령에 기꺼이 복종했다(비록 가망 없었을지라도). 그리하여 13세기 들머리에 활동한 다작의 음유시인 가스 브륄레 Gace Brulé는 자신의 '진정한 심장'과 '정직한 심장'과 '충실한 심장'이 자신의 여인에게 주어졌으며 "풀려날 가망이 없"다고 즐겨 노래했다. 사랑하고 노래하고 고통받으려는 강박이 브륄레의 심장을 가득 채웠으며 그는 이것을 사랑의 아픔을 증언하는 증인으로 내세웠다. "심장이여, 내가 어찌할 수 있겠는가." 그는 여인에게 영원한 복종을 맹세했다. "저의 심장과 몸을 모두 드립니다." 브륄레는 다음의 특징적인 후렴구에서 보듯 무조건적 사랑에 통달한 시인이었다. "내 심장이 바라는 것은 오로지 / 그녀뿐." 그는 그녀의 감정이 자신과 같지 않더라도 심장에 깃든 짝사랑에 감사한다고 천명했다.

한 세대 뒤, 엘레오노르의 증손자 샹파뉴의 티보 백작Count Thibaut de Champagne도 심장 깊숙이 박힌 고통을 노래했다. 그는 핀 아모르의 관례를 따라 가신이 영주를 섬기듯 여인을 섬기고 사랑으로 인한 즐거운 고통을 반기겠노라고 맹세했다. "심장과 의지를 모두 사랑에 쏟아부은 자는 / 선과 악의 고통을 겪고 감사할지니." 하지만 이따금 결심이 약해져 이렇게 외칠 때도 있었다. "하느님께서 내게 그녀의 아름다운 몸을 끌어안는 은혜를 허락하신다면 얼마나 좋을까."

소드델로Sordello로 알려진 13세기 음유시인은 여인이 자신의 심장에 찍은 자국을 시각적으로 형상화했다.

사랑이
그대의 자국을
나의 심장 깊숙이 찍었으니,
나는 평생 흔들림 없이
그대를 기쁘게 하는 것이라면
무엇이든 하리.

사랑하는 이의 모습을 심장 속에 간직한다는 생각은 시인들의 상투적 표현이 되었다. 폴케 드 마르세유Folquet de Marseille는 이렇게 노래했다. "심장 깊이 간직된 그대의 모습이 / 내게 이 마음 변치 말라고 격려하네." 이 시를 13세기 트루바두르 시 모음집에 실으면서 곁들인 삽화에는 폴케의 튜닉tunic에서 그의 심장을 덮은 부위에 여인의 모습이 그려져 있었다.

트루바두르와 투르베르는 심장의 소리에 귀를 기울여 노래의 정조와 분위기의 나침판으로 삼았다. 한 무명 트루베르는 자신에게 노래의 영감을 준 여인에게 즐거운 심장을 기꺼이 내어주었다. 또 다른 트루베르는 사랑하는 이의 형상을 떠올리면 "즐거이 노래하는 동안" 심장이 팽창하여 불타오르는 것을 느꼈다. 하지만 음유시인들은 아쉬움과 우수를 노래할 때가 더 많았다. 블롱델 드 넬Blondel de Nesle은 무감한 여인 때문에 자신의 심장이 "시커멓게 그을렸"다고 불평했다. 슬프든 행복하든, 관능적이든 플라톤적이든, 트루바두르와 트루베르가 노래한 시들은 모두 여인을 우러러보고 그녀에게 심장의 문제에 대한 절대적 권능을 부여하는 이상화된 사랑을 찬미했다. 물론 궁정에서 이 새로운 사랑의 모델을 퍼뜨린 왕비, 공작부인, 백작부인을 제외하면 현실에서 중세의 여인들은 대부분 사실상 아무 권력도 없었다.

프랑스에서 시작된 노래와 시는 이웃 나라로 거세게 퍼졌으며 나라마다 나름의 형태를 덧붙이고 창조했다. 옥시탄어 노래와 시는 스페인 북부, 포르투갈, 이탈리아 북부에 침투했으며 프랑스 북부의 시와 이야기는 독일, 헝가리, 마지막으로 스칸디나비아에 진출했다. 이들 지역에서 사랑은 문학적 관념으로서뿐 아니라 중요한 사회적 가치와 필수불가결한 인간 조건으로서 자리 잡았다. 세속 문명은 에로틱한 사랑을 변덕스러운 그리스·로마 신들이 내리는 징벌이나 기독교인들이 멀리한 죄악으로서 바라보지 않았으며 예전에 결코 없던 방식으로 사랑을 받아들였다. 관능적 사랑에 대한 갈망은 서구의 의식에 스며들어 그 뒤로 영원히 머물렀다.

프랑스의 트루바두르와 트루베르에 해당하는 중세 독일의 음유 시인은 미네장Minnesinger 또는 Minnesänger으로 알려졌다. 이것은 1100년 이후 중세고지독일어Middle High German에서 발전한 사랑의 형상화인 프라우 미네Frau Minne에서 이름을 땄다. 프랑스의 선배들과 마찬가 지로 미네장들은 대체로 사랑 노래를 위해 가사와 곡을 썼다. 많 은 이들은 하급 귀족 출신이거나 궁정의 후원으로 먹고사는 상류 층 평민이었다. 그들은 사랑에 대해 글을 쓰고 노래하면서 프랑스 에서 발전한 궁정적 이상을 따르되 나름의 지역적·개인적 색채를 덧붙였다.

이 시기의 시 중에서 가장 유명한 것은 무명의 미네장이 쓴 것으 로, 연인이 화자의 심장 속에 갇혀 있기에 파멸시킬 수 없는 상호 간의 사랑을 매혹적으로 그린다.

그대는 나의 것, 나는 그대의 것,
이것만은 확신해도 좋소.
그대는 나의 심장 속에
들어 있는데
작은 열쇠는 사라졌다오.
그곳에서 영원히 사는 수밖에.

사랑을 심장에 넣고 잠근다는 발상은 금세 상투적 비유가 되었 으며 두 세기 뒤 채식 필사본에서 시각적으로 형상화된다.

12세기 독일의 또 다른 무명 시인이 쓴 시도 사랑과 갈망으로 가득한 심장을 고스란히 드러낸다.

오소서, 오소서, 내 심장의 연인이여,
갈망으로 가득한 채 그대를 기다리니!
감미로운 장밋빛 입술이여,
와서 쇠약한 내 몸을 회복시켜주소서.

하지만 이런 소박한 사랑 표현은 볼프람 폰 에셴바흐, 발터 폰 데어 포겔바이데Walther von der Vogelweide, 하인리히 폰 오프터딩겐 Heinrich von Ofterdingen, 하르트만 폰 아우에Hartmann von Aue, 고트프리트 폰 슈트라스부르크Gottfried von Strassburg 같은 더 정교한 미네장들의 시로 대체되었다. 독일 문명으로서는 다행하게도 미네장 시의 걸출한 중세 필사본 두 편 — 《카르미나 부라나Carmina Burana》(1230년경) 와 《코덱스 마네세Codex Manesse》(1300~1340년) — 이 아직까지 남아 있다. 전자에는 순회 학생들에게 인기 있던 권주가를 비롯하여 라틴어 시와 독일어 시가 실렸으며 후자에는 137쪽에 이르는 전면 삽화와 방대한 독일 시가 실렸다. 이와 더불어 프랑스어, 이탈리아어, 스페인어로 쓴 노래책들은 중세에 새로운 장르를 형성했으며 그 뒤로 수 세기 동안 영향을 미쳤다.

이 필사본들에 실린 곡은 12세기 독일의 세속 궁정에서 꽃피기 시작한 새로운 애정관을 잘 보여준다. 이 작품들은 새로운 연애 규범에 따라 행동하는 법을 배우고 싶은 독일어권 독자를 위해 쓰였으며 교회의 학술적 라틴어를 대체했다. 발터 폰 데어 포겔바이데 같은 시인들은 독자를 가르치려는 열망이 대단했다.

발터는 이런 수사적 질문을 던졌다. "사랑이 무엇인지 내게 말해 줄 이 있는가?Saget mir ieman, waz ist minne" 기사가 귀부인을 육체적으로 소유하는 것만으로는 이제 충분치 않았다. 그녀의 심장을 정복해야 했다. 발터의 시는 이러한 고결한 태도를 가르쳐주는 작은 안내서였다.

발터는 초창기에는 궁정연애의 관습을 따라 (넘보지 못할) 지체 높은 귀부인과 (이따금) 프라우 미네를 대상으로 시를 썼으나 원숙기에는 더 자연스러운 스타일과 맞사랑 개념을 발전시켜 모든 계층의 사람들에게 호소력을 발휘했다. 그의 가장 유명한 시 중 하나인 〈보리수 아래서Unter der Linden〉에서는 순박한 시골 처녀를 화자로 내세운다. 그녀는 꽃이 피고 밤울음새nightingale가 노래하는 숲에서 연인을 만난다. 그는 두 사람을 위한 '작은 쉴 곳'을 이미 마련해두었다. 그곳에서 둘은 입맞추고 포옹한다. 독일어 동사 '헤르첸herzen'은 '심장에 대고 누르다'라는 뜻이다. 그 다음에 무슨 일이 일어났는지는 처녀와 연인, 밤울음새만 안다. 마지막 연에서는 이 모든 일을 침묵에 부치는 것이 최선이라고 말한다.

사실 목가적 분위기를 풍기는 발터의 후기 작품은 남녀가 서로 또한 자연과 조화를 이루는 모습을 그린다. 발터는 초기 독일 시인 중에서 자연을 사랑의 필수 무대로 삼는 일에 앞장섰다. 독일의 시에서는 사랑이 깃든 심장이 꽃, 식물, 나무, 새와 종종 어우러졌으며 사랑 노래에서 자연이 차지하는 비중이 어느 때보다 컸다. 예나 지금이나 노래는 연인들에게 꼭 필요한 — 시보다도 더 — 매체다.

사랑을 환기하는 12세기와 13세기의 시, 포크와 블루스, 록과 랩의 무수한 가사를 생각해보라. 사랑이라는 테마가 없다면 음악 산업은 무엇을 할 수 있겠는가? 사랑 노래가 없다면 사랑은 무엇을 할 수 있겠는가?

이 애절한 연가들은 거의 모두 남자가 썼지만, 여자들을 무력하거나 종속적인 존재로 묘사하지는 않았다. 핀 아모르의 이상에 따르면 남성이 (자신이 선택한) 여인의 심장을 얻으려면 수많은 시련, 고통을 각오하고, 꿋꿋한 정절을 통해 제 심장의 고결함을 입증해야 했다. 하지만 심장의 문제에서 궁극적 힘은 여성에게 있었다. 여성은 남성이 추구하는 목표였기에 음유시인은 여인을 향해 노래를 불렀으며 그런 노력이 사랑을 받을 만한 가치가 있는지 판단하는 것은 여성 몫이었다.

이런 애정관은 현실의 양성 관계와 일치하지 않았다. 현실에서는 아버지, 할아버지, 형제, 삼촌 등 남자들이 여자에게 통제권을 행사했으며 남편이 아내를 다스렸다. 결혼에서의 남성 우위를 뒷받침한 것은 배우자의 현격한 나이 차였다. 17~18세 여성이 열 살 연상의 남성과 결혼하는 것이 예사였다. 하지만 핀 아모르에서 그리는 이상적 관계는 양성의 역할을 뒤바꿔 여성에게 우월한 권력을 부여했다. 왜 12세기 궁정의 분위기에서 이런 전도顚倒가 일어났는가는 여러 세대의 학자들에게 호기심을 불러일으켰다. 몇몇은 범접할 수 없는 여인을 반半종교적 신으로 섬긴 아랍 시의 영향을 지목했다. 또 몇몇은 마리아 숭배가 남녀 모두에게 고결한 영향을 미쳤음을 거론했다. 그 밖에 십자군을 언급한 사람들도 있었다. 남자가 전쟁에 나가 있는 동안 여자가 집 안에서 더 큰 권한을 누렸다는 것이다. 11세기와 12세기에 기독교 스페인, 아키텐, 프랑스, 잉글랜드, 토스카나, 시칠리아, 신성로마제국 치하 독일에서 막강한 여성들이 통치권을 행사하면서, 적어도 남성들이 일부 여성들에게 복종했던 것은 분명하다.

이름난 여성이 그런 대접을 받을 가치가 있는 것은 무엇 때문일까? 남성은 보상을 얻어내려면 자신의 가치를 입증해야 했지만 여성은 아름답거나 신분이 높거나 조리 있게 말할 수 있는 것으로 충분했다. 문학에서 오늘날 여성의 역할 모델이 될 수 있는 중세 여주인공은 거의 없다. 그럼에도 중세는 한 가지 중요한 점에서 우리에게 사랑에 대한 (아직까지 건재한) 교훈을 가르쳐주었다. 그것은 여성이 남성과 마찬가지로 사랑이 깃든 심장의 메시지에 귀 기울여도 좋다는 것이었다. 이 메시지는 그 뒤로 모든 사람이 추구하는 목표가 되었다.

5장

심장의
로맨스

그림 7_ 메트르 드 바리의 공방Atelier du Maître de Bari, 〈감미로운 눈빛에게 심장을 건네받는 부인La Dame livre son cœur à Doux Regard〉, 《배 이야기Le Roman de La Poire》(fr. 2186), folio 41v, 1250년경. 프랑스 파리, 프랑스 국립도서관.

중세 음유시인은 심장 숭배를 귀 기울이는 모든 사람에게 전파했다. 이들은 성^城에서 집에서, 심지어 프랑스 농민들이 일과 후에 **베예**^{veillée}라는 저녁 모임을 갖는 헛간에서 노래를 부르고 이야기를 읊어 청중의 넋을 빼놓았다. 이 다양한 장소에서 로맨스는 나머지 모든 주제를 압도했다.

로맨스^{romance}라는 단어는 라틴어에서 파생한 로망어(이탈리아어, 프랑스어, 스페인어, 포르투갈어, 루마니아어)로 쓴 서사를 일컫는 '로망^{roman}'에서 왔다. 이 이야기 중에는 기사의 모험담이 많았는데, 주인공의 목표는 전투와 침실에서 자신의 능력을 입증하는 것이었다. 시간이 지나면서 프랑스어 '로망'은 영어에서 '노블^{novel}'로 알려진 픽션 장르를 일컫게 되었다. 관능적 사랑은 중세에 — 심지어 오늘날에도 — 사랑 문학과 하도 밀접한 관계가 있었기에 어느 쪽이 먼저인지 알기 힘들 정도다. 프랑스의 중세 이야기(로망)가 우리가 지금 '낭만적'이라 부르는 사랑의 개념을 만들었을까, 아니면 낭만적 사랑이 이야기보다 먼저 있었을까?

12세기 전반 아벨라르와 엘로이즈의 사연은 트루바두르보다 먼저 열정적 사랑에 사로잡힌 중세 유럽인이 있었음을 보여준다. 성직자 아벨라르가 뛰어난 제자 엘로이즈를 유혹하고, 엘로이즈가 임신하고, 아들의 이름을 아스트롤라브라고 짓고, 몰래 결혼하고, 복수심에 불타는 엘로이즈의 삼촌에게 아벨라르가 거세당한 이야기는 두 사람 생전에도 이미 널리 퍼져 있었다.

엘로이즈는 아벨라르의 강권에 수녀가 되지만 결국에는 수녀원장의 자리에까지 오르는데, 자신이 처음으로 마음을 바친 상대가 하느님이 아니라 아벨라르임을 한 번도 부정하지 않았다. "하느님에게는 어떤 보상도 기대할 수 없어요. 그분의 사랑을 위해 아무것도 한 일이 없는걸요. 제 심장은 제 안에 있지 않고 당신 곁에 있어요. 당신 곁에 있지 않다면 어디에도 있지 않답니다. 심지어 오늘날에도요. 당신 없이는 진정으로 존재할 수 없으니까요." 엘로이즈의 편지는 사랑이 깃든 심장을 격렬하게 토로했다. 중세 시대, 아마 어느 시대에서도 유례를 찾을 수 없을 것이다. 사랑하는 이에게 자신의 심장을 주었다는 그녀의 말은 문학적 비유가 아니었다. 거세되기 전에는 자신의 연인이었고 그 뒤에는 하느님에게 심장을 고스란히 바친 남자에 대한 끝없는 열정과 헌신을 표현한 것이었다.

중세의 음유시인과 이야기꾼이 즐겨 칭송하는 대상은 첫눈에 자신의 심장을 내어주거나 운 좋게도 사랑하는 이와 심장을 교환하는 사람이었다. 이를테면 12세기 시인 크레티앵 드 트루아Chrétien de Troyes를 생각해보라. 프랑스의 엘레오노르와 루이 7세가 낳은 딸 마리 드 샹파뉴Marie de Champagne가 그의 후원자였다. 마리의 궁정은 부산한 소도시 트루아에 있었는데, 사랑이 이상화된 행동 규범의 위치로 올라선 이곳에서 크레티앵은 사랑이 깃든 심장을 위한 마리의 상주 대변인이 되었다.

크레티앵의 이야기시 《클리제스Cligès》에서는 알렉산드로스라는 젊은 그리스 왕자가 잉글랜드 아서 왕의 궁정에 머물다가 소르다무르에게 반하지만 수줍어서 고백하지 못한다. 그는 긴 독백에서 사랑의 기원에 대한 오래된 이론을 들먹인다. 사랑은 화살로 그에게 상처를 입혔다. 화살은 눈을 통해 심장으로 들어갔다. 눈은 다치지 않았지만 심장은 불타올랐다.

다친 것은 눈이 아니라

심장이라네

눈은

심장의 거울이니, 화살은

거울을 통해 심장에 도달하여

눈에는 아무 해를 끼치지 않으나

심장은 초롱 속

양초처럼

몸속에 있으니.

중세 문학에서 남자들이 경험하는 사랑은 예외 없이 아름다운 여인을 목격하면서 시작된다. 수많은 노래와 시에서 — 심지어 몇몇 그림에서도 — 여인은 눈을 통해 심장으로 들어온다.

소르다무르도 알렉산드로스에게 첫눈에 반한다. "사랑의 표적은 완벽했느니, 화살이 / 그녀의 심장에 명중했다네." 알렉산드로스와 마찬가지로 그녀도 감정을 숨길 작정이다. 귀네비어 왕비가 두 사람의 수줍은 사랑을 눈치채고서야 서로에 대한 연정이 탄로 난다. 왕비가 말한다.

그대 두 사람의 얼굴을 보니
두 심장이 하나처럼 뛰고 있음을
잘 알겠도다.

그리하여 알렉산드로스와 소르다무르는 왕비의 중신을 받아들이고 아서 왕 앞에서 결혼함으로써 사랑의 결실을 맺는다.

하지만 심장이 사랑의 장소로서 중요한 것은 엄연한 사실이기에 작가는 오히려 마음 놓고 서른일곱 행에 걸쳐 두 심장이 하나처럼 뛴다는 생각을 반박하는 일탈을 저지른다. "두 개의 심장이 하나가 된다는 것 / 그것은 거짓이고 불가능한 일. 하나의 / 몸에 두 개의 심장이 있을 수 없으니." 상대방이 느끼는 것을 느끼고 같은 열정을 가지면 두 사람은 하나가 된다. "두 심장은 / 하나의 욕망을 공유할 수 있다네. / 저마다 다른 / 목소리가 하나의 노래를 / 부를 수 있는 것처럼." 작가는 연인들이 같은 감정을 공유하여 경험하는 하나 됨이야말로 "두 심장이 하나처럼 뛴다"라는 성스러운 표현의 진정한 의미라고 말한다.

청중이나 독자는 이런 일탈이 지겨웠을까? 전혀 그렇지 않았다. 청중은 사랑이 깃든 심장에 대한 관심이 지대했기에 작가의 난해한 논리를 열심히 쫓아갔다. 심장이 하나가 된다는 발상이 사라지지 않은 것만 봐도 알 수 있다. 중세와 르네상스뿐 아니라 우리 시대에도 얼마든지 찾아볼 수 있으니까. 샌프란시스코의 한 광고판에는 '심장은 둘 사랑은 하나 주식회사Two Hearts One Love, Inc.'라는 결혼 중개 업체의 광고가 실렸다. 여러분에게 이미 애인이 있다면 그녀에게 선물할 '두 개의 심장이 하나로' 목걸이를 온라인에서 119달러에 살 수 있다.

크레티앙의 아서 왕 로맨스 다섯 편은 '심장'(옛 프랑스어로 '쾨르cuer')이라는 단어를 마음껏 쓴다. 클리제스, 랜슬롯, 에렉, 이웨인, 퍼시벌 같은 주인공의 근사한 모험에서는 그들의 심장이 종종 언급된다. 심장은 슬프고 괴롭고 애석하며 사랑하는 이와 떨어져 고통스럽다. 심장에 깃든 이런 부정적 감정은 장애물을 극복하면 심장이 결국 기쁨을 찾으리라는 희망을 심어 주인공이 행동을 취하도록 부추겼다.

12세기 이야기꾼들이 칭송한 심장은 늘 한 명의 진정한 사랑에게 충실했다. 크레티앙 드 트루아는 걸작 《랜슬롯Lancelot》에서 이렇게 썼다. "모든 심장을 다스리는 / 사랑은 / 하나의 보금자리만 / 허락한다네." 크레티앵과 마찬가지로 마리 드 샹파뉴에게서 후원을 받은 사제 앙드레 르 샤플랭Andreas le Capellanus도 라틴어 에세이 〈정직한 사랑의 기술De arte honeste amandi〉에서 이렇게 썼다. "진정한 사랑은 두 사람의 심장을 크나큰 사랑의 감정으로 합쳐 다른 사람의 포옹을 갈망하지 못하게 한다." 이를 비롯한 샤플랭의 말에는 한 세기 전에 무슬림 철학자 이븐 하즘이 이미 표현한 개념이 담겨 있다. 사랑하는 이에게 정절을 지키는 것은 중세 문학에서 상수常數였다. 텍스트 밖 실제 사람들의 삶에서는 어땠을지 몰라도.

정절에 대한 믿음은 추앙하는 여인이 처녀이든 유부녀이든 상관없었다. 여인이 남의 아내일 때 사랑이 (좋게 말해서) 문제적일 것임은 분명하다. 트리스탄과 이졸데, 랜슬롯과 귀네비어, 그 밖의 불륜 커플에 대한 이야기는 금지된 열매의 매력을 보여준다. 현실에서 간통이 얼마나 성행했는지는 알 수 없지만, 수많은 고급문화 담시譚詩와 '파블리오fabliaux'라는 대중 풍자극을 보면 중세 사회는 간통이라는 주제에 무척이나 집착했던 것 같다. 여성이 사생아를 낳을까봐 두려워한 것을 감안하면 봉건적 관습하에서 여성이 언제까지나 혼자이기는 힘들었을 것임을 알 수 있다. 고귀한 태생의 여인은 끊임없이 친척과 하녀 같은 다른 여인들에게 둘러싸여 지냈다. 그들은 집안의 우두머리인 남성의 명령에 따라 그의 아내나 딸을 삼엄하게 감시했다.

간통 이야기가 인기를 끈 한 가지 이유는 부부 사이에서는 진정한 사랑이 꽃필 수 없다는 믿음이었다(이 믿음은 마리 드 샹파뉴의 궁정에서 유행했다). 마리는 자신의 견해를 묻는 사람에게 단호히 대답했다. "사랑이 부부에게까지 확장될 수 없음을 명확하게 단언하노라." 그녀의 논리는, 사랑은 마음대로 주거나 돌이킬 수 있는 반면에 부부는 서로를 만족시켜야 하는 의무가 있기에 연인이 느끼는 자발적인 희열을 느끼지 못한다는 것이었다. 샤플랭은 처음에는 후원자와 마찬가지로 남편과 아내 사이에는 사랑의 자리가 없다는 견해를 옹호했다. 하지만 〈정직한 사랑의 기술〉 끝에서 생각을 바꿨다. 그는 기독교적 입장으로 돌아서서 연인의 (서른세 가지 중에서) 첫 번째 규칙은 "결혼이 사랑하지 않는 것의 타당한 변명이 되지 않"는다는 것이라고 주장했다. 성직자 샤플랭은 마리 드 샹파뉴와 주변 인물들이 부부의 사랑에 부정적 태도를 취하는 것이 결국 거북했나 보다.

크레티앵도 결혼과 사랑을 화해시키려 했다. 그는 《클리제스》에서 행복한 결혼으로 사랑의 결실을 맺은 두 젊은이의 이야기를 들려준다. 《에렉과 에니드*Erec et Enide*》와 《이웨인*Yvain*》에서는 한발 더 나아가 부부 간의 진정한 사랑을 그렸다. 하지만 그의 로맨스 중에서 예나 지금이나 가장 인기 있는 것은 불륜 연인의 이야기인 《랜슬롯: 전차의 기사*Lancelot, le Chevalier de la Charrette*》다. 이 걸작 이야기에서 랜슬롯은 아서 왕의 아내 귀네비어를 구출하려고 목숨을 건다. 마침내 석방을 확신한 그녀는 그를 침대로 맞아들이며 두 사람의 심장은 궁극의 기쁨을 맞본다.

기사를 자신의 젖가슴에 대고

꼭 끌어안아 그를

침대에 맞아들여, 사랑과

제 심장의 힘으로

더할 수 없이 행복하게

했으니

그는

그녀를 수십만 번도 더

사랑했도다. 다른 심장은

심장에서 달아났을지언정

그의 심장은 그러지 않았으니. 사랑에 흠뻑 젖은 그의 심장 앞에서는

다른 모든 심장에 담긴

사랑의 형상이

빛을 바래노라.

랜슬롯이 완전한 영웅으로 묘사되는 것은 전투에서 승리하여 왕
비를 구출했기 때문만이 아니라 어느 심장보다 더 많은 사랑으로
채워진 그의 심장 또한 영웅적이기 때문이다. 12세기 후반이 되자
사랑이 깃든 심장은 신체적 용기와 더불어 남성적 덕목의 최고봉
에 올랐다(프랑스어에서는 '심장'을 뜻하는 '쾨르coeur'와 '용기'를 뜻하는
'쿠라주courage'가 친척뻘이다). 당대의 남성 중에서 심장 하면 가장 먼
저 떠오르는 사람은 잉글랜드의 리처드 1세다. 사자왕 리처드로 널
리 알려진 그는 3차 십자군 원정에서 술탄 살라딘과 맞서 싸워 명
성을 얻었다. 우연찮게도 그 또한 감금되어 있을 때 노래와 시를

하트에 관한 20가지 이야기

지었다.

형식을 발명한 것은 프랑스인이었지만 재빨리 받아들인 것은 독일인이었다. 고트프리트 폰 슈트라스부르크의 서사시와 600년 뒤 바그너의 세계적 악극으로 우리에게 잘 알려진 트리스탄과 이졸데의 이야기를 생각해보라. 트리스탄은 초영웅에 걸맞은 모험을 겪으면서 자신이 완벽한 기사임을 입증하지만, 외삼촌 마크 왕을 대신하여 이졸데에게 구애하려고 콘월에서 아일랜드로 파견되면서 피할 수 없는 운명을 맞이하고 만다. 돌아오는 길에 트리스탄과 이졸데는 결혼식 날 밤 마크와 이졸데가 먹기로 되어 있던 사랑의 묘약을 실수로 마신다. 이후로는 그 무엇도 트리스탄과 이졸데의 몸에 스며든 열정을 가라앉히지 못한다. 콘월로 돌아오는 배에서 사랑의 절정에 이른 두 사람은 이졸데가 정혼자 마크와 결혼한 뒤에도 에로틱한 관계를 비밀리에 유지한다.

이 이야기에서 가장 유명한 장면 중 하나는 숲속 동굴에서 펼쳐진다. 사회와 종교의 인위적 속박에서 벗어난 이곳에서는 관능적 사랑이 동식물 사이에 자연스럽게 스며 있다. 이 동굴에서 나누는 정사는 몸과 심장과 영혼을 하나로 묶는 일종의 예배다. 이 사랑의 찬가에서 몇 구절만 인용해보자. "그들은 동굴에서 사랑과 욕망, 순수한 헌신 말고는 아무것도 먹지 않았다. 사랑은 몸과 감각을 부드럽게 어루만지고 심장과 영혼을 살리는 향유처럼 감미로웠으며 두 사람은 심장이 욕망하고 눈이 즐거워하고 몸이 좋아하는 것 말고는 어떤 음식도 찾지 않았다."

고트프리트는 에로스를 찬미하며 간통과 결부된 도덕적 물음에는 답하려 들지 않는다. 그는 심장을 우주의 중심에 놓고서, 어떤 장애물을 맞닥뜨리든 심장이 이끄는 대로 따라가야 한다고 생각한다. 현대의 비평가 한 명은 《트리스탄^{Tristan}》을 이렇게 논평했다. "사랑하는 이들에게는 모든 것이 허용된다."

1200년이 되자 프랑스와 독일 양국의 고급문화에서는 에로틱한 사랑의 가치가 고대 그리스 · 로마 못지않거나 이를 뛰어넘었다. 사랑은 여전히 광기로 치부되었을지도 모르나, 사람들은 이 광기를 위해 살고 죽을 수도 있었다. 트리스탄과 이졸데는 사랑을 위해 죽었을 것이다. 심지어 독일어에는 이들의 행위를 일컫는 단어가 있다. **리베스토드**^{liebestod}는 '사랑'을 뜻하는 '리베^{liebe}'와 '죽음'을 뜻하는 '토드^{tod}'의 합성어다. 몇 세기 뒤에 이 비극적이면서도 에로틱한 운명은 바그너의 웅장한 악극 〈트리스탄과 이졸데〉에 영감을 주었다.

트리스탄과 이졸데의 이야기는 귀족을 위해 쓰였지만, 여느 이야기와 마찬가지로 귀족의 궁정을 넘어 청중에게도 가 닿았다. 대중적 매력을 짐작케 하는 사례는 프랑스 아이들의 세례명에서 볼 수 있다. 1500년 즈음 중세의 교적부에서 이름을 조사했더니 트리스탄이 120명, 랜슬롯이 79명, 아서가 72명, 가웨인이 46명, 퍼시벌이 44명, 갤러햇(갤러해드)이 12명이었다. 기사와 귀부인이라는 형태의 연인은 부르주아 지주, 중간층 장인, 상점 주인, 심지어 농민 등 평민의 상상 속으로 파고들었다. 문맹이 일반적이었음에도 평민들은 '훌륭하신 분들'의 로맨스 취향을 열심히 받아들였다.

13세기에 등장한 로맨스의 주된 형태 중 하나는 알레고리였다. (세속적이든 종교적이든) 여느 알레고리와 마찬가지로 추상적 개념이 이야기의 등장인물로 제시되었다. 대부분은 아닐지라도 상당수는 사랑 이야기였다.

트리보Tibaud라는 작가가 쓴 13세기 알레고리 《배 이야기Le Roman de La Poire》는 (지금은 잘 알려진) 필사본 뒤쪽에 사랑이 깃든 심장을 그린 (알려진) 최초의 삽화를 남겼다. 글 자체는 위대한 문학작품이 아니지만, 파리에 있는 메트르 드 바리Maître de Bari의 공방에서 제작된 채색 축도는 소박한 걸작이다. 18개의 커다란 장식 문자가 각 절의 맨 앞에 나오는데, 전부 남성 연인이나 그의 밀사가 등장한다. 그중 두 점에 사랑이 깃든 심장이 들어 있다.

이 장 첫머리에 실린 그림 7을 자세히 들여다보면 솔방울 모양의 물체로 사람의 심장을 나타내고 있음을 알 수 있다. 채식 필사본에서 발췌한 이 축도는 S자 안에 두 사람이 들어 있다. 한 사람은 무릎을 꿇은 젊은이로, 손에 심장을 쥔 채 팔을 위로 뻗고 있다. 다른 사람은 서 있는 여인으로, 놀란 몸짓으로 오른손을 들고는 이 선물을 어찌해야 할지 모르겠다는 듯 왼손을 가슴에 대고 있다. 단순하게 표현된 남자의 얼굴에는 겸손이, 여자의 얼굴에는 뿌듯한 멸시가 어려 있다. 여자는 왕관처럼 생긴 머리 가리개를 썼으며 기다란 장갑을 손에 끼고 우아한 옷차림을 했다. 반면에 남자는 푸른색 튜닉을 입고 장갑 한 쌍을 허리에 매단 소박한 차림이다. 이 모든 묘사는 젊은 구혼자가 고귀한 여인에게 자신의 심장을 바친다는 상투적 이야기에 꼭 들어맞는다.

남자가 손에 든 물건은 우리 눈에는 별로 심장 같아 보이지 않는다. 해부학적으로 정확하지 않은 것은 분명하다. 차라리 솔방울이나 가지, 배에 가깝다. 하지만 중세 사람들은 노래와 이야기를 통해 이미 알고 있었기에 이것이 심장을 봉헌하는 장면임을 한눈에 알아보았을 것이다.

이 그림만 보면 젊은이가 자신의 심장을 여인에게 바치는 것이라고 생각하기 쉽다. 하지만 알레고리에 해당하는 글의 내용은 사뭇 다르다. 무릎 꿇은 남자의 이름은 두 르가르Doux Regard(감미로운 눈빛)인데, 그가 건네는 것은 **다른** 남자의 심장이다. 허리춤의 장갑은 **감미로운 눈빛**이 전령임을 암시한다. 이 매력적인 젊은이는 사랑에 빠진 사람(저자)의 심장을 그림 속 여인에게 맡기러 온 심부름꾼이다(하지만 심장을 받을 최종 수신인은 그녀가 아니다).

《배 이야기》에서는 12세기와 13세기의 궁정 관습을 따라 저자/연인이 정원에서 지체 높은 여인과 함께 있던 날부터 운명적 고통을 겪는다. 그녀는 껍질을 조금 벗겨 한입 베어 문 배를 그에게 줬다. 그는 배를 베어 문 순간 사랑의 갈고리에 걸렸다. 배의 향기가 그의 심장에 파고들어 떠날 줄을 몰랐다. 성경에 나오는 아담, 이브, 사과 이야기와의 연관성이 명백함에도 이 이야기에는 도덕적이거나 종교적인 함의가 전혀 없다. 사랑을 주관하는 것은 구약의 하느님이 아니라 사랑의 신이다. 그는 이야기의 등장인물로, 아무리 사소한 행위일지라도 관여한다. 그는 연인의 심장을 볼모로 잡은 채 잇따른 시련을 부과한다.

감미로운 눈빛은 이 시점에 등장한다. 사랑의 신은 사랑에 빠진 남자의 심장을 여인에게 전할 심부름꾼으로 그를 선택한다. 한편 남자는 자신에게 배를 준 여인, 자신이 사모하는 여인에게 걸맞은 사람임을 입증하려고 수많은 시련을 겪는다. 이성은 그에게 그런 불가능한 모험을 포기하고 자기 신분에 어울리는 여인에게 구애하라고 조언한다. 물론 사랑에 빠진 남자(저자)는 거절하고 자신이 꿈꾸는 여인을 계속 좇는다. 마침내 사랑의 신은 남자가 고통을 충분히 겪었다고 판단하여 지체 높은 여인의 심장에 화살을 쏘아 그녀를 사랑의 고통에 빠뜨린다. 결국 그녀는 자신의 심장을 남자(저자)에게 보내며, 당시 독자들의 기대대로 이야기는 해피엔드로 끝난다.

놀랍게도 《배 이야기》 삽화의 두 번째 심장은 — 대문자 M으로 둘러싸여 있는데 — 한 여인이 들고 있다. 분홍색 옷차림의 여인이 젊은 남자에게 심장을 건넨다. 두 그림의 심장은 매우 닮았지만, 전자는 남자의 것이고 후자는 여자의 것이다. 남성의 심장과 여성의 심장이 닮았다!

중세의 글과 그림에서 보듯 남녀의 마음은 그리 다르지 않았다. 남성과 마찬가지로 여성의 심장도 사랑을 품기 위해 커졌고 욕망과 갈망을 경험했으며 질투와 절망에 사로잡혔다. 중세의 남녀 사이에 차별과 불평등이 존재한 것은 분명하지만, 심장은 공평한 기회의 영역으로 간주되었다.

메트르 드 바리의 공방에서 묘사한 심장 봉헌은 여러 세기 동안 예술적·문학적 상징으로 확산되었다. 심장이 솔방울 모양인 것은

그림 8_ 작자 미상. 〈연인에게 왕관을 씌우는 귀부인A Lady Crowning Her Lover〉, 1300년경.
상아 거울 케이스에 조각. 영국 런던, 빅토리아 앤드 앨버트 박물관.

2세기 그리스의 의사 갈레노스의 시대 이후로 의학의 권위자들이
그렇게 묘사했기 때문이다. 1000년경 페르시아의 철학자 이븐 시
나Avicenna, 13세기 독일의 도미니크회 수사 알베르투스 마그누스
Albertus Magnus, 1300년경 프랑스의 외과의사 앙리 드 몽데빌Henri de
Mondeville, 14세기 초 이탈리아의 해부학자 몬디노Mundinus를 비롯한
중세의 권위자들은 사람의 심장을 묘사할 때 줄곧 '솔방울'이라는
단어를 썼다.

솔방울 모양 심장 중에서 가장 유명한 것은 1300년경 프랑스에
서 제작된 거울 뒷면 상아 조각으로, 지금은 빅토리아 앤드 앨버트
박물관에 소장되어 있다(그림 8). 조각에서는 남자가 여인 앞에 무
릎을 꿇은 채 심장을 내밀고 있으며 그녀는 한 손으로 커다란 고리
를 그의 머리 위에 들고는 다른 손으로 남자의 늘어진 소매를 만진

다. 두 사람의 얼굴에 미소가 떠올라 있고 여인이 남자 쪽으로 고개를 숙인 것으로 보건대 자상한 애정의 분위기가 감돌고 있음을 알 수 있다.

이 심장은 실제 해부학적 형태와 별로 닮지 않았기 때문에, 심장 봉헌이라는 테마에 친숙하지 않은 오늘날의 관람객은 이것이 심장임을 알아보지 못할 수도 있다. 하지만 프로이트 이후 시대를 살아가는 우리는 이것이 남근의 상징임을 쉽게 알 수 있다. 여인이 남자의 머리 위로 들고 있는 고리를 보아도 분명하다. 중세 장인들은 프로이트를 몰랐지만 자신이 무슨 일을 하는지 정확하게 알고 있었다.

《배 이야기》는 점차 덩치를 키워가며 고중세와 중세 후기에 문학을 지배한 알레고리의 일부였다. 《배 이야기》가 당시에 가장 인기 있는 작품은 아니었을 것이다. 남은 필사본이 세 점뿐이기 때문이다. 이에 반해 엄청난 인기를 끈 《장미 이야기Roman de la Rose》는 필사본이 200점 넘게 남아 있다. 기욤 드 로리스Guillaume de Lorris라는 작가가 1225년경에 쓰기 시작했으나 4,058행까지만 쓰고 미완성으로 남았는데, 수요가 어찌나 많았던지 한 세기 뒤에 장 드 묑Jean de Meun이라는 작가가 21,780행을 덧붙였다.

일인칭 시점의 이 정교한 알레고리는 화자가 4~5년 전에 겪은 꿈에서 출발한다. 그는 꽃과 더불어 사랑이 개화하는 5월 어느 날 잠이 드는데, 꿈속에서 강둑을 따라 걷다가 높은 정원 담장을 맞닥뜨린다. 담벼락에는 질투, 탐욕, 노년이라는 무시무시한 괴물이 그려져 있다. 하지만 권태라는 이름의 여인이 그를 정원 안으로 맞아들인다. 그는 쾌락과 예의에게 환영을 받고는 젊은이들과 어울려 춤추고 목가적인 꽃밭 정원을 구경한다.

어느 순간 그는 근사한 장미원을 발견한다. "흐드러지게 핀, 세상에서 가장 아름다운 장미들"의 풍경과 향기가 그를 압도한다. 특히 장미 하나가 소녀와 여인처럼 비길 데 없는 꽃의 정수를 담고 있다. "이 꽃봉오리 중에서 하나를 골랐는데, 어찌나 아름다운지 꼼꼼히 들여다보았더니 나머지는 전부 하찮아 보였다." 이때가 바로 사랑의 신이 젊은 남자의 심장에 화살을 쏘기로 마음먹은 순간이다. 다시 한 번 화살이 연인의 눈으로 들어가 심장을 꿰뚫어 그에게 영원한 상처를 남긴다. 본문에서는 육체적 고통을 자세히 묘사하지 않는데, 이는 알레고리적으로 읽으라는 뜻이다. "양손으로 화살을 잡고 세게 당기기 시작했다. 큰 한숨이 새어 나왔다. 확 잡아당겨 화살대는 뽑아냈지만 아름다움이라는 이름의 화살촉은 심장에 단단히 박혀 꺼낼 수 없었다. 그리하여 지금까지도 그곳에 남아 있다."

《배 이야기》에서 주인공이 배를 베어 물듯 《장미 이야기》의 주인공도 사랑의 갈고리에 걸린다. 그 뒤로 그는 사랑의 신이 시키는 대로 어떤 장애물과 시련에도 굴하지 않고 자신이 꿈꾸던 여인을 쫓아다닌다.

예의, 이성, 질투, 부, 그리고 거절·두려움·부끄러움 삼총사로 이름 붙은 인물들은 그의 구애를 부추기거나 반대한다. 물론 그는 마침내 모든 장애물을 이겨내고 사랑이라는 보상을 만끽한다. 이렇게 간단하게 요약한 것만 가지고는 이 이야기가 중세의 베스트셀러였다는 사실이 믿기지 않을 것이다. 아니, 그냥 베스트셀러가 아니었다. 프랑스인뿐 아니라 번역본을 읽은 독일인, 이탈리아인, 그 밖의 유럽인 등 수많은 남녀가 이 책의 애정관에 심취했다.

심지어《장미 이야기》는 100년도 더 지난 뒤인 15세기 초에 거대한 논쟁을 촉발했다. 박식한 시인 크리스틴 드 피잔Christine de Pizan과 파리 대학교 총장 장 제르송Jean Gerson은 이 책을 칭송하는 사람들에 맞서 비난의 목소리를 높였다. 크리스틴은 여자에 대해 거의 모르는 남자가《장미 이야기》를 썼다고 주장했다. 하긴 장 드 묑은 성직자였다. 크리스틴은 저속하고 여성혐오적인 여러 문구와 신체 각부를 나타내는 외설적 단어에 분개했다. 한마디로 그녀는《장미 이야기》를 부도덕한 작품으로 치부했다. 이 책을 어떻게 평가하든, 오늘날의 책 중에서 두 세기 동안 열렬한 추종자를 거느리고 최고 수준의 열띤 논쟁을 불러일으킨 책을 떠올리기란 쉬운 일이 아니다.

6장

예수와
심장을
나누다

그림 9_ 헨리 판 세베런Henri Van Severen, 〈예수성심The Sacred Heart of Jesus〉, 1900년경. 자수. 벨기에 겐트, 성 니콜라스 교회 소장.

사랑하는 심장에 대한 매혹은 결코 세속에 국한되지 않았다. 11, 12, 13세기에 가톨릭교회 내부에서는 예수의 심장에 초점을 맞춰 하느님에 대한 사랑을 표현하는 새로운 방법을 발견했다. 기독교인들은 하느님의 아들 예수의 심장이 인간의 심장인 동시에 거룩한 심장이라고 믿었다. 그의 심장은 여느 심장과 마찬가지로 아프고 괴로워했으며 하느님의 심장과 마찬가지로 불쌍히 여기고 사랑했다. 수도원과 수녀원에서는 상처받고 공감하는 예수성심(예수의 거룩한 심장)을 섬겼다. 수사와 수녀는 구세주의 심장을 향해 직접 기도를 올렸다.

종교적 심장은 사랑이 깃든 심장에 명백히 적대적이었다. 에로틱한 사랑은 하느님에 대한 사랑과 맞서는 강력한 라이벌로 간주되었기 때문이다. 성 바울 이후로, 특히 성 아우구스티누스 이후로 교회는 성행위가 출산만을 목적으로 삼아야 하며 관능적 사랑의 열정적 표출을 동반해서는 안 된다고 설파했다. 결혼이 혼외정사보다 나았지만, 그보다는 순결과 독신이 더 큰 은총을 받을 수 있었다. 하지만 수도사, 탁발승, 수녀, 신학자의 말과 글을 꼼꼼히 들여다보면 인간의 사랑과 하느님의 사랑이 곧잘 뒤얽혔음을 분명히 알 수 있다. 사랑이 깃든 심장의 영향력이 얼마나 크던지 수도원과 수녀원의 은둔지도 초연할 수 없었다. 한편 종교적 심장의 위력도 그에 못지않았기에 궁정연애의 이상에 영적 성격이 도입되었다.

예수의 상처받은 심장은 중세 기독교의 궁극적 숭배 대상이 되었다. 경건한 사람들은 십자가에 달린 예수 옆구리의 피투성이 상처를 묵상했으며 그의 아픔을 자신의 심장으로 느꼈다. 성 프란치스코가 성흔聖痕·stigmata — 예수가 십자가에서 받은 것과 같은 상처가 몸에 생기는 것 — 을 경험한 뒤로 이런 상처는 신의 호의를 나타내는 징표였다. 뒤이어 다른 사람들의 손, 발, 가슴, 손목, 이마 등에도 성흔이 나타났으며 — 대부분 여자였다 — 교회는 이 중 상당수를 성인으로 시성했다.

오늘날 기독교 세계에서 친숙한 상징인 '예수성심'을 생각해보라. 불타오르며 가시관으로 둘러싸인 예수의 상처받은 심장은 존경받는 기독교 인물의 신비로운 행위에서 그 뿌리를 찾을 수 있다. 그중 한 명인 캔터베리의 성 안셀무스Saint Anselm(Anselmus) of Canterbury는 심장을 즐겨 언급했다. 그는 프랑스의 베크 소小수도원 원장일 때 사랑하는 동료 수도사 구둘프Gudulf에게 이렇게 썼다. "그대에게서 느끼는 모든 것이 나의 심장에 감미롭고 기쁩니다." 그는 예수의 거룩한 심장이 베푸는 너그러운 자비에 깃들게 해달라고 예수에게 기도했다. 성 안셀무스는 클레르보의 성 베르나르도, 성 보나벤투라Saint Bonaventure를 비롯한 후대의 수도사들에게 귀감이 되었다. 이들은 기독교인들에게 예수의 옆구리에 난 상처를 묵상하며 예수의 심장에 이르는 길을 찾으라고 조언했다.

성 안셀무스와 성 베르나르도, 심지어 성 보나벤투라의 이름은 들어본 사람이 많겠지만, 헬프타의 성 제르트루다Saint Gertrude the Great of Helfta는 생소할 것이다. 나도 여성의 우정에 대해 조사하기 전에는 들어본 적이 없었다. 제르트루다는 스탠퍼드 대학교 도서관의 요새 같은 책꽂이들 뒤에 숨겨져 있었다. 그녀가 우리의 관심을 끄는 이유는 그녀의 영적인 글에 예수의 심장에 대한 가장 친밀한 이미지가 담겼기 때문이다.

제르트루다는 다섯 살 때 작센 북부 헬프타에 있는 수녀원에 들어가 평생 그곳에 머물렀다. 헬프타는 수녀원장 하케보른의 게르트루드Gertrude of Hackeborn의 영향하에 당시에도 이미 문화와 신비주의의 중심지로 명성이 자자했다. 또 다른 이름난 수녀 하케보른의 메히틸트Mechtilde of Hackeborn는 제르트루다의 영적 멘토이자 절친한 친구가 되었다.

수녀원의 여느 수녀와 달리 제르트루다는 귀족 출신이 아니었다. 사실 그녀의 집안에 대해서는 알려진 게 거의 없다. 우리가 아는 것은 그녀가 지성, 배움에 대한 의욕, 독일어와 라틴어로 글 쓰는 능력, 고대 사본 필사자로서의 실력 등으로 일찌감치 두각을 나타냈다는 것이다. 그녀는 손위 친구인 하케보른의 메히틸트와 함께 전례문을 영창하고 성경을 공부하고 실잣기, 수놓기, 환자 돌보기 같은 일상 업무에 종사했다. 1291년에 메히틸트는 제르트루다에게 자신이 오래전에 받은 계시를 털어놓았으며 결국 기록을 허락했다. 그것이《특별한 은총의 책*Liber specialis gratiae*》이다.

시간이 지나면서 제르트루다 스스로도 환상을 보기 시작했다. 이를 기록한 책으로는《거룩한 사랑과 자비의 전령*Legatus divinae pietatis*》(이하《전령》)과《영적 훈련*Exercita spiritualia*》이 남아 있는데, 둘 다 중세 라틴어 산문으로 되어 있다. 그녀의 환상은 대부분 예수와의 만남이었으며 예수의 어머니 마리아와의 만남도 몇 차례 있었다. 모두 심장의 강렬한 이미지를 동반했다. 예수와의 친밀한 만남은 종종 중세 로맨스와 놀랍도록 흡사하다.

(그녀가 직접 쓴 것이 가장 확실한)《전령》2권에서는 스물여섯의 그녀가 땅거미 지는 저녁에 청소년 예수를 만난 이야기가 실려 있다. 예수가 그녀에게 손을 뻗으며 말했다. "내게 오렴. 나의 거룩한 관능의 폭포수를 마시게 해줄게." 그 순간부터 그녀는 영적 환희에 물들어 이전에는 감당할 수 없던 의무도 받아들일 수 있게 되었다. 여느 신비주의자와 마찬가지로 제르트루다의 문체는 영적일 뿐 아니라 사랑의 표현에서는 생생하게 관능적이다.

7년 뒤에 제르트루다는 신원 미상의 인물에게 십자가상 앞에서 자신을 위해 일일 기도를 낭송하도록 했다. 이 사람은 제르트루다를 대신하여 예수에게 "사랑으로 그녀의 심장을 꿰뚫"어달라고 애원했다. 제르트루다는 이 기도에 고무되어 주일 미사에서 즉석으로 이렇게 간구했다. "당신의 사랑하심과 자비하심이 사랑의 화살로 제 심장을 꿰뚫기를 간구해요." 그 순간, 그녀는 자신의 말이 예수의 거룩한 심장에 도달하는 것을 느꼈다.

성찬식을 드리고 자신의 의자로 돌아온 그녀는 두 번째 환상을 보았다. 이번에는 예배서에 있는 십자가형 그림에서 영감을 얻었다. "책에 그려진 십자가상 오른쪽에서, 말하자면 그쪽의 상처에서 화살촉 같은 빛줄기가 신비롭게도 뿜어져 나왔다 들어갔다 다시 나왔다 하면서 오랫동안 나의 사랑을 어루만지는 것 같았다." 성경의 개념과 성적 심상이 이토록 오묘하게 어우러지다니! 《요한복음》에서 예수가 병사의 창에 찔린 뒤에 옆구리에서 흘린 피와 물은 빛줄기로 새로이 상상되었다. 그런데 그녀의 사랑을 자극하는 것은 나왔다 들어갔다 다시 나오는 행위다. 현대 독자라면 무의식에서 스며 나오는 에로틱한 갈망을 쉽게 눈치챌 수 있으리라.

(제르트루다 자신이 쓴 글이든 그녀를 아는 사람들이 전한 말이든) 《전령》에서 그녀는 예수를 향한 사랑을 두 심장이 하나로 합쳐지는 이미지로 표현하고 또 표현했다. 그녀가 예수와 나눈 대화 중에는 《랜슬롯》이나 《클리제스》 같은 프랑스 로맨스를 연상케 하는 것도 있다. 예수는 제르트루다에 대해 이렇게 말한다. "그녀의 심장 박동이 내 사랑의 박동과 어우러지는구나." 그러더니 이렇게 덧붙인다. "그녀의 심장이 내게 가져다주는 간절한 사랑 아래에서 나의 창자가 지방이 불 속에서 녹듯 녹는다. 나의 거룩하고 다정한 심장이 그녀 심장의 온기 옆에서 녹아버리도다."

그리스도 구주의 혀에서 이런 관능적인 말이 흘러나오는 것을 어떻게 이해할 수 있을까? 성 제르트루다는 틀림없이 시대의 산물이었다. 읽을 줄 아는 모든 사람, 그리고 읽을 줄 모르는 훨씬 많은 사람의 입술에 사랑이 맴돌고 있었으니까. 성 안셀무스가 형제 수도사들에게 보낸 편지도 이에 못지않은 표현으로 가득하다. 이 경우는 동성애적으로 해석할 수 있겠지만. 그러나 중세 신비주의자들이 경험하고 표현한 사랑을 승화된 성性으로 치부해서는 안 된다. 그들은 당대의 종교 문화에 부합하는 방식으로 하느님을 사랑했을 뿐이다.

제르트루다는 자신의 심장을 어떤 식으로 이해했을까?《전령》의 또 다른 부분에서는 예수에 대해 이야기하면서 전통적인 기독교적 해석에 기댄다. "당신 덕에 제 심장이 제 영혼의 보금자리임을 알았어요." 성서 시대 이후로 유대교와 기독교 둘 다 심장을 영혼의 거처로 개념화했으며 이 전통에서 제르트루다는 여느 신비주의자와 마찬가지로 자신의 황홀한 경험을 예수와 하느님과의 영적 만남으로 이해했다.

제르트루다의 기도, 명상, 전례, 찬송은《영적 훈련》이라는 책으로 묶였는데, 여기에서 그녀는 자신의 심장에서 느낀 불타는 사랑을 받아달라고 예수의 심장에 거듭 간청한다. "제 심장에 당신 심장의 인印을 찍어주세요." "심장으로부터 당신을 갈망해요." "당신 심장의 가장 깊은 곳을 제게 열어주세요." "당신의 사랑으로 제 심장을 당신 속에 데려다주세요. 풀로 붙인 듯 당신과 떨어지지 않게." "제 영혼이 당신을 사랑하고 제 심장이 당신을 욕망하고 제 덕이 당신을 품어요." "제 심장은 당신을 목말라해요." "당신이 해주신 사랑의 입맞춤으로 제 심장은 이미 불타고 있어요." "제 심장을 받아들이는 결혼 서약에 동의해주세요." "당신 심장의 입맞춤을 느끼는 심장은 얼마나 복될까요."

예수의 심장을 향한 제르트루다의 호소에는 여성적 어조가 뚜렷하다. 그녀는 자신을 그리스도의 신부로, 배우자로, 연인으로, 딸로, 죄수로 여긴다. 이따금 성경 〈아가〉의 대담한 여성 화자나 중세 사랑 이야기의 호색적 여인을 연상시키는 방식으로 자신의 사랑을 설명하기도 한다. 다섯 살에 수녀원에 들어온 그녀가 저런 로맨스를 어떻게 알았을까? 그녀는 필사실에서 어떤 책을 발견했을까? 성인成人이 되어 수녀원에 들어온 다른 수녀들에게서 어떤 이야기를 들었을까? 그녀는 글에서 베누스를 여러 번 자연스럽게 언급했으며 문학적 장치로서의 심장 교환에 친숙했다(그녀는 이 문학적 장치를 제 나름으로 변용했다).

심장은 성경, 고전, 궁정 문학 등 여러 문헌에서 가져온 성적 의미로 물들었으며 제르트루다가 예수와 사랑의 관계를 확립하는 수단이 되었다. 그녀는 자매 수녀 하케보른의 메히틸트와 더불어 예수성심 숭배의 씨앗을 뿌렸는데, 예수성심 숭배는 이후 수 세기 동안 주로 여자들의 노력으로 점차 확산되었다.

시에나의 성 가타리나Saint Catherine of Siena라는 또 다른 성녀도 성스러운 심장에 몰두했다. 스물한 살 무렵에 신비한 경험을 한 뒤 그녀는 자신이 예수와 결혼했으며 심지어 둘의 결합을 상징하는 보이지 않는 결혼반지를 끼고 있다고 믿었다. 가타리나의 종교적 생각을 엮은 책《대화Dialogue》와 그녀가 수도사, 교황, 왕비, 매춘부

등 온갖 사람들에게 보낸 편지를 보면 그녀가 예수의 찔린 옆구리와 피에 집착했음을 알 수 있다. 한번은 환상 속에서 예수에게 왜 옆구리를 열어 그렇게 피를 쏟으셨느냐고 묻자 예수는 이렇게 대답했다. "무엇보다 내 옆구리를 열어 심장의 비밀을 네게 보여주고 싶었어. 내 심장에는 어떤 영원한 신체적 행위로도 보여줄 수 없는 인류에 대한 사랑이 담겨 있으니까." 가타리나는 헌신적 제자들에게 둘러싸인 채 짧은 생애 동안 가톨릭 집단에서 큰 영향력을 발휘했으며 1471년에 시성되었다.

성모성심Immaculate Heart of Mary 숭배도 헬프타의 성 제르트루다와 하케보른의 메히틸트에게서 유래하는데, 스웨덴의 성 비르지타Saint Bridget of Sweden도 여기에 영향을 미쳤다. 이 여인들은 마리아의 심장에 기도를 올렸으며 그것을 하느님 아버지에 대한 그녀의 사랑, 예수에 대한 어머니로서의 사랑, 인류를 향한 넘치는 사랑의 상징으로 우러러보았다. 성모성심 숭배의 근거는 《누가복음》에서 찾을 수 있다. 시므온Simeon이라는 예언자가 마리아에게 그녀가 자신의 아들처럼 큰 슬픔을 겪고 그녀의 심장이 칼에 찔릴 것이라고 말한다(2장 35절). 성모를 숭배하는 많은 사람들은 오늘날까지도 아래의 '성모성심 구일 기도Novena Prayer to the Immaculate Heart of Mary'를 매일 암송하며 그녀를 기린다.

가장 축복받은 어머니시여, 사랑의 심장이시여, 자비의 심장이시여, 늘 귀 기울이시고 돌보시고 위로하시니 우리 기도를 들으소서. 당신의 자녀로서 아들 예수의 전구轉求를 간구하나이다.

당신의 기도를 청하는 모든 사람에게 당신의 심장이 늘 열려 있음이 저희에게 위안이 되나이다. 우리가 사랑하는 이와 아프거나 외롭거나 다친 이를 당신의 다정한 보살핌과 전구에 의탁합니다. 성모시여, 우리 모두가 영생을 얻고 하느님과 영원한 평안을 누릴 때까지 이생에서 자신의 짐을 감당할 수 있게 도우소서.

아멘.

예수성심 숭배와 성모성심 숭배는 비슷한 시기에 나타났으며, 닮은 점이 있지만 중요한 차이점도 있다. 예수성심 숭배의 목적은 예수의 거룩한 심장을 통해 그와 친밀하게 교제하는 것이다. 반면에 성모성심 숭배는 (성모가 그러듯) 기독교 신자와 예수(또는 하느님)를 중개하는 역할을 한다.

예수성심과 성모성심을 시각적으로 표현하기 시작한 것은 1400년경이다. 가장 아름다운 작품 중 하나는 1452~1460년경에 저명한 프랑스 화가 장 푸케Jean Fouquet가 《성무일도서聖務日禱書》를 위해 그린 것으로, 지금은 루브르 박물관에 소장되어 있다. 푸케의 그림에서는 예수의 심장에서 불꽃이 솟아오른다. 《성무일도서》에 실린 성심화 중에서 눈에 띄는 것이 또 하나 있는데, 이것은 1490년경에 제작되었으며 지금은 뉴욕 모건 도서관에 소장되어 있다. 이 그림에서는 심장이 네 개의 커다란 창에 꿰뚫리고 가시관을 두른 채 십자가에 매달려 있다. 성모성심은 종종 한 자루나 (성모칠고聖母七苦를 나타내는) 일곱 자루의 칼에 찔리고 장미나 백합으로 둘러싸인 모습으로 표현된다. 예수성심과 성모성심이 가톨릭 세계 전역에서 친숙한 상징이 된 것은 이처럼 오래되었다.

그림 10_ 레오폴트 쿠펠비저Leopold Kupelwieser, 〈성모성심The Immaculate Heart of Mary〉, 1836년경. 금박 패널에 유채. 오스트리아 빈, 성 베드로 교회 소장. 사진: 다이애나 링고 Diana Ringo.

하트에 관한 20가지 이야기

7장

이탈리아화된 심장, 카리타스

그림 11_ 조토 디 본도네Giotto di Bondone, 〈카리타스Caritas〉(부분), 1305년. 프레스코화.
이탈리아 파두아, 스크로베니 예배당 소장.

1300년경 이탈리아 북부에서는 어디서나 사랑이 깃든 심장을 찾아볼 수 있었다. 이것은 문학과 미술에서 인기 있는 테마였다. 이를테면 **청신체**淸新體·dolce stil nuovo의 시나 — 단테의 작품이 가장 유명하다 — 일류 화가 조토의 프레스코화, 별로 알려지지 않은 법률가 프란체스코 다 바르베리노Francesco da Barberino의 글과 그림이 있다.

청신체의 창시자는 시인 귀도 귀니첼리Guido Guinizelli다. 그의 시 〈다정한 심장 안에 사랑이 늘 깃드네Al cor gentil rempaira sempre amore〉는 사랑의 영적 측면을 강조했으며 이를 불러일으키는 여인을 찬미했다. 오로지 다정하거나 고귀한 심장만이 진정한 사랑을 느낄 수 있었으며, 귀니첼리는 이를 일종의 종교적 헌신으로 해석했다. 그는 하느님의 가장 완벽한 표본인 천사 같은 여인을 흠모하는 것은 곧 하느님께 예배하는 것이라고 주장했다. 그의 저울은 관능적 사랑 amor profano과 영적 사랑amor sacro 중에서 오른쪽으로 기울었다.

귀니첼리의 뒤를 이어 단테는 사랑과 심장이 그 어느 때보다 하나가 되었음에 착안한 소네트를 썼다.

사랑과 온화한 마음은 하나이지요,
현자(귀니첼리)가 자신의 시에서 노래하듯이.
각자가 홀로는 죽은 것과 같지요.

《새로운 인생》, 민음사, 2005, 55쪽.

단테는 사랑의 주님이 세상을 다스리며 심장을 (올바른 사람의 출현으로 생기를 얻기만 하면) 사랑이 머무는 장소로 선포했다.

그러다가 고귀한 여인의 아름다움을 보면
눈은 욕망을 갖게 되고, 눈의 욕망은 다시
심장 속으로 들어가게 됩니다.
그곳에 오랫동안 고이 간직되지요
사랑의 신이 마침내 잠에서 깨어날 때까지.
여자들도 고귀한 남자에 대해 똑같이 느끼지요. (55~56쪽)

단테의 여인은 신체적이며 정신적인 숭고한 아름다움의 화신이다. 그녀는 물론 플라톤이 확립한 궤적을 따라 눈을 통해 심장에 들어가지만, 시인의 심장에 도달하려면 **사기아** saggia, 즉 현명하거나 정숙해야 한다.

단테는 베아트리체^{Beatrice}라는 인물에게서 이 이상적 여인을 발견했다(문학을 공부한 사람에게는 친숙한 이름일 것이다). 단테에 따르면 그가 그녀를 본 것은 그녀가 아홉 살이 되려는 무렵, 그가 고작한 살 많은 때였다. 그 뒤로 그녀를 본 것은 그녀가 스물네 살에 요절하기까지 몇 번뿐이지만 그녀의 이미지는 그의 마음속에 영원히 남았다. 그녀가 죽은 뒤에 단테는 그녀를 기리는 작품을 썼는데, 이것이 《새로운 인생^{La Vita Nuova}》이다. 이 책에서 그는 베아트리체를 찬미하는 글을 쓰고 그녀를 반신半神의 지위로 올림으로써 스스로의 행복을 추구했다.

> 그녀의 키는 자연의 힘이 올릴 수 있는 만큼 높다.
> 미美는 그녀를 기준으로 평가된다. (52쪽)

《새로운 인생》에 실린 또 다른 소네트에서는 베아트리체의 신비로운 존재감을 모든 사람이 느낀다.

> 나의 여인은 너무나 고결하고 순수한 모습이어서
> 그녀가 길을 가다 인사를 건네면,
> 사람들은 혀가 떨려 할 말을 잃게 된다. (77쪽)

소네트는 사랑이 연인 속의 두 목적지에 이르는 경로를 따라가며 끝맺는다. "심장은 맛보네 / 맛본 사람만이 알 수 있는 감미로움을. ······ 사랑으로 가득한 부드러운 정령이, / 그리고 영혼에게 간단없이 말하네, '한숨지어라!'" 이러한 새로운 애정관은 심장과 영혼, 물질과 정신을 둘 다 향하며 지복至福의 만족감을 낳는다. 이탈리아 학자 로버트 해리슨Robert Harrison은 이를 우아하게 표현했다. "시를 마무리하는 한숨은 대상을 미학적 정지 상태에 머물게 한다. 여기서 베아트리체는 욕망을 자극하지 않고 오히려 가라앉힌다."

《새로운 인생》에는 단테와 심장을 논할 때 결코 빼놓을 수 없는 매우 기묘한 장면이 등장한다. 단테는 꿈에서 무시무시하고 지체 높은 남자를 만나는데, 그는 라틴어로 "내가 그대의 주인이니라"라고 말한다. 남자는 잠자는 베아트리체를 품에 안고 있는데, 그녀는 벌거벗은 채 심홍색 천으로 감싸여 있다. 그 뒤에 벌어진 일은 충격적이다. "그 남자는 이글거리며 타고 있는 무언가를 한 손에 쥐고 나에게 말했다. '그대의 마음을 보아라Vide cor tuum.' 그가 잠시 동안 나와 머무른 후에, 나는 그자가 잠든 그녀를 깨우려 한다고 생각했다. 그런 다음 그는 그녀에게 자신의 손에서 불타고 있던 것을 주었고 그녀는 겁에 질린 사람처럼 그것을 먹었다."(22쪽)

한마디로 단테는 베아트리체가 자신의 심장을 먹는 장면을 그린 것이다! 가톨릭 전례를 암시하듯 라틴어로 써서 충격을 누그러뜨리기는 했지만 저 장면은 식인食人이다. 비록 겁에 질렸다고는 하지만 인육을 먹는 것은 고귀한 베아트리체에게 걸맞지 않은 야만적 행위다. 이 장면은 베아트리체가 미지의 남자 품에 안긴 채 사라지면서 갑작스럽게 끝난다. "그는 그녀와 함께 하늘로 올라가는 것처럼 보였다."

단테가 본 '먹히는 심장' 환상은 간통한 아내가 질투심에 사로잡힌 남편의 계략에 휘말려 정부情夫의 심장을 자기도 모르게 먹고 만다는 중세 이야기와 틀림없는 관계가 있다. 하지만 이 꿈 장면은 더 아리송하며 7세기 동안 해석자들의 골머리를 썩였다. 최소한 이렇게 말할 수는 있다. 베아트리체가 단테의 심장을 먹고 하늘로 올라간 것은 《신곡》에서의 재결합을 준비하는 것이라고. 《신곡》에서 그녀는 그를 천국으로 인도하는 길잡이로 등장한다.

단테와 청신체 시인들은 프로방스 트루바두르의 직계 계승자이지만 애정관에 있어서는 사뭇 달랐다. 이탈리아 시인들은 성애를 위한 성애를 거부하는 대신 성적 합일을 추구하지 않는 사랑을 받아들였다. 베아트리체는 우리를 천사의 세계로 인도한다.

이탈리아어로는 **아모레**amore, 라틴어로는 **아모르**amor, 프랑스어로는 **아무르**amour, 독일어로는 **미네**Minne라 부르는 세속적 사랑에 대해 공식 가톨릭 진영은 여전히 의심의 눈초리를 보냈다. 교회가 제시한 대체물 **카리타스**caritas를 헌신적으로 따른 사람은 수사와 수녀, 그리고 육체의 쾌락을 포기할 수 있는 이들이었다. 단테는 평신도로서 성적 욕망을 최대한 억누르고 사랑을 최대한 영적으로 승화했다. 다른 이탈리아 시인들과 더불어 그는 **아모르**를 **카리타스**로 충분히 적셔 노골적 성애의 수위를 낮추고 사랑에 대한 두 시각의 화해를 꾀했다.

하지만 자신의 문학적 상상 속에서 단테가 에로스를 무시하는 것은 불가능했다. 《신곡》에서 그는 프란체스카 다 리미니라는 인물을 등장시키는데, 그는 지옥 불에 던져져 자신에게 저주를 불러온 어긋난 열정을 영원토록 기억해야 하는 운명이다. 프란체스카는 랜슬롯과 귀네비어 이야기를 읽다가 파올로와 사랑에 빠진 일을 회상한다. 이것은 르네 지라르Rene Girard가 **모방 욕망**mimetic desire이라고 부른 것의 사례로, 열정을 불러일으키는 촉매로서의 문학의 역할을 상기시킨다. 영화와 텔레비전이 출현하기 오래전 수백년 동안 파올로와 프란체스카 같은 독자들은 성인전, 로맨스, 시, 희곡에서 사랑을 처음 배웠다. 단테는 이런 이야기가 영혼에 치명적 피해를 입힐 수 있다고 주장했다. 그럼에도 그가 그리는 프란체스카는 매혹적이며 오늘날까지도 여자들이 동일시할 수 있는 인간형이다. 간통까지 따라 하지는 않더라도. 하지만 베아트리체의 성스러운 모습을 동일시하기는 힘들 것이다.

이탈리아에서는 문학과 미술이 상승 작용을 일으켰다. 1300년경부터 배출된 미술 작품을 살펴보면 **카리타스**의 신학적 미덕과 관계된 심장 형상이 폭발적으로 증가했음을 알 수 있다. 라틴어 '카리타스'는 '자선charity' 또는 '사랑love'으로 번역되며 바울의 유명한 성경 구절에도 인용된다. "그런즉 믿음, 소망, 사랑, 이 세 가지는 항상 있을 것인데 그 중의 제일은 사랑이라"(《고린도전서》13장 13절). 바울이 말하는 '자선'은 곤궁한 사람들을 구호한다는 오늘날의 의미가 아니라 이웃에게 사랑과 친절을 베푼다는 일반적인 의미다.

13세기 종교철학자 성 토마스 아퀴나스는 백과사전격인 《신학대전Summa Theologica》에서 이 구절에 주목했다. 그는 믿음, 소망, 자선

(사랑)이라는 신학적 덕목에 절 하나를 할애하면서 자선을 맨 앞에 놓았다. 그가 이해한 자선은 하느님의 사랑과 인간의 사랑이었다. 그의 해석에 따르면 자선에는 타인에게 공감하고 고통을 덜어줄 것을 요구하는 덕목인 **미세리코르디아**^{misericordia}가 포함된다. 오늘날 우리가 '공감'이라고 부르는 것을 아퀴나스는 하느님에 대한 사랑의 결과라고 생각했다.

자선이라는 신학적 덕목은 사랑이 깃든 심장과 무슨 관계가 있을까? 1305년경 조토가 파두아 스크로베니 예배당 벽을 덕목으로 장식하면서 카리타스의 형상을 그렸을 때 그에게 영감을 준 것은 프랑스에서 형성된 '심장 봉헌'의 세속적 이미지였을 것이다. 그림에서는 자선의 거대한 형상이 후광을 두른 수염 난 인물에게 — 아마도 그리스도일 것이다 — 자신의 심장을 건넨다. 이것은 《배 이야기》에서 사랑이 깃든 심장을 바치는 장면을 뚜렷이 연상시킨다 (적어도 양식 면에서는). 이번에도 심장은 솔방울 모양이며 뾰족한 부분이 위를 향하고 뭉툭한 부분이 손에 얹혀 있다. 멀리서 보면 배나 가지 같은 과일이나 채소로 착각할 수도 있겠지만, 눈을 가까이 대면 뒤집힌 심장의 아래쪽에 대동맥이 튀어나온 것을 볼 수 있다. 자선의 다른 손에는 빈민에게 줄 과일 바구니가 들려 있다.

조토의 〈카리타스〉는 후대의 이탈리아 화가와 조각가에게 영향을 미쳤으며, 그들의 작품은 아직까지도 이탈리아 북부 도시들의 교회와 미술관을 빛내고 있다. 그중에는 1337년경 안드레아 피사노^{Andrea Pisano}가 피렌체 대성당 옆 세례당 청동 문을 장식하려고 만든 부조도 있다. 이 조각에서 자선은 한 손에 심장을 들고 다른 손에는 횃불을 들었다. 시에나도 카리타스 프레스코화를 자랑한다. 이것은 1340년경에 암브로조 로렌체티Ambrogio Lorenzetti가 푸블리코 궁전을 위해 그렸다.

카리타스는 언제나 여인으로 표현된다. 13세기와 14세기에 새로이 절정에 이른 성모 마리아 숭배가 이것과 관계가 있음은 의심할 여지가 없다. 고딕식 성당 벽면에 돌로 조각되어 웅장한 장밋빛 창문을 통해 빛나는, 또는 작은 상아에 우아하게 묘사된 마리아 상은 모성애라는 여성적 이상을 카리타스에 담았다.

성모 마리아와 카리타스를 나란히 놓은 희귀한 작품도 있다. 14세기 초에 스테파네시 제단을 장식했으며 지금은 피렌체 바르젤로 미술관에 소장된 〈성모와 카리타스〉에서는 마리아가 앉은 채 아기 예수를 무릎에 안고 카리타스가 선 채 팔을 뻗어 예수에게 심장을 건넨다.

이 모든 이탈리아 작품들은 조토의 〈카리타스〉를 본떠 심장을 솔방울 모양으로 묘사했다. 우리에게 친숙한 '밸런타인' 하트가 될 대칭형의 심장 도상은 아직 무대에 등장하지 않았다.

사랑이 깃든 심장의 미술사에는 동물의 진화와 마찬가지로 신기한 돌연변이가 있다. 이 독특한 피조물들은 난데없이 생겨났다 이윽고 사라지거나 더 영속적인 종으로 진화한다. 1300년경 이탈리아에서 이런 피조물을 만날 수 있다. 그것은 조토와 단테의 동시대인 프란체스코 다 바르베리노Francesco da Barberino의 글과 그림이다.

조토는 그림으로 단테는 시로 당대에 이미 명성을 떨쳤지만

1300년경에 살았던 이탈리아인 중에서 프란체스코 다 바르베리노라는 이름을 아는 사람은 극소수에 불과했다. 심지어 오늘날에도 전문 학자들에게만 알려져 있다. 그럼에도 그는 오늘날 전 세계 수억, 아니 수십억 명이 향유하는 하트 도상에 간접적으로 이바지한 인물이다.

프란체스코 디 네리 디 라누치오Francesco di Neri di Ranuccio는 단테보다 한 해 앞선 1264년 토스카나의 도시 바르베리노에서 태어났다. 성인이 되어서는 고향의 이름을 붙여 스스로 프란체스코 다 바르베리노라 칭했다. 그는 피렌체에서 자유 7과(문법, 변증법, 수사학, 산술, 기하학, 음악, 천문학)를 배웠으며 저명한 볼로냐 대학교에서 법학을 공부하여 1294년에 공증인 자격을 취득했다. 1297년부터 1304년까지는 피렌체에 살면서 주교 두 명의 교회 공증인으로 활동했다. 당대 피렌체의 주요 시인들과도 교류했는데, 1301년에 단테가 추방당하기 전에 그와도 교분이 있었다. 당시의 여느 시인과 마찬가지로 바르베리노가 펜을 든 것은 여인을 찬미하기 위해서였다. 그녀의 이름은 콘스탄차Constanza였다. 그는 시와 더불어 그림도 그렸는데, 조토에게 지도를 받았거나 조토 공방에 있었을 것이다. 바르베리노는 치마부에Cimabue와 조토 같은 가장 저명한 르네상스 초기 화가들의 작품에 친숙했음이 틀림없다.

그는 1309년부터 1313년까지 4년을 프랑스에서 지내면서 아비뇽 교황청으로부터 미남왕 필리프의 파리 왕궁에 이르기까지 최고 권력자들과 친분을 쌓았다. 가장 오래 머문 곳은 프로방스였는데, 그곳에서 트루바두르를 사귀고 옥시탄어를 배웠다. 프로방스에 거처를 두었지만 프랑스 남부와 중부에서 북부 피카르디까지 전국을 돌아다녔다. 그의 프랑스 인맥은 톡톡히 효과를 발휘했다. 본국으로 돌아가서 민법과 교회법을 둘 다 처리할 수 있는 교황 칙령을 얻어냈으니 말이다. 어쨌든 방방곡곡을 돌아다니고 아내와의 사이에서 다섯 자녀를 낳으면서도 그는 두툼한 문학 작품 두 편의 주요 부분을 완성해냈다. 그것은 《사랑의 계율Documenti d'Amore》(이하 《계율》)과 《여성의 품행과 복장에 대한 규칙Reggimento e costume di donna》이다.

바르베리노의 《계율》은 이탈리아어와 라틴어를 꼴사납게 섞어 썼는데, 여인을 찬미하면서 사랑에 대한 반半종교적 견해를 제시했다. 이 책에서 여인의 역할은 연인의 영혼을 고양시키는 것이다. 연인은 여인을 사랑할수록 더욱 신격화하며 그녀의 완벽함에 걸맞으려고 더욱 애쓴다. 바르베리노는 문학을 통해 옥시탄어 트루바두르의 노래와 프랑스 이야기꾼의 알레고리를 본국에 들여왔으며 여기에 이탈리아의 박학博學과 가톨릭의 도덕주의를 듬뿍 넣었다. 그의 사랑 계율은 심장에서가 아니라 매우 이지적인 두뇌에서 나온다.

하지만 《계율》 필사본에 실린 그의 그림, 특히 큐피드의 형상은 놀랍도록 독창적이다(그림 12). 큐피드는 질주하는 말 위에 당당한 포즈로 서 있다. 전통적인 날개를 달고 한 손에는 화살이 가득 담긴 화살통을, 다른 손에는 장미 가지를 들었으며 어깨에는 잎줄기를 둘렀다. 14세기의 여느 큐피드 형상과 마찬가지로 그에게도 발톱이 있는데, 바르베리노는 이것이 사랑의 단단한 악력을 상징한다고 생각했다. 여기까지는 딱히 독창적일 것이 없다. 하지만 다시 살펴보라. 말의 목둘레에 무엇이 보이는가? 끈에 매달린 심장이 다! 어떤 필사본에는 빨간색으로 그려져 있고 다른 필사본에는 흑백으로 그려져 있는데, 멀리서 보면 삼각형에 더 가까워 보이는 것은 사실이지만 돋보기를 갖다 대지 않아도 두 엽葉 사이가 움푹 파인 것을 볼 수 있다. 큐피드는 자신이 꿰뚫은 심장을 가지고 의기

그림 12_ 프란체스코 다 바르베리노, 《사랑의 계율Documenti d'Amore》 중 〈사랑의 승리The Triumph of Love〉(부분), 1315년경. 채식 필사본 삽화, MS Barb. Lat. 4076, 이탈리아 로마, 바티칸 도서관 소장.

양양하게 내달린다. 아래에는 사랑에 사로잡힌 사람들이 널브러져 있다.

책 맨 뒤에 실린 짧은 〈애정론Tractatus Amoris〉에서 저자는 큐피드의 말에 안장도, 굴레도, 박차도 필요 없는 이유를 이렇게 설명한다. "사랑은 굴레가 없어도 전혀 불편하지 않다. 떨어질 우려가 없기에." 뒤이어 화살에 주목하여, "야만적 짐승처럼 작고 무수하고 사악하"다고 묘사한다. 말의 목에 매달린 물건의 정체가 아직도 의심스러운 사람들을 위해 저자는 말이 "많은 심장을 나르site quor molti gli faccio portare"고 있다고 명토 박는다. 사랑이 깃든 심장을 가지고 개선하는 큐피드를 내가 처음 발견한 것은 아니다. 위대한 미술사가 에르빈 파노프스키Erwin Panofsky가 이미 1939년에 이 사실을 지적했으며 최근의 연구자들도 나름대로 훌륭한 논평을 덧붙였다.

또한 파노프스키는 끈에 매달린 심장을 가진 또 다른 큐피드와 바르베리노의 그림을 처음으로 연관 지었다. 조토와 조수들이 1323년경에 그린 이 심장들은 도서관에 꽁꽁 숨어 있지 않고 교회 프레스코화에 실려 있어서 오늘날까지도 볼 수 있다. 그것이 바로 아시시 산 프란체스코 교회의 하부 건물에 소장된 〈순결의 알레고리Allegory of Chastity〉다(그림 13). 이 프레스코화는 밧줄에 매달린 심장이라는 모티프는 바르베리노와 비슷하지만 나머지는 거의 전부 다르다. 우선 심장은 말이 아니라 큐피드에게 걸려 있다. 벌거벗은 큐피드는 바르베리노 그림의 잎줄기 대신 심장을 어깨에 걸고 있다. 하지만 심장 자체는 바르베리노의 것과 달리 움푹 파인 부분이나 초보적인 두 잎 형태가 없으며 줄기에 매달린 과일에 가까워 보인다. 게다가 날개와 화살을 지닌 청소년 큐피드는 — 발 사이에 쓰인 '아모르AMOR'라는 단어로 분명히 알 수 있다 — 눈이 가려져 있다. 이러한 큐피드 도상학의 새로운 발전은 사랑에 눈멀었다는, 즉 비합리적이고 어리석다는 발상을 표현하기 위한 것이다.

아시시 프레스코화는 강조하는 부분이 다르다. 바르베리노의 삽

그림 13_ 조토 디 본도네, 〈순결의 알레고리Allegory of Chastity〉(부분), 1320년경. 프레스코화. 이탈리아 아시시, 산 프란체스코 교회 하부 건물 소장. © Scala/Art Resource, New York.

화가 사랑의 승리를 찬양한 반면에 프레스코화는 사랑을 비난한다. 이 그림에서 큐피드(사랑Amor)는 — 자신과 마찬가지로 벌거벗은 동료(열정Ardor)와 함께 — 큰 낫을 든 검은 해골(죽음Mors)에게 쫓겨 순결의 탑에서 달아난다. 파노프스키는 큐피드의 어깨에 걸린 끈을 화살통 끈에 비유했다. "끈 위에는 그에게 희생당한 사람들의 심장이 인디언 허리띠에 걸린 머릿가죽처럼 꿰여 있다." 아시시 교회에서 아모르는 의로운 사람들의 곁에서 추방되어 저주받은 것들 가운데에서 영영 사라질 처지다.

1300년경 프란체스코 다 바르베리노와 1323년경 조토가 초보적 심장을 그린 데 이어 1330년대에는 우리에게 친숙한 하트 도상에 가까운 형태들이 등장했다. 이를테면 천사 무리에 둘러싸인 채 승천하는 성모의 모습을 보라. 이 그림은 현재 시에나 시 소유의 공공 문서 보관소에 숨겨져 있다(그림 14). 1334~1336년경에 제작된 이 채색화에는 니콜로 디 세르 소초Niccolò di Ser Sozzo라는 이름이 쓰여 있는데, 그의 작품은 이것 말고는 하나도 알려져 있지 않다. 그림 아랫부분에서는 하늘거리는 옷을 입은 채 무릎 꿇은 여인이 살짝 파인 거대한 황금빛 심장을 — 크기가 거의 자신만 하다 — 위쪽에 차분히 앉아 있는 성모에게 바친다. 이 특이한 그림은 이탈리아화된 형태가 14세기의 네 번째 10년 들어 심장의 궁극적 도상으로 거의 완전하게 진화했다는 증거다.

하지만 세르 소초의 심장을 전형적 하트 도상과 동일시하는 것은 절반만 참이다. 그의 심장 이미지와 14세기 초에 피렌체, 시에나, 파두아, 피사, 아시시에서 등장한 그 밖의 이미지들은 모두 하

그림 14_ 니콜로 디 세르 소초, 〈성모 승천Assumption of the Virgin〉(부분), 1334~1336년
경. 채식 필사본 삽화. 이탈리아 시에나, 국가기록원 소장. © Scala/Art Resource,
New York

느님, 예수, 성모 마리아에게 바치는 것으로 종교적 성격을 띠고
있었다. 한 사람이 다른 사람에게 사랑이 깃든 심장을 바친다는 이
미지는 이 시기 이탈리아 회화에서 찾아볼 수 없다. 이것을 찾으려
면 북쪽으로, 프랑스와 플랑드르로 가야 한다.

8장

하트
아이콘의
탄생

그림 15_ 장 드 그리스Jean de Grise 공방, 〈심장 봉헌The Heart Offering〉, 1338~1344년. 《알렉산드로스 이야기*The Romance of Alexander*》 중 채식 필사본 삽화, MS. Bodl. 264, folio 59r. 영국 옥스퍼드, 보들리 도서관 소장.

옥스퍼드의 보들리 도서관에는 《알렉산드로스 이야기*The Romance of Alexander*》 필사본이 있다. 값을 따질 수 없는 이 책은 랑베르 드 토르*Lambert de Tort*가 프랑스어 피카르디 방언으로 썼으며 알렉상드르 드 베르네*Alexandre de Bernay*가 완성했다. 필경사 장 드 브루주*Jean de Bruges*는 1338년 12월 18일자로 화려하게 서명했고 채식사 장 드 그리스*Jean de Grise*는 1344년에 서명했다. 수백 쪽에 걸쳐 정교하게 장식된 《알렉산드로스 이야기》는 중세 그림책 걸작이다. 삽화 중 하나에는 세속적 사랑을 상징하는 최초의 확실한 하트 아이콘이 들어 있다.

《배 이야기》와 달리 《알렉산드로스 이야기》의 삽화는 본문과 별 연관성이 없다. 심장 이미지가 실린 장면은 페이지 아래 가장자리에 있는데, 흩뿌려진 나뭇잎과 해에 앉은 새, 그 밖에 프랑스와 플랑드르 삽화에 특징적인 모티프들로 장식되어 있다(그림 15). 왼편에서는 여인이 심장을 들고 있는데, 아마도 맞은편 남자에게서 받았을 것이다. 그녀는 그의 심장 선물을 받아들이고 그는 가슴에 손을 얹어 심장이 있던 자리를 가리킨다.

그런데 오른편에서는 전혀 다른 장면이 펼쳐진다. 여인은 자신에게 돈주머니를 바치는 구혼자에게서 등을 돌린다. 두 커플은 남녀가 서로를 어떻게 대해야 하는가를 시각적으로 보여준다. 하나는 순수한 마음으로 심장에서 솟는 감정에 젖었으며, 다른 하나는 타산적인 마음으로 물질적 보상을 요구한다.

《알렉산드로스》 필사본에는 젊은이들이 이성을 유혹하고 입맞추고 체스를 두고 온갖 악기 연주를 듣는 그림이 가득하다. 이것은 프랑스와 플랑드르의 궁정과 도시에서 어떤 일들이 벌어졌는가를 간략하게 보여준다. 거기다가 원숭이와 이국적 동물의 환상적 이미지, 남자들이 반항의 표시로 벌거벗은 엉덩이를 드러내는 저속한 장면도 있다. 대부분은 알렉산드로스 대왕이라는 역사적 인물을 소재로 지어낸 허구적 이야기와는 아무 상관도 없다.

이 삽화가 제작된 1340년대를 시작으로 양식화된 심장은 금세 보편화되었다. 러브, 아무르, 아모레, 리베는 영어, 프랑스어, 이탈리아어, 독일어 등으로 된 수많은 시, 노래, 이야기의 주제였다. 카리타스를 아모르의 종교적 대체물(또는 보충물)로 제시하는 수많은 가톨릭 기도, 찬송, 예배에서도 사랑을 주제로 삼았다. 14세기 말이 되자 사랑을 위한 특별한 날까지 생겼다. 잉글랜드와 프랑스에서 밸런타인데이를 기념하기 시작했다. 궁정연애 문화는 단지 장식에 불과하던 예쁜 형상을 가지고 무엇을 해야 할지 잘 알았다. 하트 도상은 필사본뿐 아니라 브로치와 펜던트 같은 수많은 사치품에서도 찾아볼 수 있었다. 파리 공방의 장인들은 여성용 보석함과 거울 뒷면에 상아로 심장 봉헌 장면을 조각했으며 이웃 나라들도 따라 하기 시작했다.

1390~1400년경 이탈리아 북부에서 제작되어 지금은 워싱턴 스미스소니언 박물관에 소장된 거울 케이스는 아름다운 본보기다. 신사가 완벽한 모양에 뚜렷한 홈이 파인 심장을 자신의 여인에게 바친다. 그녀는 우아한 소매를 늘어뜨린 채 팔을 뻗어 심장을 받는다. 두 인물 주위에는 언덕이 있고 뒤에는 탑과 나무가 있으며, 이 모든 장면이 너비가 9센티미터도 안 되는 틀 안에 들어 있다.

심장은 직물과 태피스트리에도 도입되었는데, 장식적 가치뿐 아니라 난방 효과도 있었다. 1400년경에 제작되어 지금은 루브르 박물관에 소장 중인 근사한 프랑스산 태피스트리에서는 연인이 자신의 작은 심장을 마치 초콜릿 조각처럼 엄지손가락과 집게손가락 사이에 쥐었다. 남자가 건장한 다리를 대담하게 앞으로 내디디는 동안 여자는 앉은 채로 충성심의 상징인 개를 얌전히 내려다본다. 이곳은 사랑의 정원이어서 모든 동물에 상징적 의미가 있다(매는 고귀함을, 토끼는 다산을 상징한다). 화려하게 차려입은 남자와 여자는 연인이라기보다는 화보의 배우 같다. 하지만 (무척 작긴 하지만) 그의 심장에는 사랑의 맹세가 담겨 있다.

레겐스부르크 시립 박물관에 소장된 커다란 독일산 태피스트리는 흥미로운 대조를 이룬다. '메달리온 태피스트리Medallion Tapestry'로 불리는 이 작품은 1390년으로 거슬러 올라가며, 한 줄에 문양이 네 개씩 여섯 줄로 이루어졌는데 독일어 문구가 각 문양을 둘러싸고 있다. 그림과 문구는 사랑의 간청, 사랑의 기쁨, 사랑의 고통 등 사랑의 다양한 형태를 나타낸다. 제작 솜씨는 다소 투박하지만 문양이 근사하게 어우러졌으며 상당수 문양은 독창성과 매력을 뽐낸다. 우리에게 특별히 흥미로운 것은 심장 문양이다.

사랑의 고통을 표현한 네 번째 줄에는 사랑의 여신 **미네쾨니긴**Minnekönigin을 묘사한 문양이 두 개 있다. 그녀는 연인의 가슴에 화살을 쏘고 있다. 첫 번째 문양에서는 거대한 날개를 달고 왕관을 쓴 미네쾨니긴이 활을 들고 있는데, 화살은 이미 표적을 맞혔다. 가슴에 화살을 맞은 가련한 청년은 사랑하는 여인의 무릎에 누운 채 죽어가는 듯하다.

같은 줄의 다음 문양(그림 16)에서는 미네쾨니긴이 여전히 왕관을 쓰고 있기는 하지만, 한가운데 자리를 차지한 심장이 날개를 달고 있다. 날개 달린 심장은 공중에 떠 있는 것처럼 보이지만, 실은 한쪽은 미네쾨니긴의 손에 들린 화살에 꽂혀 있고 반대쪽은 연인의 손가락에 들려 있다. 이 장면을 잘못 해석하지 않도록 문양 둘레에 이런 문구가 쓰여 있다. "나의 심장이 사랑의 빛줄기로 고통받도다Mein Herz leit Qual …… vo(n) der liebe Stral." 사랑이 여신의 화살처럼 치명적 상처를 입힌다는 생각은 분명 베누스와 큐피드로 거슬러 올라갈 수 있지만, 이 그림으로 재탄생한 베누스는 궁정연애의 특징을 지녔으며 이름 등에서 독일적 성격을 드러낸다.

프랑스 태피스트리와 비교하면 독일 태피스트리는 시골 친척 분위기를 풍기지만, 어쩌면 1389년 카이저 벤첼 1세와 소피 폰 바이에른Sophie von Bayern의 결혼을 기념하여 제작되었을지도 모른다. 그렇다면 그들과 후손, 그리고 이후 수 세기 동안 태피스트리를 소유한 사람들은 직물의 온기와 사랑의 교훈을 둘 다 누렸으리라.

그림 16_ 작자 미상, 레겐스부르크 〈메달리온 태피스트리Medallion Tapestry〉(부분), 1390년경. 태피스트리, 독일 레겐스부르크, 레겐스부르크 시립 박물관.

사랑의 모티프로서의 심장은 보석에서 특히 인기를 누렸다. 14세기와 15세기에 프랑스 보석 업계에서는 심장 모양에 '드 투 쾨르de tout cuer'(심장을 다해)나 '몽 쾨르 아베mon cuer avez'(그대가 제 심장을 가졌습니다) 같은 프랑스어 문구가 박힌 브로치와 펜던트를 무수히 제작했다. 대영 박물관에 소장된 아름다운 황금 펜던트는 한쪽에 물방울무늬가, 반대쪽에는 (사랑이 종종 달콤쌉싸름하다는 사실을 나타내는) '트리스트 앙 플레지르tristes en plaisir'(기쁨 속의 슬픔)라는 문구가 있다.

잉글랜드, 프랑스, 이탈리아에서 제작된 보석에 흔히 새겨진 라틴어 문구 '아모르 빈키트 옴니아Amor vincit omnia'(사랑은 모든 것을 이긴다)는 베르길리우스의 말이다. 1390년경에 쓴 초서의 《캔터베리 이야기Canterbury Tales》에서 수녀원장이 착용한 브로치에도 같은 문구가 새겨져 있다. 초서의 《트로일러스와 크레시다Troilus and Cressida》에서도 두 연인이 심장 모양 루비가 들어 있는 브로치를 교환한다.

이따금 반지에도 심장 형상과 비슷한 보석 세팅과 함께 문구가 새겨져 있었다. 14세기 이탈리아에서 제작된 반지는 황금 테에 심장 모양 루비가 박혔으며 (정절의 상징인) 담쟁이와 '코르테 포르타 아모르Corte Porta Amor'(구애가 사랑을 가져오나니)라는 문구가 새겨져 있었다. 런던 빅토리아 앤드 앨버트 박물관에 소장된 또 다른 반지에는 심장 모양의 늑대 이빨이 달려 있는데, 아마도 액막이용이었을 것이다. 내가 고작 열세 살 때 우리 반 남자아이가 내게 준, 작은 심장 두 개가 달랑거리는 은반지도 생생히 기억난다.

하트 도상은 15세기에 뜻밖의 다양한 방식으로 퍼져 나갔다. 문장
紋章, 트럼프, 빗, 반지, 보석함, 상아 조각, 나무 상자, 칼 손잡이,
묘지, 목판화, 판화, 인쇄소 마크 등에 하트가 등장했다. 하트 도상
은 실용적인 쓰임새도 있었고 엉뚱한 쓰임새도 있었으며, 대부분
— 전부는 아니지만 — 관능적 사랑과 관계가 있었다.

가장 기발한 물건 중 하나는 1475년에 장 드 몽세뉘Jean de Montchenu
를 위해 제작된 심장 모양 노래책이다(몽세뉘는 2년 뒤에 아장의 주교
가 된다). 이 책은 가죽 장정에 2절판 양피지 72쪽으로 이루어졌으
며 펼치면 솔기를 중심으로 하트 모양이 된다. 당대의 이름난 작곡
가들이 만든 사랑 노래가 담겼는데, 프랑스 노래가 열다섯 곡, 이

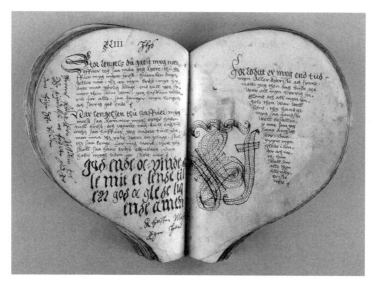

그림 17_ 작자 미상, 〈하트의 책The Heart Book〉, 1550년경. Thott 1510 kvart. 가죽 장
정 연애시 필사본. 덴마크 코펜하겐, 덴마크 왕립 도서관의 허락을 받아 수록.

탈리아 노래가 열세 곡이었다. 16세기 이탈리아에서 제작된 심장 모양 필사본 두 점도 보존되어 있으며 덴마크 크리스티안 3세의 궁정에서 제작된 여든세 수의 연애시도 남아 있다(그림 17).

피에르 살라Pierre Sala라는 프랑스인은 1500년경 리옹에서 《사랑의 상징과 구호Emblèmes et Devises d'amour》라는 소책자를 만들어 사랑이 깃든 심장의 역사에 한몫했다. 그가 엮은 연애시와 그림 열두 점은 평생의 연인 마르그리트 뷜리우Marguerite Bullioud를 위한 것으로, 그녀는 이미 다른 남자와 결혼한 몸이었다. 그녀는 남편이 죽은 뒤에 결국 살라와 결혼했다.

살라의 소책자는 한 손에 들 수 있는 크기인데 — 가로 7cm 세로 10cm에 불과하다 — 그림 두 점에 인상적인 하트 형태가 등장한다. 하나는 살라가 딸기 모양 심장을 데이지 꽃받침 안에 떨어뜨리는 장면이다. '데이지'를 프랑스어로 하면 '마르그리트'인데, 마르그리트 뷜리우의 경우에서 보듯 첫 글자를 대문자로 하면 둘 다 여자 이름으로 쓸 수 있다. 문구의 첫 줄은 이렇게 시작한다. "내 심장이 이 '마르그리트' 안에 들어가고 싶어 하도다." 중세 독자들이 여기에 담긴 성적 함의를 알아차리지 못했을 가능성은 희박하다.

또 다른 근사한 그림에서는 두 그루의 나무 사이로 날아다니는 심장들을 잡으려고 여인 두 명이 그물을 펼치고 있다(그림 18). 날개 달린 심장은 천사를 본뜬 것으로, 이미 14세기에 솟구치는 사랑을 가리키는 기호로 쓰였다. 하지만 우리 시대에는 무엇보다 수피즘(12세기 초에 설립된 이슬람교 신비주의 분파)의 상징이자 자유분방한 연인들이 좋아하는 문신이다.

그림 18_ 메트르 드 라 크로니크 스캉달뢰즈Maître de la Chronique scandaleuse, 〈날아다니는 심장을 그물로 잡으려는 두 여인Miniature of Two Women Trying to Catch Flying Hearts in a net〉(부분), 1500년경. 피에르 살라Pierre Sala, 《사랑의 작은 책Petit Livre d'Amour》, MS 955 folio 13r. 영국 런던, 영국 도서관 소장.

피에르 살라의 동시대인 중 상당수는 사랑의 쾌락보다는 고통에 관심이 있었기에 내면의 혼란을 표현하는 새로운 방법을 생각해냈다. 15세기 이탈리아인들은 **잔인한 사랑**이라는 테마를 개발했는데, 이것은 훼손된 심장을 몸의 안이나 밖에 보여주는 것이다. 바치오 발디니Baccio Baldini의 판화에서는 우아하게 차려입은 여인이 나무에 묶인 호리호리한 젊은이의 가슴에서 심장을 뽑아낸다. 그녀가 심장을 그의 얼굴로 들어 올리자 그는 사랑의 고문에 체념한 희생 제물처럼 초연하게 몸을 뒤로 기댄다. 데루타(이곳에서는 오늘날까지도 세계적으로 유명한 도자기를 생산한다)에서 제작된 마욜리카 접시에서도 같은 주제가 재현된다. 한 접시에서는 젊은 남자가 벌거벗은 채 기둥에 묶여 있고 궁정 복식을 한 여인이 그를 향해 활시위를 당긴다. 둘 사이에는 그의 심장이 화살 두 발에 꿰뚫린 채 받침대에 놓여 있다. 또 다른 접시에서는 잘 차려입은 여인이 고배高杯를 들고 있고 그 속에는 화살 두 개에 꿰뚫린 심장이 들어 있는데, 여인의 뒤에는 "엘 미오 코레 에 페리토 페르 보에El mio core e ferito p[er] voe"(내 심장이 그대에게 상처를 입었네)라고 쓰여 있다.

더 섬뜩한 것은 1430년경 바젤에서 제작된 나무 장식함으로, 여인이 연인의 심장을 절구에 넣어 갈고 있다. 가장 무시무시한 예는 1480년경 카스퍼 폰 레겐스부르크Casper von Regensburg가 제작한 목판화일 것이다. 프라우 미네의 희생자 열아홉 명의 심장을 쥐어짜고 꿰뚫고 찢고 태우고 반으로 가르고 가학적으로 고문한다. 이 소름 끼치는 그림을 보고도 물러서지 않는 연인이라면 무엇에도 물러서지 않을 것이다.

이제 우리는 이 책 머리말에서 제기한 물음 중 몇 가지에 대답할 준비가 되었다. 우리가 하트라고 부르는 두 잎의 형상이 약 2,500년 전에 처음 나타났을 때 그것은 아무 의미도 없는 장식 문양에 불과했다. 아마도 나뭇잎이나 꽃 같은 자연물에서 진화했을 테고 순전한 장식 효과만 있었을 것이다. 고대 페르시아 미술과 (심지어) 스페인 베아투스 필사본에 있는 사례들은 도저히 사랑을 나타낸다고 볼 수 없다.

하지만 13세기와 14세기에 이 장식적 형상은 의미를 얻었다. 사랑을 상징하게 된 것이다. 사랑을 상징하는 최초의 심장은 솔방울이나 가지, 배를 닮았다. 이 '심장 봉헌'은 1250년경 《배 이야기》에서는 연인을 대상으로, 1300년경 조토의 《카리타스》에서는 하느님을 대상으로 심장에 사랑이라는 '의미'를 부여했지만, 아직 도상의 '형태'를 갖지는 못했다. 이 형태는 14세기 초반에 바르베리노의 《계율》, 조토의 〈순결〉 프레스코화, 니콜로 디 세르 소초의 〈성모 승천〉 등에 표현된 이미지에서 발전하여 1340년대 《알렉산드로스 이야기》에서 확고한 형상을 얻었다. 두 잎의 대칭형 심장을 발명한 공로는 이탈리아, 프랑스, 플랑드르의 화가들에게 돌아가야 한다.

중세의 사고방식에서는 상징이 무척 흔했기에 사람들은 설명이나 정의 없이도 의미를 알아차릴 수 있었다. 일반인에게 심장은 단순히 사랑을 의미했다. 즉, 연인이 겪는 답답한 감정 — 은유적으로 말하자면 두 심장이 하나로 합쳐질 때만 해소될 수 있는 감정 — 의 표상이었다. 성직자들은 심장을 하느님과 인간이 만나는 장소로 이해했다. 하느님은 사랑의 전령을 사람들의 심장에 직접 보냈는데, 사람들은 이를 온전히 받아들일 수도 있었고 그러지 않을 수도 있었다.

하지만 상징은 원래의 의미에서 벗어나 전혀 예상하지 못한 의미와 쓰임새를 갖기도 한다. 15세기에는 프랑스의 거부巨富 재무장관 자크 쾨르Jacques Cœur가 부르주에 지은 저택의 앞면 같은 이례적인 장소에도 심장이 등장했다. 또한 그의 개인 문장紋章에는 그의 이름을 표현한 그림 문자가 포함되었다('쾨르'는 '심장'이라는 뜻이다). 크누드 6세가 덴마크 인장에 심장 아홉 개와 사자 세 마리를 넣은 1194년 이후로 유럽에서는 이것이 관행이었다.

15세기에 트럼프가 처음 등장했을 때 하트는 패의 하나를 나타내는 모양으로 채택되었다. 처음에 유럽에서는 통일된 체계가 없어서 패의 형태가 나라마다 달랐다. 영어권 나라들은 프랑스에서 쓰던 스페이드, 하트, 다이아몬드, 클럽의 네 가지 패를 받아들였다. 15세기 후반에 독일도 네 가지 패를 채택했는데, 그중 하나가 하트였으며 나머지 셋은 도토리, 나뭇잎, 종이었다. 빨간색 하트는 사랑의 의미가 담긴 반면에, 검은색 스페이드는 '칼'을 뜻하는 이탈리아어 '스파다spada'에서 파생한 것으로 비극과 죽음을 암시한다. 이런 문화적 연상은 사람들의 마음속에 오랫동안 남는다.

〈하트의 퀸The Queen of Hearts〉이라는 영국 동요는 틀림없이 사랑에 대한 노래이지만, 네 살짜리 아이가 그 알쏭달쏭한 의미를 이해할 수는 없으리라.

어느 여름날
하트의 퀸이
타르트를 만들었다네,
하트의 잭이
타르트를 훔쳐
달아났다네.
하트의 왕이
타르트를 내놓으라며
잭을 흠씬 두들겨 팼다네.
하트의 잭은

타르트를 도로 가져와

다시는 훔치지 않겠노라 맹세했다네.

내가 보기에 이 동요는 본디 아서 왕, 귀네비어, 랜슬롯 같은 전
설상의 인물에서 영감을 받은 간통 이야기였을 것이다. 남편, 그의
매력적인 아내, 아내의 애인은 그리스·로마의 신 불카누스, 베누
스, 마르스에서 시작하여 아주 오랫동안 서구의 원형적 트리오를
형성했다.

심장은 중세에 사랑의 표상으로 출발했으며, 그 뒤로 다른 의미
와 쓰임새가 섞이기는 했지만 관능적 사랑의 탁월한 상징으로서
도상적 형태와 지위를 간직한다.

9장

심장을 분리하여 매장하기

순금으로 만든

이 작은 함에

위대한 심장이 잠들어 있도다.

— 안 드 브르타뉴의 심장 안치함 비문

오래전에 프랑스 앙제 근처에 있는 퐁트브로 수도원을 방문한 적이 있다. 아키텐의 엘레오노르가 묻힌 곳을 보기 위해서였다. 손에 책을 펼쳐 든 왕비의 와상臥像이 무덤을 덮고 있었다. 옆 무덤에는 두 번째 남편 잉글랜드의 헨리 2세와 (사자왕 리처드로 더 유명한) 아들 리처드 1세의 시신이 안치되어 있다. 살아서는 슬프게도 따로였지만 죽어서 하나가 된 세 사람의 안식처를 바라보는 것은 감동이었다. 하지만 리처드의 심장이 몸과 함께 퐁트브로에 있지 않다는 것을 알고는 깜짝 놀랐다. 리처드가 1199년 프랑스에서 죽었을 때 그의 심장은 약초와 향료로 방부 처리되고 아마포에 싸여 납 상자에 안치된 채 300킬로미터 떨어진 루앙 대성당에 따로 묻혔다.

노르망디의 루앙과 앙주의 앙제, 두 도시는 영국인들에게 특별한 의미가 있다. 리처드 1세는 공식적으로 잉글랜드 국왕이자 노르망디 공작이고 앙주 백작이었다. 잉글랜드에서 어린 시절을 보낸 뒤에 성년기의 대부분은 어머니의 고향인 프랑스 남부 아키텐에서 또는 십자군 원정을 떠나 성지聖地에서 보냈다. 리처드의 심장과 몸이 각각 노르망디와 앙주에 안치된 것은 프랑스 문명에 정서적 애착을 느꼈기 때문일 뿐 아니라 잉글랜드가 두 영토에 대한 소유권을 주장했기 때문이기도 했다. 영토 분쟁은 15세기에 백년전쟁이 끝나고서야 종식되었다.

리처드의 심장이 몸과 떨어져 매장되었다는 사실을 알고서 나는 이 관습에 대한 탐구에 매혹되어 빠져들었다. 심장은 왜 따로 묻을 만큼 특별한 대접을 받았을까? 뇌나 간은 왜 아니었을까? 중세 이전에도 선례가 있었을까?

사실 이 관습은 4,000년을 거슬러 고대 이집트까지 올라간다. 이집트인들은 망자의 내장을 네 개의 카노푸스 단지에 간직했는데 — 위, 창자, 허파, 간을 따로따로 담았다 — 심장은 나머지 장기와 달리 정중하게 대접받았다. 심장은 몸에서 꺼내어 미라 처리를 한 뒤에 가슴에 도로 넣었는데, 이것은 심판의 날에 망자의 증인이 되도록 하기 위해서였다.

사자왕 리처드 생전에는 심장을 꺼내어 따로 묻는 방식이 드물었으나, 그의 황실 선조 헨리 1세가 1135년에 선례를 세웠다. 헨리의 시신을 레딩 대성당에 매장하려고 잉글랜드로 옮겼을 때 그의 심장은 눈, 창자, 혀와 함께 루앙에 남았다.

심장을 따로 묻는 관습이 십자군 전쟁 때 더 흔해진 것은 놀랄 일이 아니다. 십자군이 먼 타향에서 죽으면 그의 몸은 유럽으로 돌아오는 오랜 항해 중에 썩을 테지만 방부 처리한 심장은 가문의 묘에 도착할 때까지 고스란히 보존될 것이었기 때문이다.

13세기에는 잉글랜드와 프랑스 할 것 없이 지체 높은 사람의 시신을 따로 묻는 관습이 유행했다. 최초로 이 영광을 입은 여성은 ('성 루이'로 더 유명한) 루이 9세의 어머니 카스티야의 블랑슈Blanche de Castille다. 그녀의 심장은 1252년에 백합 수녀원에 매장되었으며 시신은 모뷔송 수녀원(그녀가 파리 외곽에 설립한 시토 수도회 소속 수녀원)에 안치되었다.

30년 뒤에 블랑슈의 작은아들 앙주의 샤를의 심장이 파리 생자크 가街에 있는 도미니크회 수도원에 안치되었으며 나머지 시신은 프랑스 왕실의 전통적 매장지인 생드니 대성당에 매장되었다. 심장 안치함sepulcher 위에는 샤를의 와상이 놓여 있었는데, 그는 가슴에 올려놓은 왼손에 심장을 쥔 모습으로 묘사되었다.

같은 해인 1285년에 용담왕 필리프 3세의 심장이 몸에서 적출되어 작은아버지 앙주의 샤를의 심장과 똑같이 파리의 도미니크회 수도원에 묻혔다. 프랑스 국왕 중에서 심장이 별도의 안치함에 보관된 사람은 필리프 3세가 처음이었다. 하지만 마지막은 아니었다. 1314년 12월에 아들인 미남왕 필리프 4세의 심장이 생루이 드 푸아시 교회에 따로 매장되었다.

그 뒤로 17세기까지 프랑스의 왕과 왕비는 대체로 묘지가 두 군데였다. 한 곳에는 심장을 묻었고 다른 곳에는 — 대개는 생드니였다 — 나머지 시신을 묻었다. 샤를 5세는 1380년에 서거했지만 일찌감치 자신의 심장을 몸에서 꺼내어 루앙 대성당에 안치하라고 당부했다. 그는 심장 안치함의 제작을 조각가 장 드 리에주Jean de Liège에게 의뢰했는데, 리에주는 샤를이 죽기 여러 해 전에 작업을 시작했다. 무덤은 그 뒤로 유실되었지만, 안치함 위에 놓인 조각상을 그린 그림에 따르면 한 손에는 홀을 들고 다른 손에는 심장을 들었다.

왕실의 거물 중에는 이 관습을 거부한 사람들도 있었다. 바이에른의 이자보Isabeau de Bavière 왕비는 1431년에 남긴 유언에서 심장을 몸에서 떼어내지 말라고 분명히 말했다. 샤를 7세와 루이 7세도 분리 매장을 원하지 않았다. 루이 7세는 심장을 비롯한 몸 전체를 생드니에 매장하라고 명토 박았다. 그의 비문에는 이렇게 쓰여 있다. "여기 매우 존귀하시고 탁월하시고 권세 많으신 프랑스 국왕 루이 7세 폐하의 몸이 심장과 함께 안치되어 있노라."

분리 매장 관습을 고수한 사람들은 이따금 자신의 심장이 성유물처럼 특별한 존경을 받도록 막대한 비용을 들여 예식을 진행하도록 했다. 샤를 7세의 사촌 앙주의 르네René d'Anjou는 유언장에서 심장 장례식을 시신 장례식만큼 공들여 치르라고 명령했다. 그의 심장은 앙제에 있는 프란치스코 소小수도회 교회로 운구되었는데, 르네의 유언장에 명시된 대로 종교인과 일반인, 50명의 빈민을 망라한 대규모 행렬이 검은 옷을 차려입고 시신을 날랐다. 심장은 은제 상자에 담겼고 대학교 학위를 가진 저명한 인물 네 명이 옮겼다. 운구 행렬이 모두 교회에 들어서자 망자를 위한 미사가 집전되었으며 심장은 예배당 벽에 조각된 벽감에 안치되었다(다음 장에서 르네가 심장 문학에 독특하게 기여했음을 살펴볼 것이다).

심장 무덤은 점점 정교해졌다. 노트르담 드 클레리 교회에 있는 샤를 8세의 심장 안치함은 (그때는 이미 흔해진) 심장 형태로 만들어졌다. 안에 누구의 무엇이 들어 있는지 확실히 해두기 위해 심장을 담은 납 상자 뚜껑에는 이런 문구가 새겨져 있었다. "8대 국왕 샤를의 심장이니라."

그의 아내 안 드 브르타뉴Anne de Bretagne의 심장도 웅장한 안치함에 보관되었다. 그녀의 이야기에서는 왕실에서 왜 심장을 별도로 안치하는 관습을 고집했는지 알 수 있다. 그녀가 샤를 8세와 결혼하면서 독립국이던 브르타뉴 공국은 프랑스 왕국에 편입되었다. 그녀는 샤를 8세 생전에는 브르타뉴 공녀이자 프랑스 왕비였으며 1498년에 그가 죽은 뒤에도 (루이 7세와 재혼하여) 두 신분을 유지했다. 안이 자신의 심장을 낭트 가르멜회 수도원의 부모 무덤에 안치한 것은 조상에 대한 정서적 애착과 프랑스에 안겨준 커다란 지리학적 선물을 암시했다. 이것은 대단히 정치적인 행위였으며, 브르타뉴 신민에 대한 안의 통치권이 후손에게 계승될 것임을 확언하는 것이었다.

안 드 브르타뉴의 시신은 두 번째 남편 루이 7세와 함께 생드니의 (이제껏 조성된 것 중에서 가장 거창한) 무덤에 매장되었으나 그녀의 심장은 브르타뉴에 남았다. 심장 안치함 위에 새겨진 비문은 그녀의 고매한 인품과 프랑스 역사에서 차지하는 중요한 위치를 칭송했다. "순금으로 만든 / 이 작은 함에 위대한 심장이 잠들어 있도다. 그녀의 이름은 안이니, 프랑스에서는 두 번 왕비를 지내셨으며 브르타뉴 공녀로서 왕가이자 주권자이셨도다."

이렇듯 왕가의 심장을 별도의 무덤에 안치하는 데는 정치적 요인과 정서적 요인이 둘 다 작용했다. 따로 묻힘으로써 반⁺신비화된 심장은 존경심을 불러일으켰으며 서거한 주권자에 대한 충성심을 이끌어냈다.

인기가 많았던 프랑스 국왕 앙리 4세는 1610년 5월 14일 가톨릭 광신자에게 살해당했다. 그는 자신의 심장을 예수회 소속 라 플레시 대학에 안치하고 아내가 죽으면 그녀의 심장도 함께 두고 싶다는 바람을 피력했다. 라 플레시의 학생 중에는 훗날 철학자가 된 르네 데카르트가 있었는데, 그는 비보를 듣고서 다른 학생들과 함께 왕의 심장이 안치될 때까지 며칠 동안 기도를 드렸다. 데카르트가 철학을 사유하면서 심장에 관심을 기울인 데는 이 극적인 사건이 영향을 미쳤을지도 모른다(14장에서 설명한다).

막강한 국왕 루이 14세의 심장과 몸은 섬뜩한 취급을 받았다. 1715년에 그가 서거하자마자 의학부 의사들은 부검을 실시하여 그의 심장과 창자를 떼어냈다. 심장은 방부 처리되어 황금 성유물함에 담긴 채 파리 예수회 교회에, 창자는 노트르담 대성당으로 운반되었다. 몇 밤이 지난 뒤에 나머지 시신이 횃불 행렬과 함께 생드니 대성당으로 운구되었다.

안타깝게도 루이 14세의 심장, 창자, 몸은 프랑스 혁명 때 치욕을 당했다. 1793년에 군중은 그를 비롯한 프랑스 국왕들의 시신을 생드니에서 파내어 일반 묘지에 던져 넣었다. 그의 창자도 어디

론가 사라졌다. 심장은 어떻게 되었을까? 발굴되어 한 미술가에게
팔렸는데, 그는 심장을 물감으로 썼다.

왕가의 시신이 가장 괴상한 취급을 받은 것은 잉글랜드 국왕 제임
스 2세의 사례일 것이다. 그는 1688년 명예혁명으로 폐위된 뒤에
프랑스로 달아나 루이 14세의 빈객으로 지냈다. 1701년에 제임스
가 서거하자 그의 아들은 아버지의 심장을 파리 샤요 언덕에 있는
방문수녀회 수녀원에 가져갔다. 이 수녀원은 1651년에 제임스 2세
의 어머니 헨리에타 마리아 왕비가 설립했는데, 그녀 또한 프랑스
에서 유배 생활을 했다. 그녀의 심장은 이미 수녀원에 안치되어 있
었다. 현재 그 자리에는 샤요 궁이 서 있다.

제임스의 다른 신체 부위들은 딴 곳으로 보내졌다. 뇌는 납 장식
함에 담겨 파리 스코츠 대학으로, 창자는 금박 단지 두 개에 담겨
생제르맹앙레의 교구 교회와 생토메르의 잉글랜드 예수회 대학으
로 운반되었으며 오른팔의 살은 파리의 잉글랜드 아우구스티노회
수녀에게 증정되었다. 나머지 몸은 생자크 가의 잉글랜드 베네딕
토 수녀회 예배당에 매장되었다. 제임스의 시신은 프랑스 혁명 기
간에 모두 멸실되었으나 창자는 19세기에 생제르맹앙레 교회에서
발견되었다.

왕가의 심장을 몸과 따로 묻는 관습을 주도한 것은 프랑스와 잉글
랜드였지만, 오스트리아 합스부르크 가문도 17세기에 흐름에 동참
했다. 시작은 1654년 대공 페르디난트 4세의 심장이었으며 마지

막은 1878년 프란츠 카를 대공의 심장이었다. 합스부르크의 심장 54개가 구리 단지에 담긴 채 궁정 뜰 안쪽에 위치한 빈 아우구스 티너 교회에 안치되어 있다. 철문의 창문을 통해 보이는 이 왕가의 심장들은 군주제를 존경하도록 키워지는 빈 아이들에게 대대로 오래도록 인상을 남겼으며 최근에는 관광 명소가 되었다.

2011년에는 오스트리아-헝가리 제국의 마지막 상속자 오토 폰 합스부르크의 심장이 몸과 따로 묻혔다. 그는 심장 매장지로 헝가리 펀논헐머의 베네딕토회 수도원을 선택했는데, 이는 한때 오스트리아-헝가리 제국의 주요한 일부이던 나라를 향한 애정의 표현이었다. 합스부르크 일가 100명, 헝가리 정부 대표단, 그리고 가톨릭, 루터교, 유대교 등 다양한 종교계 인사들이 장례식에 참석하여 라틴어 저녁 기도와 범汎교회적 기도를 드렸다. 오토 폰 합스부르크의 나머지 시신은 빈에 매장되었다.

심장의 분리 매장 관습이 왕가와 귀족에게서 성행하기는 했지만 성직자의 사례도 (훨씬 드물긴 하나) 찾아볼 수 있다. 더블린의 2대 대주교 로런스 오툴Lawrence O'Toole이 1180년에 서거하자 그의 심장은 더블린의 크라이스트처치 대성당으로 보내졌다. 심장은 심장 모양 나무 상자에 담긴 채 철제 보관함에 들어 있었는데 2012년에 사라지고 말았다. 이 아일랜드 성인의 심장은 아직 발견되지 않았으며 누가 훔쳤는지는 여전히 미스터리다.

중세 후기 이후로 독일 뷔르츠부르크의 주교후fürstbischof들은 세 부분으로 나뉘어 매장되었다. 시신은 뷔르츠부르크 대성당에, 창자는 마리엔베르크 성城 교회에, 심장은 지금의 에브라흐 수도원에 보관되어 있다.

교황도 1590년 식스투스 5세부터 1903년 레오 13세까지는 이 관습을 따랐다. 스물두 개의 심장이 대리석 단지에 담겨 로마의 트레비 성 빈첸시오아나스타시오 성당에 안장되어 있다. 이곳은 바로크식 교회이지만, 맞은편의 트레비 분수가 훨씬 유명하다.

오스만 제국에서도 신분이 높은 사람들을 분리 매장한 사례가 있다. 최근에 조사관들이 헝가리 남부의 소도시 시게트바르를 방문했는데, 이곳은 쉴레이만 대제의 심장이 매장된 곳으로 알려져 있다.

전설에 따르면 쉴레이만은 그의 오스만 병사 5만 명이 크로아티아·헝가리 기독교인 2500명이 지키는 인근 요새를 약탈하는 와중에 이곳에서 숨졌다고 한다. 쉴레이만의 죽음은 전투가 끝날 때까지 비밀에 부쳐졌다. 그런 다음 그의 심장과 주요 장기는 헝가리에 묻혔으며 시신은 이스탄불로 돌려보내졌다. 매장지를 발굴하자 벽돌 모스크 형태의 16세기 기념비, 데르비시 회랑, 그리고 쉴레이만의 심장과 창자가 매장되었으리라 생각되는 튀르베türbe, 즉 무덤이 드러났다. 1692년에 이 지역을 정복한 합스부르크 가문은 값나가는 것이면 무엇이든 빈으로 날랐다. 하지만 쉴레이만의 심장을 비롯한 몇 가지 물건이 남았는데, 현지 농부들이 다시 묻었다고 알려져 있다.

쉴레이만의 심장이 이곳에 여전히 남아 있든 아니든, 시게트바르 시뿐 아니라 터키, 크로아티아, 헝가리의 대통령들도 심장 찾는 일에 동참해달라는 요청을 받았다.

지금까지 살펴본 예에서 심장은 다른 곳에 매장된 시신의 부분적 대리물로 간주되었다. 하지만 15세기에 심장은 부분적 대리물의 지위를 넘어서기도 했다. 심장은 더 독립적이고 싶었다. 사람 자체가 되고 싶었다. 그리하여 문학에서 심장은 개인 그 자체가 되었다.

10장

심장의
독립

그림 19_ 바르텔르미 반 에이크Barthélemy van Eyck, 〈심장과 욕망이 희망이라는 집에 이르다
Cœur et Désir arrivant chez Espérance〉(부분), 1458~1460년경. 앙주의 르네, 《사랑에 빠진 심
장의 서Livre du cœur d'amour épris》. 오스트리아 빈, 오스트리아 국립 도서관 소장.

앙주의 르네는 구면舊面이다(9장 참고). 그의 심장은 1480년 성대한 장례식을 거쳐 앙제에 매장되었다. 이제 르네와 그의 사촌 오를레앙의 샤를Charles d'Orléans에 대해 자세히 알아보자. 두 사람은 왕실에서 높은 위치에 있었으며 둘 다 사랑이 깃든 심장이 자신의 목소리와 이야기를 가지고 사람처럼 행동하는 글을 썼다. 서구 문학사상 처음으로 심장이 스스로 생각하고 말할 수 있는 독립적 행위자가 된 것이다. 심장이 나름의 의지를 가졌다는 전제를 받아들이면 샤를의 흥미진진한 서정시와 르네의 초현실적 줄거리에 쉽게 매료될 수 있을 것이다.

샤를 5세의 손자이자 샤를 6세의 조카이자 루이 12세의 아버지인 오를레앙의 샤를은 1415년 아쟁쿠르 전투에서 잉글랜드에 포로로 잡혀 25년을 감금당했다. 그는 투옥 기간에 자신의 심장을 절친한 친구 삼아 노래, 발라드, 론도의 형태로 대화를 나눴다.

시인의 가장 연약한 부분을 나타내는 심장은 가질 수 없는 여인 때문에 절망할 때는 축 늘어지지만 화자가 희망을 품고 직접 나설 때는 생기를 찾는다.

일전에 나의 심장을 보러 갔다네

어떡하고 있나 알아보려고.

희망이 옆에 있길 바랐지

다정하게 위로하면서.

"심장이여, 이제 기뻐해도 좋아!

진심으로 말하건대

세상에서 가장 아름다운 여인이

충실한 심장으로 그대를 사랑하니."

시인은 계속해서 심장과 대화를 나누는데, 주제는 늘 사랑의 난관이다. 한번은 심장이 절망에 빠져 흐느끼며 도움 청하는 것을 본다. 심장은 자신과 주위 모든 것에 불을 놓았다. 시인이 눈물로 불을 꺼 하나 허사다. 그는 친구들에게 만일 심장이 죽으면 "존귀한 순교자나 성자처럼 / 연인의 천국"에 올라갈 수 있도록 미사를 드려달라고 부탁한다. 심장은 목숨을 건지지만 고통은 더해져만 간다.

또 한번은 "오랫동안 충심으로 섬긴 여인이 / 중병에 걸렸"다는 소식에 심장이 비탄에 잠기자 시인이 공감을 표한다. 그는 여인의 회복을 비는 기도를 함께 드리며 심장의 통역자를 자처한다. "전능하신 하느님이시여, 당신의 선함으로 / 그녀를 고치소서! 저의 심장이 간구하나이다." 여인은 회복되고 심장도 기운을 차린다.

오를레앙의 샤를이 쓴 심장 시들은 희망이나 예의처럼 감정과 성품을 알레고리화하는 옛 문학 전통에 뿌리를 두면서도, 르네상스의 시적 주관성을 예시한다. 16세기에 몽테뉴와 셰익스피어를 위시한 르네상스 사상가와 시인은 더 복잡한 자아를 선호했다. 더는 이들의 성격에 **감미로운 눈빛**이나 **자비** 같은 중세의 이름표를 붙일 수 없었다. 사랑에 빠진 심장과 개인적 고통 사이에서 갈가리 찢긴 샤를의 분열된 인격은 초기의 근대적 정조가 뚜렷하다. 사실 그가 절망에 대처하는 방식은 프로이트의 선구로 여길 수도 있다. 심장을 자신의 나머지 존재와 분리함으로써 그는 자신에게 속한 (프로이트라면 초자아, 자아, 이드라고 불렀을) 별개의 부분들을 분석하여 내면의 혼란을 이해하고자 했다.

샤를은 포로 생활 초기에는 짝사랑의 고통을 이겨내도록 도와달라고 심장에게 부탁했지만, 세월이 흐르면서 나이를 이길 수 없으니 심장에게 자신을 욕망으로부터 해방시켜달라고 간청했다. 마침내 샤를이 고향으로 돌아왔을 때 사랑하는 두 번째 아내 본은 이미 죽은 뒤였지만, 그는 (당시로서는 노인 축에 드는) 마흔여섯의 나이였음에도 스무 살 어린 여인과 다시 사랑에 빠졌다. 이 결혼에서 탄생한 세 자녀 중 한 명이 국민의 아버지 루이 12세다.

오를레앙의 샤를의 사촌인 앙주의 르네는 심장에 더 큰 자율성을
부여했다. 그의 알레고리 《사랑에 빠진 심장의 서Livre du cœur d'amour
épris》에서 처음 등장하는 주인공은 르네 자신이다. 그는 조카 부르
봉의 장에게 편지를 쓰고 있다. 하지만 꿈에서 사랑이 르네의 심장
을 뜯어내어 욕망이라는 알레고리적 등장인물에게 준 뒤로는 심장
이 화자가 되어 중심 등장인물로 나선다. **심장**은 젊은 기사로 변신
하여 추구 서사quest narrative 특유의 모험을 떠난다. 물론 **심장**이 추
구하는 것은 **다정한 자비**라는 이름의 "아름답고 젊고 고귀하고 정
숙한 여인"으로, **수치**와 **공포**라는 악당의 손에서 반드시 구해내야
한다.

《사랑에 빠진 심장의 서》는 《장미 이야기》의 알레고리 관습을 따
르기는 하지만 전통적 해피엔드는 아니다. **심장**은 **다정한 자비**와
결혼하지 못한다. 그녀는 여전히 **거절**의 손아귀에 붙들려 있다. 그
대신 **심장**은 **연민 부인**에게 이끌려 **사랑의 병원**에 들어가 "기도와
명상으로 남은 생을 보낸"다.

《사랑에 빠진 심장의 서》는 프랑스의 위대한 사랑 알레고리 중
마지막 작품으로, 이를 통해 당시의 (비관주의로 가득한) 사고방식을
엿볼 수 있다. 가장 강력한 힘인 사랑은 종종 실패의 원인으로 제
시된다. 이 책에서 진정으로 독창적인 부분은 사랑의 병원 밖에 내
걸린 문장紋章을 묘사하는 문장文章이다. 그것은 테세우스, 아이네
이아스, 아킬레우스, 파리스, 트로일로스, 트리스탄 같은 이름난
연인이자 실패자들의 것으로, 그들은 강한 전사였으나 다들 사랑
에 완패했다.

전쟁과 사랑은 르네의 삶과 문학을 지배한 테마였다. 그는 피비린내 나는 세월을 겪었다. 프랑스, 잉글랜드, 부르고뉴는 백년전쟁을 벌였으며 그의 고향 앙주는 유럽 왕국들과 전쟁을 벌였다. 그는 《사랑에 빠진 심장의 서》를 쓰려고 마음먹었을 때 전쟁, 투옥, 무서운 음모, 정치적 계략, 왕위 계승의 난맥상이 얼마나 끔찍한지 익히 알고 있었다.

또한 그는 남편이자 아버지이자 연인으로서 적자 네 명과 사생아 네 명을 낳았다. 열아홉 청년 시절에 로렌의 이사벨과 결혼했는데, 그녀에 대한 존경심을 표하기 위해 자신의 문장에 '다르당 데지르D'ardent désir'(간절한 욕망으로)라는 문구를 새겼다. 오랜 세월이 지나 쉰 살을 앞둔 즈음 그는 이름난 연인의 반열에 올랐으며 그의 문장 또한 **사랑의 병원** 밖에 내걸렸다. 그는 "나는 앙주의 르네이며 사랑의 걸인을 자처하노라"라는 문장으로 시작하여, 프랑스와 이탈리아에서 자신에게 몸을 바친 하녀, 동네 처녀, 양치기 소녀를 자랑스럽게 읊었다. '사생아'의 수는 정력이 전투에서의 위용과 더불어 통치자의 능력을 가늠하는 잣대라는 중세의 믿음을 뒷받침했다.

앙주의 르네는 군인이자 바람둥이로 이름을 날렸을 뿐 아니라 프랑스 최초의 세속 인문주의자로, 여러 외국어를 구사했으며 (그리스 · 로마로 거슬러 올라가는) 세계문학에 박식했다. 《사랑에 빠진 심장의 서》를 비롯한 르네의 문학 작품에 담긴 역사적 명칭과 문학적 명칭, 암시, 인용은 두툼한 학술 논문 감이었다. 그는 더 유명한 부르고뉴의 공작들과 마찬가지로 미술 후원에 힘썼으며, 그가 의

뢰한 여러 채식 필사본은 오늘날까지 살아남아 빛을 발한다.

빈 국립도서관에 소장된《사랑에 빠진 심장의 서》필사본에는 플랑드르의 화가 바르텔르미 반 에이크가 그린 상상력 넘치는 심장 이미지가 실려 있다. 반 에이크는 1447년부터 1469년까지 르네를 섬겼다. 그의 그림에서 **심장**은 번쩍거리는 갑옷으로 몸을 완전히 감쌌으며 머리는 커다란 투구에 숨겨져 있어 얼굴이 전혀 보이지 않는다(그림 19). 하지만 갑옷 안의 인물이 **심장**임은 의심할 여지가 없다. 황금색 날개가 달린 선홍색 심장들이 투구 위에 깃털처럼 돋았으며 마의馬衣를 장식하고 있기 때문이다. 날개 달린 심장들이 등장하는 삽화에는 '**우울의 집**에 있는 **심장**과 **욕망**', '**희망의 집**에 있는 **심장**과 **욕망**', '**도움**을 **심장**에게 데려가는 **희망**' 같은 설명이 달려 있다.

르네의 심장은 독립적인 존재이지만 결국 외부의 힘에 패배하고 만다. 이야기의 결말에서 심장은 성적 만족을 박탈당하는 운명을 맞는다. 속세를 떠나 은둔처에 깃들어 기도와 명상으로 세월을 보내는 것은 **심장**이 궁극적으로 하느님의 사랑 안에서 안식을 찾을 것임을 암시한다.

앙주의 르네와 오를레앙의 샤를 말고도 프랑수아 비용François Villon 이라는 15세기 시인이 있다. 그는 독립적 심장을 논할 때 빼놓을 수 없는 인물이다. 비용은 르네보다 훨씬 유능한 시인이었으며 동시대인 오를레앙의 샤를에게도 뒤지지 않았다. 하지만 블루아 성에서 열린 시 경연 대회에 비용을 받아준 샤를과 달리 비용 자신은 평민이었고 범죄 행각으로 경찰에 수배 중이었으며 왕실의 사면이 아니었다면 교수형을 당했을 것이다.

비용은 〈유증Le Lais〉이라는 제목의 장시長詩에서 애인에게 차인 뒤에 자신의 심장이 찢어졌다고 묘사한다. 그는 '사랑의 감옥'에서 탈출하여 파리를 떠나 앙제로 가야겠다고 마음먹는다. 그는 유언장에서 파리를 떠나기 전에 사랑이 깃든 심장 — "핏기 사라져 비참하고 죽어 싸늘해진 내 심장"(《프랑수아 비용》, 동문선, 1995, 130쪽) — 을 자신의 심장을 차지했던 여인에게 넘기겠노라고 쓴다. 그녀는 지체 높은 여인이 아니라 그와 같은 평민이었으나, 비용은 사랑의 '순교자'로서 겪은 쓰라림을 고스란히 토해낸다. 연인의 기만에 대한 비용의 구체적 묘사는 중세 후기 대다수 시인들에게 흔하던 가장된 관례보다는 우리 시대의 분노한 목소리에 가까운 듯 보인다.

〈마음과 몸의 논쟁Le Débat du Coeur et du Corps〉이라는 비용의 단시短詩는 프랑스 시 중에서 독립된 심장을 형상화한 가장 유명한 작품이다. 이 시에서 비용의 심장은 목소리를 얻고 그의 양심이 되어 육체적 자아의 타락을 질타한다. 이것은 프로이트의 초자아/이드 구분과 그리 다르지 않다. 여기서는 이드의 욕구를 다스리려는 초자아의 역할을 심장이 맡고 있다. 심장과 몸은 티격태격하는 두 친구처럼 다투는데, 서로 상대방을 설득하여 생활 방식을 바꾸려 든다. 비용의 과거 자아를 대변하는 몸은 자신의 불운을 (삶에 악한 영향을 끼치는 것으로 알려진) 토성 탓으로 돌린다. 심장은 그런 생각이 어리석다며 몸을 질책한다. 이미 나이를 서른이나 먹었으니 자신의 행

동에 책임을 지라는 것이다. 각 연은 심장과 몸의 연약함을 표현하
는 후렴으로 끝난다.

그럼 이제 아무 말 하지 않겠네. 나는 그게 좋거든.
Plus ne t'en dis. Et je m'en passeray.(530쪽)

이 시에서는 하느님이 단 한 번 언급되지만, 비용의 심장은 성경
에서 직접 배운 교훈을 설파한다. 심장은 너무 늦기 전에 회개하라
고 조언하지만 몸은 들은 체도 하지 않는다. 여기서 심장은 로맨스
의 경계를 훌쩍 넘어서 종교의 영역으로 발을 내디딘다. 심장의 말
에서 보이는, 로맨스와 종교의 대립은 점차 중세 후기의 특징이 되
었다.

이 시기에 심장은 더 복잡하게 묘사되었는데, 여기에는 당대 최
고의 시인들이 한몫했다. 또한 예전 미술에서는 유례를 찾을 수 없
는 비중을 얻었다. 심장은 사랑의 상징이라는 지위를 우리 시대까
지 유지하지만, 그러려면 16세기에 등장한 한 도전자를 물리쳐야
했다.

11장

큐피드의
귀환

그림 20_ 오토 바이니우스Otto Vaenius(그림), 코르넬리스 보엘Cornelis Boel(판각), 《사랑의 우화Amorum Emblemata》 중 〈사랑의 그릇 중 가장 좋은 것은 사랑받으려는 사랑이다Optimum amoris poculum, ut ameris, ama〉, 1608. 위트레흐트 우화집 프로젝트.

르네상스 시대의 화가와 조각가는 중세의 선배들과 달리 그리스와 로마를 예술적 본보기로 삼았다. 이들은 로맨스의 주제를 그리면서 베누스Venus와 큐피드Cupid의 형상을 부활시켰는데, 이 때문에 하트 도상은 금세 옆으로 밀려났다.

큐피드의 어머니는 사랑의 여신 베누스이지만 아버지는 누구인지 불분명하다. 대개 전쟁의 신 마르스나 상인과 전령의 신 메르쿠리우스가 거론되며 (베누스의 오쟁이 진 남편인) 대장장이의 신 불카누스도 이따금 언급된다. 큐피드는 어머니를 닮았으며 둘은 욕망의 주된 촉매로 간주된다. 큐피드는 정교한 활을 가지고 젊은이와 늙은이의 심장에 사랑의 화살을 쏜다. 그는 고전기에는 강인하고 벌거벗고 날개가 달린 청년으로 묘사되었지만 르네상스 미술에서는 훨씬 어려져서 아이나 아기로 묘사되었다. 관능으로 충만한 베누스와 큐피드의 육체를 표현할 수 있게 된 미술가들은 심장 상징에 만족할 수 없었다.

르네상스 이탈리아에서는 약혼과 결혼을 축하하려고 제작한 물건에서 심장을 찾아볼 수 없다. 침실에 두는 혼수품 **카소네**cassone에는 신화나 성경 속 장면을 그리거나 새겼다. 마욜리카 접시와 그릇은 심장이 아니라 가문의 문장으로 장식했다. 부부의 모습을 담은 경우도 있었는데, 이때는 서로를 바라보는 옆얼굴이나 맞잡은 손을 그리고 **페데**fede(믿음)라는 문구를 새겼다. 르네상스와 바로크 고급문화를 대표하는 대형 유화에서도 심장은 전혀 찾아볼 수 없다. 심장을 그린 미술가들도 여느 장식 요소와 함께 사용할 예쁜 형태로만 여겼다.

이를테면 라파엘로와 조수들은 1519년 비비에나 추기경을 위해 교황청에 설치한 로제타Loggetta(작은 욕실)의 널찍한 벽면에 큐피드와 신화 속 인물, 새, 올빼미, 달팽이, 여러 괴물 등과 더불어 작은 심장을 그렸다. 이렇게 뒤섞어놓으니 심장의 성적 상징은 축소될 수밖에 없었다.

하지만 심장과 사랑의 연관성은 결코 완전히 사라지지 않았고 뜻밖의 장소에서 모습을 드러냈다. 16세기 초 프랑수아 1세의 재위기에 제작된 목판화는 하나의 심장으로 두 종류의 사랑을 찬미했다. 하나는 왕실 커플의 결합에서 암시되는 관능적 사랑이고 다른 하나는 성모 마리아를 향한 국왕의 종교적 사랑이었다. 국왕이 오스트리아의 엘레오노르와 약혼한 것을 기리는 이 목판화에서 프랑수아와 엘레오노르는 마리아와 아기 예수의 좌우에서 축복을 빌고 있다. 프랑수아는 단정하게 그려진 심장을 손에 들었으며 엘레오노르는 꽃을 들었다. 결혼은 성사되지 않았고 프랑수아는 다른 여인과 결혼하고 말았지만, 이 목판화는 프랑스에서 계속 인기를 끌었다. 프랑수아는 엘레오노르를 정면으로 바라보며 연인 특유의 포즈로 자신의 심장을 들어 올리고 있기에, 마리아에게뿐 아니라 그녀에게도 심장을 바치고 있는 것으로 보인다. 여기서 심장은 신성한 사랑과 세속적인 사랑을 동시에 나타낸다.

시인 페트라르카의 소네트 중 1544년과 1550년에 출간된 이탈리아어판 두 종의 속표지에는 심장이 그려져 있다. 주전자를 닮은 이 심장에는 서로를 바라보는 페트라르카와 연인 라우라의 흉상이 들어 있다. 르네상스 회화에서 베누스는 이따금 불타는 심장을 손에 들고 있기도 하지만, 대부분은 혼자 또는 장난꾸러기 아들 큐피드와 함께 서 있거나 누워 있다.

심장이 실린 더욱 뜻밖의 장소는 지도다. **코르디포름**cordiform이라는 심형心形(심장 모양) 세계 지도가 16세기 초 유럽에서 등장했다. 현존하는 이 시기 지도들은 정교하게 장식되어 있으며 아메리카를 비롯한 최신의 지리적 발견이 반영되었다. 심장 모양 세계 지도는 개인적 감정, 특히 사랑이 물리적 세계에 영향을 미칠 수 있다는 관념과 관계가 있었을지도 모른다.

그림 21의 지도는 1566년 베로나의 미술가 조반니 치메를리노 Giovanni Cimerlino가 제작했다. 사랑의 신들이 지도를 둘러싸고 있는

그림 21_ 조반니 치메를리노Giovanni Cimerlino, 오롱스 피네Oronce Finé의 단일 심형 지도를 동판화로 재현, 1566. 영국 런던, 대니얼 크라우치 희귀본 서점.

데, 아래쪽에는 벌거벗은 아기(또는 큐피드) 네 명이 있고 위쪽에는 베누스를 닮은 인물 두 명이 있다. 이 지도를 쳐다보면서 사랑으로 충만한 세상을 생각하고 있자니 20세기 노래 가사가 머릿속을 맴돈다. "사랑 덕분에 세상은 돌고 돌고 돈다네." 그러면 얼마나 좋을까!

큐피드가 심장의 라이벌로 올라섰음은 1530년대에 등장하기 시작한 우화집에서 뚜렷이 알 수 있다. 우화집은 짧은 글에 삽화를 곁들인 새로운 문학 형태로, 그 목적은 도덕적 진리를 전파하는 것이

하트에 관한 20가지 이야기

었다. 우화집에는 대체로 격언과 그림, 시가 실렸다. 글은 라틴어와 토착어 두 가지로 된 것이 일반적이었으며, 판본에 따라서는 다국어로 된 것도 있었다. 이것은 진정 범凡유럽적 현상이었다. 많은 우화집은 사랑을 주된 테마로 삼았다. 그런데 이것은 새로운 종류의 사랑이었다. 우화집은 애절한 열정 대신 부부의 온화한 사랑을 찬양하고 아내에게 정절을 촉구했으며 자녀를 사랑하라고 조언했다. 또한 고삐 풀린 열정을 천시하며 부부의 애정이라는 꾸준한 덕목으로 대체했다.

그리하여 프랑스 최초의 우화집인 안드레아 알차토Andrea Alciato의 《우화집Livret des Emblèmes》(1536)에 실린 〈죽음과 사랑에 대하여De morte et amore〉라는 제목의 우화에서는 노인이 가슴에 화살을 맞은 채 땅바닥에 쓰러져 있고 — 큐피드의 소행이 분명하다 — **죽음**이 옆을 서성거리고 있다. 이 그림의 교훈은 명백하다. 노인이 불운하게도 큐피드의 화살에 맞는다면 그를 기다리는 건 죽음이다. 이 무시무시한 그림과 대조적으로 부부 간의 정절과 부모의 사랑을 찬미하는 우화의 삽화에서는 행복한 부부가 꽃, 개, 새와 어우러졌다.

우화집에는 르네상스 인문주의자와 종교개혁가가 주창한 새로운 가치가 담겼다. 그들은 중세 로맨스를 특징짓는 막무가내식 열정에 등을 돌리고 호라티우스, 베르길리우스, 세네카, 키케로 같은 로마 작가들에게서 더 엄숙한 본보기를 찾았다. 그들의 목적은 관능적 사랑은 위험하며 부부 간의 사랑만이 오래도록 행복을 가져다줄 수 있음을 젊은이들에게 설득하는 것이었다.

사랑하는 사람은 자기희생의 징표로 심장을 바치지 말고 큐피드를 조심하라는 충고를 들었다. 날개 달린 아기 천사가 아무리 귀엽더라도 그의 본질은 치명적인 활과 화살이다. 큐피드는 상냥함과는 거리가 먼 존재로, 방심한 사람의 심장에 화살을 쏘아 욕망을 일으킨다. 무절제한 열정은 말 그대로 목숨을 빼앗지는 않을지라도 심리적, 도덕적, 영적 죽음을 가져올 수 있다.

1600년경 레이덴 대학교에서 일군의 인문주의자가 네덜란드 시장을 겨냥하여 사랑을 주제로 한 우화집을 내놓기 시작했다. 레이덴은 금욕적인 칼뱅파 도시로 알려져 있었지만, 우화집의 계기는 놀랍게도 오비디우스와 카툴루스 같은 선정적 연애시인들이었다. 이 세련된 지성인들의 관심사는 관능적 사랑이 본질적으로 무엇이고, 어떻게 시작되어 발전했으며, 무엇으로 인해 흥하고 쇠하는지였다. 그들은 자연법에서의 필수적 역할을 사랑에 부여하고 그 미덕을 찬미했으나 무분별한 욕정의 파괴적 결과를 피할 수 있도록 절제하라고 충고했다.

교수이자 고전 문헌 편집자인 문헌학자 다니엘 헤인시우스Daniël Heinsius는 사랑에 대한 네덜란드 최초의 우화집《사랑이 무엇이냐고 묻는가?Quaeris quid sit Amor》를 썼다. 이 책은 1601년에 익명으로 출간되었다가 1606~1607년에《사랑의 우화Emblemata amatoria》라는 제목으로 재출간되었다. 이를 계기로 비슷한 책들이 출간되었는데, 그 중에서도 1608년에 나온 오토 바이니우스Otto Vaenius의《사랑의 우화Amorum Emblemata》는 "사랑 우화집을 통틀어 가장 중요한 책"으로 불렸다.

바이니우스는 인문학자와 식자識者에게 이탈리아어, 네덜란드어, 영어, 프랑스어 등 여러 언어로 시를 쓰게 했는데, 주로 오비디우스의 라틴어 시를 대략적으로 번역한 것이었다(후대 판본에는 독일어와 스페인어 번역도 실렸다). 바이니우스 자신도 네덜란드어 시를 몇 편 썼지만, 이 책의 남다른 가치는 코르넬리스 보엘Cornelis Boel의 판화 124점에 있다. 각 판화에는 (한 점만 빼고) 큐피드의 모습이 그려져 있다.

여러 컷 만화나 그래픽 노블에서처럼 큐피드는 인간의 온갖 행위를 모방한다. 그림 20의 판화에서는 장난꾸러기 큐피드 두 명이 서로의 심장에 화살을 쏜다. 판화 옆에는 이런 시가 쓰여 있다. "연인들은 상대방이 주는 상처를 기꺼이 받으니 / 사랑의 화살 두 개가 서로의 심장을 맞히도다." 다른 판화들에서는 큐피드가 다른 큐피드를 다정하게 끌어안고, 헤라클레스를 길잡이 삼아 함께 걷고, 영광의 나팔 소리에 귀를 막고, 몰래 음식을 베어 물고, 느림보 거북을 재촉하고, 폭풍 속에서 든든한 참나무에 기대어 있고, 버터를 젓고, 사슴을 사냥하고, 연애편지를 읽고, 촛불을 나르고, 장미를 뽑고, 사랑의 눈물을 흘리고, 뻐기는 공작의 꼬리를 밟고, 마르스의 손에서 칼을 비틀어 뺏고, 갓 뽑은 꽃을 양손에 들고, (물론) 수많은 희생자의 가슴에 화살을 쏜다. 온갖 모습으로 묘사되어 있지만, 큐피드는 뭐니 뭐니 해도 끈질기고 짓궂은 관능적 사랑의 사절로 보인다.

바이니우스는 필자, 판화가, 인쇄업자의 도움을 받아 이 연애 지침서를 베스트셀러로 만들었다. 각 시의 위에 실린 경구와 아래에

실린 사행시는 사랑의 힘을 선포할 뿐 아니라 두루 찬미했다. 아래
의 몇 가지 경구를 살펴보자.

아무것도 사랑을 이기지 못한다
사랑은 재는 것이 아니다
사랑은 덕의 근원이다
만사가 사랑에 달렸다
사랑은 모든 것을 능가한다
사랑은 달변의 저자다
사랑은 분노를 가라앉게 한다
사랑의 심장은 언제나 청춘이다

아래 제목의 시들은 남자 연인에게 건네는 구체적 조언을 담고
있었다.

사랑은 호의를 통해 자란다.
끈기가 승리한다.
행운은 용기 있는 자를 돕는다.
눈 밖에 나면 마음 밖에 난다.
차지하려면 쫓아다녀야 한다.
편지는 사랑의 기쁨을 새롭게 한다.
사랑은 사랑에 불을 붙인다.

이 책에서는 대체로 관능적 사랑을 선한 우주적 힘으로 표현한다. 〈만사가 사랑에 달렸다〉라는 제목의 우화에서는 큐피드가 하늘 멀리 있는 공에 화살을 겨누고 있는데, 공은 이미 화살투성이다. 글을 읽어보면 큐피드는 하늘과 땅을 화살로 꿰뚫어 온 세상에 '음악적 조화'를 가져다준다. "사랑 없는 세상은 부조화의 혼돈이었"기 때문이다.

몇몇 시는 사랑의 슬픔에 초점을 맞춘다. 그중에서 〈고통 없이는 쾌락도 없나니〉라는 우화는 모든 장미에 가시가 있다는 옛 비유를 재해석한다. 여러 우화집과 마찬가지로 큐피드에게 희생당한 사람들의 끔찍한 모습은 찾아보기 힘들다. 큐피드가 젊은이의 가슴에 화살을 겨냥하고 있어도, 그것은 살인이라기보다는 게임처럼 보인다. 물론 심장은 여전히 큐피드의 화살을 맞는 과녁이다("큐피드는 사랑에 빠진 사람의 심장을 정조준한다"). 하지만 심장은 글에서는 곧잘 언급되는데도 바이니우스의 삽화에서는 통 찾아볼 수 없다.

바이니우스의 《사랑의 우화》나 유사 작품들의 중심은 큐피드지만, 큐피드 대신 심장 상징을 쓴 우화집도 몇 권 있다. 장 자크 부아사르Jean Jacques Boissard의 《라틴어에서 프랑스어로 번역한 우화집Emblèmes mis de latin en françois》(1595)은 그리스와 로마의 고전을 바탕으로 심장의 의미를 재해석했다. 〈열정의 포로가 아닌 사람이야말로 진정으로 자유롭다Libertas Vera est Affectibus non servire〉라는 제목의 삽화에서는 투구를 쓴 남자가 집게로 심장을 집었는데 한 여인이 심장 무게를 달려고 저울을 들고 있다. 심장의 무게를 다는 것은 이집트 《사자의 서》와 중세 독일의 메달리온 태피스트리에서는 그 사람의 가치를 판단하는 행위였으나 이제는 '절제'라는 새로운 목적을 얻었다. 심장은 예의와 분별에 복종해야 한다. 부아사르는 열정에 좌우되는 사람은 결코 자유로울 수 없다고 주장했다. 이런 사리분별은 무절제한 오비디우스보다는 세네카 같은 로마 사상가의 작품을 본보기로 삼았다. 부아사르는 너그러운 심장의 소유자가 결코 '관능의 힘'에 휩쓸려서는 안 된다고 경고한다. "애정의 균형을 기하고 자신의 생각과 말과 행동을 판단하고 영혼의 열정을 누그러뜨리"는 사람만이 만족과 지혜를 얻으리라는 것이다. 중세 연인들의 막무가내식 열정과는 사뭇 다르다.

그림 22_ 판 데르 펠더J. van der Velde, 《솔직한 심장》 속표지, 1618. 동판화. 왕립 네덜란드 어문학 아카데미.

우화집 중에는 사랑이 깃든 심장을 노골적으로 경계하는 것도 있었다. 그런 작품에서 등장하는 심장은 꿰뚫리고 불타고 고문당하는 모습으로 묘사됨으로써 관능적 사랑의 위험을 암시했다. 피터르 코르넬리스 호프트Pieter Cornelisz Hooft의 《사랑의 우화Emblemata amatoria: Afbeeldingen van minne》의 속표지에서는 불타는 심장이 유난히 날카로워 보이는 화살에 앞뒤로 꿰여 있다.

《솔직한 심장Openhertighe Herten》이라는 제목으로 1618년경에 출간된 네덜란드 소책자는 사랑이 깃든 심장을 좀 더 긍정적으로 묘사했다. 이 책은 동판화 62점을 싣고 시를 곁들였는데, 네덜란드어판뿐 아니라 프랑스어판과 독일어판도 인기를 끌었다.

속표지는 작품 전체의 분위기를 요약했다(그림 22). 불룩한 통 또는 주전자 모양의 심장이 심장 모양 두루마리 위에 놓여 있다(이후의 모든 삽화에서 비슷한 심장이 등장한다). 왼쪽과 오른쪽에 커플이 하나씩 서 있다. 오른쪽은 하층계급 남녀인데, 여자는 남자의 덩치에 가려 머리와 어깨만 보인다. 남자는 오른손으로 자신의 심장을 치켜들었다. 왼쪽에는 화려하게 차려입은 상류계급 커플이 있다. 여자는 남자 앞에 서서 그의 몸을 대부분 가렸다. 여자는 손에 부채와 책을 들었고 남자는 여자의 책 위로 커다란 '핀' 또는 '바늘'을 들었다.

이 '핀' 또는 '바늘'은 당시 유행하던 파티 놀이에서 쓰였는데, 놀이는 다음과 같은 순서로 진행되었다. 각 참가자가 우화집에서 임의의 페이지 사이에 핀을 끼운다. 우화를 읽는다. 토론을 벌인다. 《솔직한 심장》 머리말에서는 이 놀이를 "만찬 등에서 시간을 때우고 비행非行을 막기 위해 모든 젊은이와 정직한 손님"에게 권했다.

놀이 방법은 이렇다. "한 사람이 책을 덮은 채로 들고 다른 사람이 바늘로 페이지 사이를 찌른다. 두 번째 사람이 자기 심장에 맞는 우화를 찾지 못하면 다음 사람이 계속한다." 오늘날의 시각에서는 시시해 보일지도 모르겠지만, 400년 전 네덜란드에서는 선풍적인 인기를 끌었다.

《솔직한 심장》의 우화 62편은 모두 '솔직한 심장'이야말로 사랑과 삶에 대한 최선의 접근법이라고 주장했다. 연인은 서로에게 솔직하고 아무것도 숨기지 말아야 한다는 것이다. 프랑스어판의 첫 번째 우화에서는 집을 나타내는 볼록한 심장 한가운데에 커다란 격자 창문이 나 있다. 곁들인 경구는 화자의 심장이 마치 열린 창문처럼 "한 번도 거짓되거나 기만적이지 않았"다고 말한다.

하트 도상과 큐피드는 사랑이 깃든 심장을 묘사하는 미술가들 사이에서 각각 추종자를 얻었다. 하지만 16세기와 17세기를 지나면서 기독교가 세속적 심장의 영역을 점차 파고들었다. 가톨릭과 프로테스탄트 둘 다 하트 도상을 받아들여 나름의 방식으로 활용했다.

12장

종교개혁과
반종교개혁

그림 23_ 작자 미상. 루터의 장미가 그려진 창문(부분), 1530년경. 스테인드글라스. 독일 튀링겐, 콥슈타트. © Claus Thoemmes.

마르틴 루터^{Martin Luther}는 언뜻 보기에 심장이나 꽃과는 관계가 없
는 듯하지만, 이 불굴의 남자는 흰 장미 안에 붉은 심장이 들어 있
고 그 한가운데에 검은색 십자가가 담긴 문양을 자신의 개인 문장
^{紋章}으로 삼았다(그림 23). 그는 1530년 7월 8일에 쓴 편지에서 이
이미지가 자신의 신학을 제대로 표현한다고 설명했다. "맨 처음은
심장 안의 (자연적인 색깔인) 검은 십자가이니, 그것은 십자가에 달
리신 이가 우리를 구원한다는 믿음을 상기하기 위한 것입니다. 심
장이 흰 장미 한가운데 있어야 하는 것은 믿음이 기쁨, 위로, 평안
을 준다는 사실을 나타내기 위해서입니다."

　루터는 그리스도의 죽음을 상징하는 검은 십자가, 신앙을 상징
하는 붉은 심장, 부활에 대한 믿음을 상징하는 흰 장미가 서로를

돋보이게 한다고 주장했다. 다섯 장의 꽃잎으로 심장을 둘러싼 장미가 가장 두드러지므로 문장은 대개 '루터의 장미'로 불리지만, '루터의 심장'으로 부를 만한 이유도 충분하다.

루터의 문장은 그의 혁명적 신학을 전파하는 과정에서 널리 주목받았다. 1524년에 출간된 그의 저작 속표지, 그와 추종자를 위해 제작된 메달과 메달리온에서 이 문장을 찾아볼 수 있다. 비텐베르크의 루터하우스에는 그의 문장이 찍힌 타일이 아직도 천장을 장식하고 있으며, 나는 최근에 프로테스탄트 개혁 500주년을 기념하는 아동용 색칠하기 역사책에서 문장을 보았다.

종교개혁 과정에서 가톨릭의 전통적 상징과 이미지가 많이 파괴되었지만, (현대 학자에 따르면) 루터는 "성상 혐오자들로부터 심장을 구하는 데 큰 몫을 했"다. 심장은 루터의 승인하에 독일, 프랑스, 스위스, 네덜란드, 스칸디나비아, 헝가리, 잉글랜드의 여러 프로테스탄트 교회와 간행물에 실렸다. 소小 루카스 크라나흐Lucas Cranach가 1584년에 제작한 심장 모양 콜디츠 제단 장식(현재 뉘른베르크 게르만 국립박물관 소장)은 심장이 종교개혁 진영에서 계속 쓰였음을 보여주는 좋은 예다.

루터파와 칼뱅파 우화집에서는 작은 심장도 많이 찾아볼 수 있다. 1567년과 1571년에 리옹에서 출간된 조르제트 드 몽트네Georgette de Montenay의 《기독교의 우화와 경구Emblemes ou devises chrestiennes》는 프랑스와 스위스의 칼뱅파 신자들에게 급속히 보급되었다. 프랑스의 판화가 피에르 보에리오 드 부제Pierre Woeiriot de Bouzey가 만든 근사한 판화 여러 점에도 인상적인 심장 이미지가 담겨 있다. 〈그

대의 힘으로가 아니요Non tuis viribus〉라는 판화에서는 사람의 심장이
그리스도를 상징하는 자석에 끌려 위로 올라간다. 아래에 설명이
없었다면 이 기묘한 조합의 의미를 파악하기 힘들었을 테지만, 다
행히 설명이 있어서 읽어보니 그리스도의 형상인 하느님은 물질세
계와 영혼을 둘 다 끌어당기는 진정한 자석이라고 한다. 오직 하느
님만이 인간을 구원할 수 있으매, 인간의 덕으로도, 공으로도, 선
으로도 할 수 없다. "한마디로 사람에게는 하느님의 은총과 자비
말고는 아무것도 없다Bref, il n'a rien que par grace & merci." (선한 행위를 통해
구원받는다는 가톨릭의 교리와 반대로) 오직 하느님의 은총으로만 구
원받는다는 프로테스탄트의 교리를 이보다 간명하게 보여주는 예
는 드물다.

또 다른 훌륭한 판화(그림 24)에서는 심장이 땅에 닿을락 말락 끈
에 매달려 있고 구름 속에서 손이 뻗어 나와 끈의 끄트머리를 잡고
있다. 프랑스어로 된 설명은 다음과 같다. "하느님은 모든 것을 보
시며 가장 섬세한 심장마저도 가장 깊은 곳까지 꿰뚫으신다." 이
우화는 그림과 경구를 조합하여 인간이 성경을 통해 신에게 매여
있음을 나타낸다. 프로테스탄트는 이전의 유대교, 가톨릭, 이슬람
교와 마찬가지로 하느님이 모든 사람의 심장을 들여다보며 심장은
작은 호문쿨루스homunculus(연금술사가 만든 인조인간―옮긴이)와 같아
서 그 사람의 영적, 심리적, 도덕적 자아를 고스란히 담고 있다고
믿었다.

세 번째 판화에서는 커다란 심장 위에 왕관이 얹혀 있는데, 누군
가 구름 뒤에 숨은 채 손을 뻗어 왕관을 잡고 있다. 의미가 궁금한

그림 24_ 장 마르코렐Jean Marcorelle(판화가), 〈그대가 숨을 곳Quas Iam Quaeras Latebras〉, 1567. 조르제트 드 몽트네Georgette de Montenay, 《기독교의 우화와 경구Emblemes ou devises chrestiennes》. 스코틀랜드 글래스고, 글래스고 대학교 소장.

사람을 위해 아래에 시가 실렸다. 첫머리는 다음과 같다. "왕의 심장은 하느님의 손에 있나니Le coeur du Roy est en la main de Dieu."

몽트네의 우화집은 프로테스탄트가 어떻게 심장을 받아들여 활용했는지를 보여주는 좋은 예다. 종교개혁 사상가들은 물질의 세계와 영혼의 세계를 뚜렷이 구분했기 때문에, 살과 피가 있는 예수와 마리아의 천박한 심장을 성유물과 함께 폐기해버렸다. 하지만 대칭형 심장 도상은 자신들의 엄숙한 태도에 걸맞게 추상적이었기에 받아들였다.

독일의 루터파 저술가 다니엘 크라머Daniel Cramer는 1624년 프랑크푸르트에서 출간된 《거룩한 우화Emblemata sacra》에서 심장을 언급했다. 〈시련을 겪다Probor〉라는 우화에서는 구름에서 뻗어 나온 하느님의 손이 심장을 튼튼하고 둥근 오븐에 넣는다. 이것은 말 그대로 불 시련으로, 기독교인의 심장이 제의적 정화淨化를 필요로 함을 암시한다. 깊은 개인적 성찰이 고통을 일으킬지는 몰라도 결국은 더 순수한 심장과 더 굳건한 믿음을 낳으리라는 것이다.

17세기에는 프로테스탄트와 가톨릭의 우화집 모두에서 심장 도상이 성장했으며 이따금 매우 독창적인 형식이 등장하기도 했다. 이를테면 판화가 안토니우스 비에릭스Antonius Wierix는 열여덟 점의 판화 연작에서 장난꾸러기 아기 예수가 심장을 손에 든 모습을 묘사했다. 예수는 화살로 심장을 꿰뚫어 **세속적 사랑**을 밖으로 내쫓는다. 다른 판화에서는 예수가 심장의 문을 두드리고 들어가 물컹물컹한 동물을 몰아낸다. 또 다른 판화에서는 예수가 빗자루를 들고 심장에서 쓰레기를 쓸어낸다. 비에릭스의 판화는 프랑스어판 《거룩한 심장Le Coeur dévôt》(1626)을 시작으로 유럽의 여러 우화집에 실렸는데, 모두 예수가 기독교인의 심장에 관여하는 모습을 묘사했다.

베네딕토회 성직자 베네딕튀스 판 하프턴Benedictus van Haeften이 1640년에 쓴 《심장의 학교Schola Cordis》도 심장 이미지를 매우 기발하게 구사했다. 한 삽화에서는 저울로 심장의 무게를 달고, 다른 삽화에서는 심장을 거울에 비춘다. 그 밖의 삽화에서는 심장에 가시관을 씌우거나 압착기로 짓이기거나 매듭으로 묶는다. 하프턴의 책은 가톨릭 신자들에게 큰 영향을 미쳤는데, 한 세기 뒤에 잉글랜드 성직자 크리스토퍼 하비Christopher Harvey가 《심장의 학교: 스스로 하느님으로부터 멀어진 자의 심장The School of the Heart, or, The Heart of It Self Gone Away from God》(1676)이라는 제목의 운문 논문으로 번안하면서 프로테스탄트 세계에서 제2의 삶을 누렸다. 하비는 자신의 심장을 예수의 심장과 교환한다는 오래된 테마를 이렇게 변주했다.

> 죄에 물든 제 심장의 자비롭고 두려운 구세주이시여,
>
> 주님은 유일한 사랑이시요, 유일한 두려움이시니.
>
> 주님의 심장을 주시니 제 것이 되겠고
>
> 제 심장을 받으시니 주님의 것이 되겠나이다.

500년 전 헬프타의 제르트루다가 상상한 심장 교환과 대조적으로 여기서는 관능적 친밀함의 흔적을 전혀 찾아볼 수 없다. 청교도인 하비는 '죄에 물든' 자신의 심장을 예수에게 건네고, 자신을 구원한 이의 심장을 두려움과 떨림으로 받는다. 제목에서 심장을 부각하기는 했지만 심장을 실제로 묘사한 삽화는 하나뿐이다. 18번 우화 〈심장 봉헌The Giving of the Heart〉의 인상적인 판화에서는 한 날개 달린 천사가 거울을 들고 그 앞에서 한 여인이 자신의 심장을 하느님께 바친다(그림 25). 여인과 천사 둘 다 옷을 온전히 차려입었다. 여인의 맞은편에 있는 남자는 중세 로맨스나 가톨릭 문헌의 삽화에서와 달리 연인도 하느님도 아니다. 대신 반은 천사이고 반은

그림 25_ 크리스토퍼 하비|Christopher Harvey, 〈심장 봉헌The Giving of the Heart〉, 1676. 《심장의 학교: 스스로 하느님으로부터 멀어진 자의 심장The School of the Heart, or, The Heart of It Self Gone Away from God》(18번 우화)에 수록. 캘리포니아 주 스탠퍼드, 스탠퍼드 대학교 특별 보관소 소장.

큐피드인 모호한 존재가 든 거울이 여인의 심장을 그녀에게 되비춘다. 프로테스탄트 신학에서는 기독교인에게 내면으로 눈을 돌려 자신의 심장을 살펴보아 죄를 깨닫고 하느님의 은총을 간구하라고 말한다.

종교개혁 과정에서 많은 가톨릭 성상을 파괴한 프로테스탄트는 상처 입고 피 흘리는 성심을 꺼렸지만 심장 도상만은 인간과 하느님의 연결을 상징함으로써 살아남았다. 하느님은 사람의 심장에 새겨진 전 생애의 도덕적 내력을 읽을 수 있었다. 특히 청교도는 (목사 토머스 왓슨Thomas Watson의 설교처럼) "하느님의 눈은 주로 심장을 보신"다는 사실을 늘 마음에 새겼다.

가톨릭 교회는 유럽 전역의 프로테스탄트 봉기와 내부의 개혁 운동에 대응하여 1545년 트리엔트 공의회를 시작으로 한 세기 동안 반反종교개혁을 벌였다. 여성을 대상으로 한 우르술라 수도회, 남녀를 대상으로 한 맨발의 가르멜회, 남성을 대상으로 한 예수회 등의 새로운 질서는 성심을 중시하여 교회와 책 속표지를 성심으로 장식했다. 스페인과 포르투갈의 정복자들은 멕시코와 브라질, 그 밖의 신세계 식민지에 성심을 가져갔다. 한마디로 프로테스탄트가 심장의 규칙을 새로 만든 반면에 가톨릭은 유럽인(과 점차 증가하는 신세계 신자들)에게 친숙한 옛 규칙을 고수했다.

　가톨릭은 심장을 하느님께 바친다는 테마를 중세 선조들에게서 받아들였다. 또한 (대칭형과 비대칭형의) 예수성심과 성모성심의 이미지를 영원히 간직했다. 의학이 발전하면서 예수성심과 성모성심은 해부학 책에 실릴 법한 모습으로 그려지기도 했다. 예수의 심장이 지닌 육체성을 부정하려는 시도는 전혀 없었다. 그 반대로 예수의 심장은 인간의 장기를 닮을수록 더욱 상처받고 고통받아 모든 인간, 심지어 죄인에게조차 연민을 느낄 수 있다고 간주되었다. 구세주의 상처받은 심장을 바라보면서 감동을 받은 가톨릭 신자들은 자신의 심장에서도 연민을 경험했다.

16세기 가톨릭 심장을 묘사한 글 중에서 가장 유명한 것은 맨발의 가르멜회를 설립한 스페인의 수녀 아빌라의 테레사^{Teresa of Ávila}다. 그녀는 자서전《예수의 수녀 테레사의 생애^{Vida de santa Teresa de Jesús}》에서 천사가 자신의 심장을 꿰뚫어 종교적 희열에 빠뜨린 일을 회상했다.

그의 손에 기다란 금빛 화살이 들린 것을 보았다. 쇠 화살촉 끝에서는 작은 불꽃이 이는 듯했다. 천사가 내 심장에 화살을 여러 발 쏘았으며 화살은 내 몸 깊숙이 박힌 듯했다. 너무나 고통스러워 신음이 터져 나왔으나, 이 엄청난 고통의 감미로움이 차고 넘쳐 고통에서 벗어나려는 욕망이 조금도 느껴지지 않았다. 나의 영혼은 하느님 말고는 무엇에도 만족하지 못하리라. 몸이 고통의 일부를 — 심지어 많이 — 느끼긴 하지만, 고통은 육체적이 아니라 영적이다. 영혼과 하느님 사이에서 일어나는 사랑의 교환이 어찌나 감미로운지 나는 내가 거짓말한다고 생각하는 모든 사람에게 이 사랑의 맛을 보여주시길 선하신 하느님께 간구한다.

원어인 스페인어에 담긴 열정을 번역하여 전달하기란 쉬운 일이 아니다. 심장을 일컫는 스페인어 '코라손^{corazón}'은 어떤 서구 언어의 비유보다 더욱 사랑을 떠올리게 한다. 영어에도 같은 관용어가 있고 심장 관련 표현도 스페인어 못지않게 많지만, 영어 '하트'에는 스페인어 '코라손'과 같은 사랑의 분위기가 들어 있지 않다. 사랑의 분위기를 말로 표현하는 대회가 있다면 라틴어 '코르', 영어 '하트', 프랑스어 '쾨르', 독일어 '헤르츠', 이탈리아어 '쿠오레', 스페인어 '코라손' 중에서 스페인어가 손쉽게 우승하리라 믿는다.

테레사의 글은 황홀함의 물결로 가득한데, 그 밖의 이름난 신비주의자들도 같은 경험을 했다. 13세기의 수녀 헬프타의 제르트루다에게서 보듯 테레사의 심장이 꿰뚫린 것은 현대의 독자에게 은밀한 성적 의미로 해석될 수 있지만 테레사 자신은 그 사건을 자신의 영혼과 하느님 사이의 영적 교류로 이해했다. 위대한 바로크 조각가 베르니니Giovanni Lorenzo Bernini는 환희의 순간을 흰 대리석으로 빚어 베네치아의 코르나로 예배당에 영원히 남겼다. 그의 조각에서는 테레사가 정신을 잃고 쓰러지려는 순간 천사가 손에 든 화살로 심장을 꿰뚫으려 한다. 천사는 흡족한 미소를 지으며 그녀를 내려다보고 있다.

아빌라의 테레사가 영적 환희의 환상을 글로 남긴 지 한 세기 뒤에 프랑스의 수녀 마르그리트 마리 알라코크Marguerite-Marie Alacoque는 프랑스 파레 르 모니알 수도원에서 예수를 만나 비슷한 경험을 했다. 그녀는 자서전에서 1673~1675년에 예수가 자신의 심장을 그녀에게 줬다고 썼다. "나의 다정한 주인이신 예수 그리스도께서 영광으로 밝게 빛나며 내게 나타나셨다. 주님의 다섯 상처는 다섯 개의 해처럼 빛났으며 이 거룩하신 분의 사방으로 — 하지만 무엇보다 주님의 아름다운 가슴에서 — 불꽃이 솟았다. 가슴이 열리자 주님의 가장 사랑하고 사랑받는 심장이 보였다."

그런 다음 마르그리트 마리와 예수는 헬프타의 제르트루다를 연상시키듯 심장을 교환했다. "주님께서 내 심장을 요구하셨다. 나는 주님께 내 심장을 받아달라고 간구했으며 주님께서는 그것을 당신의 거룩한 심장에 넣으셨다. 주님께서는 작은 원자가 격렬한 불길 속에서 완전히 타버리는 광경을 내게 보여주셨다. 그러고는 심장 모양의 작은 불꽃이 된 나의 심장을 꺼내어 원래 자리에 도로 넣으셨다."

마르그리트 마리의 환상은 거룩한 사랑의 상징인 예수성심에 자신의 심장을 바치는 관행이 되살아나는 계기가 되었다. 그녀는 사제와 수녀를 망라한 성직자들과 교류하면서 이 관행을 전파했으며 동료 수녀들은 예수성심의 새로운 이미지를 만들어 이에 일조했다. 종이에 그린 그림으로부터 유화와 고운 비단 장식에 이르는 아름다운 작품들이 물랭의 방문 박물관Museum of the Visitation에 많이 소장되어 있다.

마르그리트 마리 알라코크는 17세기 후반부터 예수성심의 보급에 가장 큰 역할을 한 인물로 꼽히며, 1920년에 시성되었다. 하지만 그녀가 성공할 수 있도록 발판을 깔아준 것은 프랑스의 사제 장 외드Jean Eudes였다. 그는 1643년에 예수 · 마리아회를 설립하여 성모와 성자에 대한 헌신을 전파하는 일에 일생을 바쳤다. 그는 《성모의 귀한 심장Le Cœur Admirable de la Très Sainte Mère de Dieu》에서 예수의 심장과 마리아의 심장을 신비주의적으로 결합했다. 하지만 그가 최선을 다했음에도 로마는 19세기까지 성모성심을 인정하지 않았으며, 성모성심은 교황 비오 12세가 축일을 제정한 1944년에야 완전히 공식화되었다. 요즘은 예수성심 축일(금요일) 이후 첫 토요일로 기념한다.

종교개혁과 반종교개혁을 거치면서 심장 도상은 기도서와 스테인드글라스 창문, 조각상과 회화, 가문의 문장과 개인 성물 같은 새로운 장소에 자리 잡았다. 종교적 상징으로 보자면, 중세 후기에 엄청난 인기를 끈 '사랑이 깃든 심장' 도상과 비길 만하다.

하지만 16세기와 17세기를 거치면서 심장은 예전의 상징적 경계를 넘어서기 시작했다. 여전히 (종교적이든 관능적이든) 사랑을 나타내기는 했지만, 심장은 수많은 새로운 심리적 의미를 얻었다. 심장은 서로 다투는 다양한 감정을 담고 있는 것으로 이해되었으며, 승리한 감정이나 성격이 그 심장의 소유자를 정의했다. 여러분의 심장이 다정하고 상냥하고 친절하고 자비롭든, 못되고 고약하고 사납고 시샘하고 잔인하고 탐욕스럽든 그것이 바로 여러분의 인격이다. 어떻게 보면 중세 후기의 알레고리인 '독립적 심장' 개념이 새로운 성격 이론의 틀이 된 셈이다.

외부로 드러난 정체성은 어떤 계급이나 종교에 속하느냐에 따라 정해졌지만, 심장의 참모습은 자신과 하느님만이 알 수 있었다. 중세 유럽에서는 심장을 오로지 사랑과만 짝지었지만, 이제 복잡다단한 성격을 지닌 이 내적 진실이 심장의 의미를 차지하기 시작했다. 심장은 모든 감정의 저장고가 되었다. 물론 (사람을 향한 것이든 하느님을 향한 것이든) 사랑은 심장 안에 여전히 깃들 터였다. 하지만 사랑은 심장을 다른 감정과 공유해야 했으며, 이 감정들은 이따금 사랑과 갈등을 빚거나 사랑을 아예 지워버렸다.

하트에 관한 20가지 이야기

13장

셰익스피어가
들여다본
심장의 비밀

여태 사랑했는가? 눈이여, 부인하라.
진정한 어여쁨을 이 밤까지 못 보았다!

— 윌리엄 셰익스피어, 〈로미오와 줄리엣〉

영국인들은 위대한 연애시를 짓는 데는 이탈리아인보다 굼떴고 우
화집을 출간하는 데는 프랑스인, 네덜란드인, 독일인보다 느렸지
만, 16세기 잉글랜드의 시인과 극작가는 사랑이 깃든 심장에 빛을
비추는 불멸의 문학작품을 내놓았다. 그 뒤로 전 세계 독자들은 엘
리자베스 시대 작가들에게서 연인의 본보기를 찾았다. 그중에서
가장 이름난 인물은 셰익스피어다.

　하지만 그를 살펴보기 전에 동시대인 필립 시드니 경^{Sir Philip Sidney}
을 빼놓아서는 안 된다. 그는 심장을 노래한 시 중에서 시 선집에
가장 널리 실린 〈내 참사랑이 나의 심장을 가졌네^{My True Love Hath My}
^{Heart}〉를 썼다.

내 참사랑이 나의 심장을 가졌고 나는 그의 심장을 가졌네,

우리는 심장을 맞바꾸었으니,

나는 그의 심장을 소중히 간직하고 그는 내 심장을 잊지 못하니,

이보다 더 유익한 거래가 있으랴.

내 안에 있는 그의 심장이 나와 그를 하나로 맺고

그 안에 있는 나의 심장이 그의 생각과 감각을 인도하니,

그가 내 심장을 사랑하는 것은 그의 것이기 때문이요

내가 그의 심장을 아끼는 것은 내 안에 깃들어 있기 때문이라네.

그의 심장은 내 시선에서 상처를 입었고

내 심장은 그의 상처받은 심장으로 상처를 입었으니,

그의 상처는 마치 내게서인 듯 그에게 빛을 비추고

내게서는 그의 상처가 더 환하게 빛나는 듯하네.

같은 두 상처가 이 교환에서 지복을 추구하니

내 참사랑이 나의 심장을 가졌고 나는 그의 심장을 가졌네.

이번에도 심장 교환의 비유는 진정한 사랑을 의미한다. 이것은 12세기에 크레티앵 드 트루아가 해체한 바 있는 오래된 비유이며, 사랑하는 이의 눈길에 '상처'를 입는다는 표현은 훨씬 오래전부터 흔히 쓰였다. 하지만 거장의 약강 오보격 시(한 시행이 10음절이면서 5개의 약음절과 그것에 어울리는 강음절이 한 음보씩 오 음보를 이루는 시격)에서 심장이 교환되는 장면은 연인들이 경험하는 — 운이 좋다면 — 하나 됨의 조화로운 감각을 효과적으로 전달한다.

연인의 심장에 상처를 입힌 화자는 여인일까? 아마도 그럴 것이

다. 하지만 그녀가 어떤 상처를 입혔든 그녀 또한 고통받는다. 두 사람은 어떤 시련을 겪든 함께 헤쳐 나가며 완전한 하나가 된다.

시드니가 묘사한 심장 교환 장면은 중세의 수사修辭를 16세기 잉글랜드에 가져다주었으나, 셰익스피어는 사랑으로 가득한 심장을 근사하게 묘사함으로써 이를 살리고 재해석하고 조롱하고 궁극적으로는 대체했다. 셰익스피어의 소네트와 희곡에서는 '심장'이라는 단어가 1,000번 이상 나오는 것으로 추산되는데, 이것은 '사랑'과 맞먹는 횟수다.

셰익스피어는 젊음의 열정에서 노년의 두려움에 이르기까지 모든 것을 아우르는 심장의 격동적 감정에 목소리를 입혔다. 그의 연인들은 욕망과 다정함뿐 아니라 질투와 분노, 기만, 치명적 복수심도 알았다. 심장이 단순한(순박한) 오셀로는 사악한 이아고의 등쌀에 못 이겨 사랑하는 데스데모나를 죽이고 만다. 심장이 큰(배포가 넓은) 안토니는 심장이 이끄는 대로 무작정 클레오파트라를 찬양하고 그녀를 따르다 전쟁에서 패배하고 결국 둘이서 함께 비극으로 치닫는다. 셰익스피어에서 심장은 성격학적 의미를 가진다. 심장이 운명을 좌우하는 것이다.

아주 가끔이기는 하지만 셰익스피어의 희곡에서는 굳어버린 심장이 충격을 받아 은혜로운 상태로 바뀌고 자신이 저지른 — 대개는 무고한 여인에게 — 잘못을 깨닫는다. 〈괜히 소란 떨었네〉에 등장하는 경직된 심장의 클라우디오가 그런 사례다. 그는 사랑스러운 신부 헤로를 맞이할 자격이 없는 사람이다. 〈겨울 이야기〉의 심장 없는 레온테스 왕도 마찬가지다. 그는 거짓 간통 혐의로 아내

헤르미오네를 가두고 딸을 완고히 거부하다 둘 다 잃고 만다. 16년이 지나 고전적 해피엔드로 재결합하기는 하지만.

세익스피어의 세계에서도 심장은 관능적 사랑을 주로 나타낼까? 틀림없이 그렇긴 하지만, 감정의 범위 또한 더 넓어졌다. 심장과 사랑을 동일시하는 전통적 은유 말고도 여러 은유적 의미가 경합한다.

〈로미오와 줄리엣〉 1막 1장에서는 사랑에 빠진 로미오가 아름다운 로절린이 자신에게 가한 고통 때문에 한탄한다. 그는 친구 벤볼리오에게 "나 자신의 슬픔이 가슴을 메운"다며 큐피드가 쏜 치명적 화살이 여인의 심장을 빗나가 자신의 심장을 맞혔다는 오래된 탄식을 되풀이한다. 로미오가 주장하는 이 사랑은 이미 철 지난 유행의 모방에 불과하다. 하지만 줄리엣과의 사랑은 진짜다. 그는 한눈에 차이를 알아차린다.

여태 사랑했는가? 눈이여, 부인하라.
진정한 어여쁨을 이 밤까지 못 보았다!
《셰익스피어 전집》, 문학과지성사, 2016, 690쪽.

열네 살이 채 안 된 줄리엣 또한 로미오가 자신의 유일한 남자임을 즉시 알아차린다. 그녀는 친척 패리스와 결혼하라는 아버지의 명을 어기고 로렌스 수사에게 부탁하여 비밀 결혼식을 치른다. 줄리엣은 수사에게 단호하게 말한다. "하느님은 우리 마음, 신부님은

우리 손을 맺으셨어요."(713쪽)

줄리엣은 16세기 후반부에 잉글랜드에 등장한 새로운 유형의 여주인공을 대표한다. 그녀는 용감하고 지적이고 심지가 굳으며 당차다. 멀찍이서 숭배되거나 간통에 이끌린 중세의 선조들과 달리 줄리엣은 로미오와 첫날밤을 치르기 전에 결혼부터 해야 한다고 주장한다.

프로테스탄트 개혁의 결과 중 하나는 결혼의 힘이 더 커졌다는 것이다. 프로테스탄트는 독신이 결혼보다 우월하다는 관념을 거부하고 독신 성직자를 부부 성직자로 대체했다. 루터 자신도 전직 수녀 카타리나 폰 보라Katharina von Bora를 아내로 맞았다. 성공회가 자리 잡은 잉글랜드에서는 설교자들이 남편과 아내를 '같은 멍에를 쓴 동반자'로 표현했다. 이는 부부 관계를 유지하는 일에서 두 사람이 같은 무게를 진다는 뜻이었다(같은 권위를 누리지는 못했지만). 이렇듯 새로운 종류의 결혼이 떠오르면서 여성의 아름다움뿐 아니라 마음까지도 칭송의 대상이 되기 시작했다. 실제로 많은 남성 프로테스탄트 작가들은 마음과 미덕을 신체적 특징보다 중시했다. 그렇다고 해서 일반인의 행태가 썩 달라지지는 않았지만.

셰익스피어의 가장 사랑받는 소네트 중 하나는 이렇게 시작된다. "진실한 마음과 마음의 결혼이라면 / 나는 훼방꾼이 안 되겠어요."(1779쪽) 비올라, 베아트리체, 포셔 같은 셰익스피어의 사랑스러운 여주인공들은 열렬히 바라는 연애결혼을 성사시킬 방법을 찾아내고야 마는 재기 발랄한 여자들이다.

하지만 〈말괄량이 길들이기〉에서는 여주인공이 제 꾀에 넘어간다. 그녀는 고삐 풀린 괴물이 되며, 셰익스피어는 결국 그녀에게 전통적 결합이라는 구속복을 입히고 아래와 같은 말을 하도록 만든다.

남편은 주인이며 생명이며 보호자며
머리며 통솔자로, 당신 위해 애쓰며 ……
백성들이 임금님께 지는 책임을
아내는 남편에게 지는 거지요. (1019쪽)

케이트는 이렇게 연설하고 나서 앞으로 순종하겠다는 표시로 남편의 발 아래 손을 놓는다. 셰익스피어가 왜 〈말괄량이 길들이기〉를 이 장면으로 끝맺었는지를 놓고 수백 년째 논쟁이 이어지고 있다. 다만 오늘날의 대다수 미국인 여성은 이런 봉건적 결혼 풍습을 거부할 것이라고만 말해두자.

〈안토니와 클레오파트라〉에서는 똑같이 용감한 두 심장이 무대에 복귀한다. 실제로 비평가 중에는 이 후기 희곡이 셰익스피어의 은유적 심장을 가장 온전하게 표현했으며 심장의 전통적 관념과 새로운 의미를 결합함으로써 "예술을 통틀어 심장을 가장 풍성하게 표현한 작품 중 하나"라고 생각하는 사람도 있다. 이 희곡은 안토니가 이집트에서 클레오파트라와 사귀는 동안 아내 풀비아가 로마에서 죽었다는 소식으로 시작한다. 그는 서둘러 이탈리아로 돌아가야 하나 이집트 여왕 클레오파트라에게 이렇게 확언한다. "내 마음 모두 / 여기 당신에게 맡겨놨어."(810쪽) 안토니 이전에도 오랜 연애사를 자랑하는 클레오파트라의 심장은 관능적 사랑에 치우쳐 있으나 안토니의 심장은 그녀를 향한 사랑과 (에로스와는 무관한) 충실함 사이에서 오락가락한다. 그의 심장은 군인의 심장, 가문의 심장, 로마인의 심장이며, 이 모든 심장은 사랑이 깃든 심장과 대립한다. 아내가 죽은 뒤에 안토니는 젊은 시저의 누나 옥타비아와 재혼하기로 한다. 시저의 절친한 친구 하나는 안토니에게 옥타비아와 결혼하면 시저의 형제들과 "풀지 못할 매듭으로 두 마음을 묶"을 수 있으리라고 말한다.(816쪽)

안토니는 옥타비아와 결혼하지만 뒤이은 사건들로 인해 결국 시저와 맞서게 된다. 전사의 심장을 따라야 할 대규모 해전에서 그는 사랑이 깃든 심장을 따른다. 그녀가 전함을 후퇴시키자 그도 그녀를 따라 퇴각한다. 완패한 안토니는 낙담하여 클레오파트라에게 말한다. "당신은 알고 있었소. / 내 마음이 당신 키에 생명 줄로 매여 있음을."(834쪽) 그는 클레오파트라를 향한 사랑이 나머지 것들을 향한 충실함에 승리했노라고 털어놓는다.

끝에서 두 연인은 스스로 상처를 입혀 함께 죽기로 마음먹음으로써 자신들의 심장이 얼마나 넓은지 보여준다. 트리스탄과 이졸데, 로미오와 줄리엣과 더불어 안토니와 클레오파트라는 넘을 수 없는 장애물과 맞서 싸우며 죽음을 통한 궁극적 결합을 추구하는 소수의, 그러나 감동적인 연인 집단에 속한다.

셰익스피어의 심장 관련 어휘가 어떻게 그의 작품과 영어를 풍성하게 했는지 살펴보는 것은 이 장의 범위를 벗어난다. 하지만 심장을 부각하는 문장 몇 가지는 금세 집어낼 수 있다. 이 문장들은 시간이 흐르면서 특정 성격과 단단한 연상 관계를 맺어 일종의 신분증이 되었다.

〈열이틀째 밤〉에서 자주 인용되는 문장을 살펴보자. 오르시노 공작이 자신의 심장을 (모든) 여성의 것과 비교하며 자기 것이 더 크고 튼튼하고 열정적이라고 생각하는 장면이다.

내 심장의 사랑으로 뛰는 것 같은
강렬한 열정을 버텨낼 여자는 없다.
여자의 심장은 그만큼 못 크고
담지도 못한다. 용량이 모자란다. (1315쪽)

셰익스피어가 자기기만에 빠진 주인공으로 하여금 이런 남성 우월주의적 신조를 내뱉도록 한 것은 여자 백작 올리비아를 향한 사랑이 로절린을 향한 로미오의 사랑처럼 주인공 자신의 생각과 다름을 암시하는 방법이다. 그의 일방적 찬미는 겉보기에만 사랑을 닮았을 뿐이다. 진정으로 깊고 꾸준한 사랑은 공작의 믿음직한 하녀 비올라의 심장에 있다. 그녀는 일자리를 얻으려고 남장을 하는데, 공작의 하녀가 된 뒤에 자신의 주인에게 홀딱 반한다. 이 성별역전 플롯이 이어지는 내내 그녀는 공작을 성실히 섬기며 마침내 공작은 그녀가 용기와 끈기로 그 자신의 심장에 자리 잡았음을 깨닫는다.

셰익스피어의 희극에서는 두근거리는 심장이 생기발랄한 드라마를 만들어낸다. 〈열두번째 밤〉이나 〈좋으실 대로〉, 그리고 가장 근사하게는 〈한여름 밤의 꿈〉에 등장하는 연인이 되고 싶지 않은 사람이 어디 있겠는가? 하지만 비극으로 눈을 돌리면 심장은 어두운 빛깔을 띤다.

〈오셀로〉에서 사악한 이아고가 말한다. "내 심장을 손바닥에 꺼내놓겠지."(543쪽) 이것은 자신의 감정을 고스란히 드러내겠다는 표현이지만, 사실 이아고는 어수룩한 동행을 속이려고 솔직한 체하는 것일 뿐이다. 그의 계략 때문에 오셀로는 데스데모나의 불륜을 확신하게 되고 결국 두 사람은 비극을 맞는다.

'심장을 손바닥에 꺼내놓다'라는 표현은 오늘날 부정적 의미로 쓰이기도 한다. "심장을 손바닥에 꺼내놓지 않겠어"라는 말은 어떤 사람에 대한 자신의 감정을 사람들에게 밝히지 않겠다는 뜻이다. 이 관용 표현은 중세 마상 창 시합으로 거슬러 올라가는데, 당시에 기사들은 여인을 나타내는 색깔이나 휘장을 소매에 찼다. 하지만 사전학자들에 따르면 이 표현 자체는 1600년경에 셰익스피어가 만들어낸 것이다.

〈맥베스〉의 불성실한 심장에는 이아고보다 더 복잡한 성격이 깃들어 있다. 맥베스는 자신과 아내가 스코틀랜드 국왕 덩컨을 살해하고 왕좌를 찬탈하려면 기만과 용기가 둘 다 필요함을 애초부터 알고 있다. 맥베스는 스스로에게 이렇게 다짐한다. "마음속 거짓을 낯으로 가립시다." 덩컨을 살해한 뒤에 맥베스는 왕의 하인 두 명을 죽이고 그들에게 누명을 씌운다. 그러고는 자신이 덩컨을 향한 격렬한 사랑을 심장 속에서 느꼈고 용기가 심장 속에 뿌리 내렸기에 살인자를 즉각 처단할 수밖에 없었다고 둘러댄다.

셰익스피어 시대 영국인들은 사랑과 용기가 심장의 패권을 놓고 종종 다툰다고 생각했다. 여왕 엘리자베스 1세가 스페인 아르마다에 패배한 자신의 군대를 향해 1588년 틸버리에서 한 연설은 종종 회자되는데, 여기서 그녀는 남성의 심장과 용기 사이의 연상 관계를 언급했다. "제 몸은 연약한 여인의 몸이지만 제 심장과 위장은 국왕의 심장과 위장임을 압니다." 현명한 여인일세!

용감한 심장의 반대는 맥베스가 살인 명단을 추가한 뒤에 그의 마음속에 들어가는 "염통이 허연 공포"(665쪽)다. 맥베스는 자신이 찬탈한 왕관이 아들에게 돌아갈지, 예언대로 다른 혈통에게 넘어갈지 "알고 싶어 심장이 두근거리"며 두려움에 빠져 있다. 그의 심장은 탐욕, 시기, 두려움 같은 야비한 감정들을 담고 있는데, 이를 떠받치는 것은 한 줌의 용기와 아내에 대한 변함없는 애착이다. 이 모든 감정들이 그의 심란한 심장에 공존한다. 셰익스피어는 이 은유적 공간을 어느 르네상스 예술가보다 더 확장했다.

정체성이 하나뿐인 중세 알레고리의 단순한 인물과 비교할 때, 셰익스피어의 등장인물들은 훨씬 복잡하고 (따라서) 현대적이다. 셰익스피어식 사랑은 중세 로맨스의 맹목적 일편단심 열정에 얽매이지 않으며 (클레오파트라를 묘사하는 표현을 빌리자면) "한없이 다양하"다. 〈폭풍〉에서 미란다가 젊은 남성을 처음 보고 "오, 멋진 새 세상, / 저런 사람들이 있으니!"라고 외칠 때, 사랑은 순진무구한 놀람의 형태로 표현된다. 햄릿의 어머니 거트루드 왕비가 자신의 첫 남편을 그녀 몰래 살해한 새 남편이자 전 시동생에게 느끼는 사랑은 관능적 감정으로 나타난다. 심지어 맥베스와 아내도 나름의 부부애를 보인다. 하지만 둘의 고삐 풀린 야심은 동반자 관계를 타락시키고 결국 망쳐버린다. 맥베스 부인은 무시무시한 공범이자 셰익스피어의 고집 센 여인 중에서 최악이지만, 그녀와 남편이 끔찍한 행위를 저지른 데는 둘 사이의 왜곡된 애정이 한몫했음을 부정할 수 없다.

이런 몇 가지 사례만 보아도 셰익스피어 시대에 나타난 다양한 사랑의 형태는 행위 규범이 하나뿐이던 궁정연애와 매우 동떨어졌음을 알 수 있다. 궁정연애에서 자신이 사랑하는 이 — 대개는 남의 아내 — 때문에 고통받던 사람은 자신이 선택한 여인과 결혼하고 싶어 하는 연인으로 대체되었다. 종종 여인은 사랑의 계략에 적극적으로 가담하는 공범으로, 남성 못지않게 계획적이며 남성 못지않게 고통받는다. 남편, 아내, 애인의 낡은 삼각관계는 오셀로와 레온테스처럼 정신 나간 사람들에게서 말고는 더는 각광을 받지 못한다. 셰익스피어식 무대에서는 희극의 결말은 행복한 결혼이며 — **결혼들**일 때도 있다 — 비극의 결말에서는 연인과 부부와 부모 자식 간의 유대가 끊어진다.

셰익스피어의 비극 중에서 최고 걸작인 〈리어 왕〉의 핵심 테마는 병치된 두 가족 — 한쪽은 리어 왕과 세 딸 고네릴, 리건, 코델리아 네 명이고 다른 쪽은 글로스터와 두 아들 에드먼드와 에드거 세 명이다 — 이 겪는 부모 자식 간의 사랑이다. 단순화하자면 '착한 심장'은 코델리아, 켄트, 에드거, 글로스터에게 속하고 '못된 심장'은 고네릴, 리건, 콘월, 에드먼드에게 속한다. '코델리아'라는 이름 자체가 '심장의 여신'이라는 뜻이다. 그렇다면 리어 왕의 심장은 어떨까? 리어 왕 말마따나 '아비의 심장', '치미는 심장', '솔직한 심장'은 "딸들의 심장이 아비에게 대드"는 것과 자신의 심장이 "천만 개로 쪼개지"는 것을 보고 만다.

1막에서 리어 왕은 어리석게도 딸들에게 효심을 입증하기를 바란다. 처음에는 두 딸 고네릴과 리건이 자신을 이루 말할 수 없이 사랑한다는 말을 듣고 흡족해한다. 그런데 가장 사랑하는 막내딸 코델리아에게 언니들처럼 아양을 떨어보라고 하자 그녀는 이렇게만 대답한다.

저는 불행하게도 마음을 입으로
가져올 수 없어요. 도리에 따라
아버님을 사랑해요. 더도 덜도 아니어요. (594쪽)

때가 되면 지금 아버지를 사랑하는 만큼 남편을 사랑하게 되리라는 생각에 그녀는 아버지만을 사랑하겠노라 약속할 수 없다고 솔직하게 말한다.

코델리아의 솔직한 말에 화가 난 리어 왕은 그녀가 앞으로는 "내 마음과 나 자신과 조금도 상관없"는 사람이 될 것이며 재산을 한 푼도 받지 못할 것이라고 말한다. 그의 지나친 자기애는 가족애의 적이다. 셰익스피어는 자녀가 부모의 바람에 반하는 사랑을 선택하기 시작하는 시대를 살았으며, 비극 〈로미오와 줄리엣〉과 희극 〈한여름 밤의 꿈〉 등 그의 여러 희곡에 이 거대한 사회 변화가 반영되었다. 〈리어 왕〉은 부모와 자녀의 갈등을 파국적 결말로 끌고 간다. 이 모든 과정에서 심장은 어디 있을까? 부서지고 흩어진 조각들이 파멸의 소용돌이에 휘말린다.

관능적 사랑, 효심, 자식 사랑, 형제애, 자매애 등 모든 복잡한 형태의 사랑은 다른 환경 — 인간이 저지르는 적대 행위로부터 안전한 장소 — 이 필요하다. 셰익스피어는 〈폭풍〉의 마법의 섬과 〈열두번째 밤〉의 일리리아에서 그런 환경을 상상한다. 그곳은 에덴동산에서처럼 사랑이 꽃피는 곳이다. 하지만 현실에서는 '심장의 내용heart's content'(이것도 셰익스피어가 만들어낸 표현이다)으로 사랑을 갈망하는 자는 안팎에서 온갖 장애물을 맞닥뜨린다. 우리가 살아가는 세상을 바꾸기 위해 할 수 있는 일은 별로 없지만, 셰익스피어에게서 우리는 자신의 심장을 알고 그 비밀을 측량하고 (우리의 심장과 맞아떨어지는 다른 심장의 존재를 알리는) 심장 박동에 귀 기울여야 한다는 사실을 다시금 떠올린다.

14장

심장과
뇌

영혼이 즉각적으로 기능을 실행하는
몸의 부분은 심장이 아니고
단지 아주 작은 샘이 있는
뇌의 가장 깊숙한 내부다.
— 르네 데카르트, 《정념론》

1628년 잉글랜드의 의사 윌리엄 하비William Harvey가 라틴어로 출간한 얇은 책이 의학에 혁명을 일으켰다. 72쪽짜리 소책자《동물의 심장과 혈액의 운동에 관한 연구Exercitatio anatomica de motu cordis et sanguinis in animalibus》는 심장의 주된 역할이 혈액을 온몸에 펌프질하는 것임을 밝혀냈다. 이것은 심장에 대한 전혀 새로운 관념으로, 2,000년 간 이어져 내려온 의학 지식을 정면으로 반박했다.

고대 그리스로 거슬러 올라가서 기원전 6세기의 피타고라스나 두 세기 뒤의 히포크라테스 같은 의사들은 혈액, 황담즙, 흑담즙, 점액의 네 가지 체액이 인체를 순환한다고 믿었으며 이 체액이 사람의 성격과 기분을 좌우한다고 생각했다. 혈액이 너무 많으면 혈기 왕성해지고 황담즙이 너무 많으면 담담해지고 흑담즙이 너무 많으면 시무룩해지고 점액이 너무 많으면 저돌적으로 변한다는 것이다. 건강하려면 네 가지 체액이 균형을 이뤄야 했다. 여기서 심장의 역할은 지구에 대한 태양의 역할처럼 혈액을 데워 체액의 순환을 원활하게 하는 것이었다. 게다가 히포크라테스의 제자들은 이성을 비롯한 모든 정신 기능이 심장에서 벌어진다고 믿었다.

하지만 철학자들은 의견이 달랐다. 플라톤은 심장이 감정의 처소이고 뇌가 이성의 처소라고 생각했다. 아리스토텔레스는 심장을 더욱 중요시했다. 그에게 심장은 생명의 중심 장기이고 모든 쾌락과 고통의 출발점이며 체열의 근원이었다. 혼을 생동하게 하는 공기인 **프네우마**pneuma도 심장에서 생긴다고 생각했다. 그리스인들이 '누스nous'라고 부른 이성은 아리스토텔레스의 도식에서는 어떤 기관에도 배정되지 않았다.

2세기 그리스의 저명한 의사 갈레노스는 심장에 대한 아리스토텔레스의 정설에 이의를 제기했다. 그는 심장이 간과 뇌와 협응한다고 생각했다. 이성적 사고는 뇌에서, 감정은 심장에서, 영양은 간에서 주관한다는 것이다. 갈레노스는 심장이 뛰어난 근력과 지구력을 지녔다면서도 간이 더 우월하다고 판단했다. 간이 혈액을 만들어 혈관을 따라 신체 곳곳에 보낸다는 이유에서였다. 갈레노스의 사상은 그가 죽은 뒤에도 수많은 아랍어와 라틴어 번역본을 통해 오랫동안 의학 교육과 임상을 지배했다.

중세에는 의학 지식과 기독교 교리를 조화시키려 한 사상가들이 아리스토텔레스와 갈레노스 사이의 심장론 논쟁에 끼어들었다. 유대교와 기독교의 가르침에 따라 심장이 영혼의 처소라면 영혼은 어떻게 심장에 들어갔을까?

잉글랜드인 앨프리드Alfred the Englishman의 《심장의 운동에 대하여 De motu cordis》를 보면 중세 사상가들이 이 문제에 뭐라고 답했는지 알 수 있다. 그의 논리에 따르면 단단하고 둔한 재료로 이루어진 몸과 미묘한 무형의 성질을 지닌 영혼은 속성이 사뭇 다르기 때문에 "둘의 성질에 공통으로 관여하는 매체"가 필요했다. 그 '매체'는 우리가 숨 쉬는 공기를 통해 몸에 들어와 심장에서 혈액과 섞였다. 13세기와 14세기 기독교 철학자들은 몸이 독립된 개체가 아니라 우주와 연결된 존재라고 생각했다. 몸과 우주의 상호 연결된 체계 안에서 심장은 '정기spirit'가 혈액을 들락날락하도록 돕는 중요한 동인動因이었다.

르네상스 시대에는 의사와 미술가가 옛 이론을 맹목적으로 따르지 않고 인체를 직접 관찰하는 것과 더불어 소묘, 회화, 조각, 삽화 등에서 인체 각부를 더 정밀하게 표현하기 시작하면서 심장에 대한 이해가 새로워졌다. 5,000쪽에 이르는 레오나르도 다빈치의 유명한 공책에는 인체 소묘 수백 점이 실렸는데, 심장을 그린 것도 여러 점이었다. 레오나르도는 이탈리아에서 1315년 부활한 인체 해부 관행 덕을 보았다(하지만 교황의 기분에 따라 언제든 다시 금지될 수 있었다). 레오나르도는 동물을 많이 해부했으며 심혈관계에 대한 그의 해부학적 지식은 대부분 소의 심장에서 알아낸 것이었다. 그의 빼어난 관찰과 절묘한 그림은 오랫동안 심장 연구에 전념한 결실이었다.

다빈치가 죽기 얼마 전에 태어난 안드레아스 베살리우스Andreas

Vesalius는 근대 해부학의 아버지로 통한다. 그는 1543년에 출간된 걸작 《인체 구조에 관한 7권의 책De humani corporis fabrica libri septem》(이하 《구조》)에서 과학적 탐구의 기준을 새로 세웠다. 베살리우스는 의학 연구자이자 파두아 대학교 수술학·해부학 교수로서 시체를 해부할 권한이 있었다. 처형된 죄수의 시체를 그에게 넘겨준 판사 덕분이었다. 16세기에는 해부가 여전히 신중하게 이루어지고 있었다. 몇 해 전 파두아 대학교를 방문했는데, 아주 오래된 의과대학 건물의 깊숙한 지하에 해부실이 있었다. 그곳에서 듣자니 처음에는 밤에 지하 통로를 통해 원형 극장으로 시체를 날랐다고 한다.

베살리우스의 혁신적 저작 《구조》는 금세 성공을 거뒀으며 해적판, 축약판, 번역판, 베살리우스 자신의 증보판 등 여러 판으로 재인쇄되었다. 그의 책이 전례 없이 성공한 이유는 무엇일까? 베살리우스의 장황한 라틴어 문장 때문일 리는 없었다. 그의 성공 비결은 과학적 방법이었다. 그는 관찰과 실험, 발견을 토대로 결론을 내렸다. 그는 유럽의 여느 의사와 마찬가지로 갈레노스주의자로 의학에 입문했으나, 계속해서 갈레노스의 명백한 오류를 들춰냈다. 이를테면 심장 밑에는 뼈가 없고 심장의 사이막(인체 공간을 분리하는 막)은 투과성이 없으며 남자와 여자는 갈비뼈 개수가 같음(갈레노스는 성경의 아담과 이브 이야기를 들어 남자가 한 개 적다고 주장했다)을 밝혀냈다. 베살리우스는 갈레노스의 생리학 중에서 몇 가지는 받아들였으나, 갈레노스를 1,300년 된 권좌에서 끌어내리는 데 16세기의 어느 과학자보다 큰 역할을 했다. 그 뒤로 인체의 내부 모습은 결코 예전으로 돌아갈 수 없었다.

《구조》가 성공을 거둔 또 다른 이유는 200여 점의 삽화였다. 이 책의 삽화가 중 한 명인 얀 판 칼카르Jan van Calcar는 이미 1538년에 베살리우스와 손잡고 《여섯 점의 해부도Tabulae anatomica sex》의 특대형 도판을 제작했다. 5년 뒤에 바질의 인쇄업자가 근사한 2절판으로 출간한 베살리우스의 《구조》는 의학 분야의 새로운 미적 기준을 세웠다. 《그레이 해부학Gray's Anatomy》이 출간되기 300년 전의 의대생들은 베살리우스를 읽으며 해부학을 공부했다.

하지만 베살리우스가 장족의 발전을 이룬 뒤에도 인체에 대한 새로운 사실들이 속속 밝혀졌다. 과거의 가장 괴상한 믿음 중 하나는 자궁과 심장의 관계에 대한 것이었다. 심장은 대중에게 사랑의 처소로 인식되었고 자궁은 사랑의 결실이 깃드는 곳으로 알려졌으므로, 자궁은 사랑, 기쁨, 감수성처럼 오래전부터 심장과 연관되던 성질을 부여받았다. 실제로 1522년에 출간된 어떤 책에는 자궁이 심장 모양으로 그려져 있었는데, 로맨스에서 관능적 사랑을 표현할 때 쓰는 형태와 같았다.

이 오해는 수십 년이 지나도록 바로잡히지 않았다. 1560년대에 잉글랜드의 산파 지침서에서는 자궁을 "완전히 둥글지 않고 그림에서 보듯 심장 형태를 닮았"다고 묘사했다. 이렇듯 자궁을 심장과 비교하는 것은 해부에서 얻은 새로운 지식이 아니라 중세의 미술 전통에서 비롯한 것이 틀림없다. 심장과 자궁의 연관성에 대한 통념은 산파 지침서뿐 아니라 잉글랜드와 대륙에서 출간된 본격 의학서에서도 찾아볼 수 있었다. 베살리우스가 문을 연 해부학 연구만으로는 심장, 자궁, 남근처럼 물신화된 신체 부위에 대한 엉터리

구닥다리 해석을 완전히 몰아낼 수 없었다. 사실 《구조》에 실린 판화에서 여성의 질을 심장 모양으로 묘사한 것에는 베살리우스 자신의 탓도 있다.

윌리엄 하비는 갈레노스와 베살리우스를 비롯한 예전 권위자들의 심장에 대한 오류를 모두 깨부쉈다. 그는 동맥이 혈액을 심장에서 온몸으로 펌프질하고 정맥이 혈액을 심장으로 돌려보낸다는 사실을 처음으로 밝혀냈다. 혈액을 운반하는 기관은 간이 아니라 심장이었다. 심장의 규칙적 수축이야말로 혈류의 근원이었다. 심장 박동은 심장이 수축하면서 동맥으로 혈액을 밀어낸다는 신호다. 우심실의 모든 혈액은 폐로 갔다가 폐정맥을 거쳐 좌심실로 간 뒤에 몸 전체로 펌프질된다.

독자 여러분은 내가 의학사를 이렇게 시시콜콜 설명하는 이유가 궁금할 것이다. 사랑이 깃든 심장과 해부학적 심장은 무슨 관계일까? 둘은 거의 관계가 없다. 바로 그게 요점이다. 르네상스 시대 이후로 과학이 점차 득세하면서 은유적 심장은 단순한 펌프로 전락하지 않기 위해 스스로를 방어해야 했다.

셰익스피어의 〈베니스의 상인〉에서 포셔의 구혼자 중 한 명인 바사니오는 금, 은, 납으로 된 세 가지 상자 중 하나를 골라야 한다. 올바른 상자를 고르면 아름다운 포셔를 아내로 맞을 수 있다. 그가 뭘 선택할까 궁리하는 동안 이런 노래가 들려온다. "사랑은 어디서 생겨나나요? / 마음속인가요, 머리인가요?"(《셰익스피어 전집》

1154쪽) 여기서 우리는 사랑의 원천에 대해 새로운 질문을 맞닥뜨린다. 사랑은 심장의 산물일까, 뇌의 산물일까? 몸의 어느 부위가 사랑을 빚어낼까? 더 뭉뚱그려 말하자면 물질적 몸은 사랑이라는 감정과 어떤 관계일까?

중세의 남녀에게는 이런 질문이 전혀 까다롭지 않았을 것이다. 심장이야말로 두말할 필요 없이 사랑의 처소였으니까. 사랑의 화살은 눈을 (다치게 하지 않고) 통과하여 심장에 힘껏 꽂혔다. 사랑의 모든 쾌락과 고통은 심장을 보금자리로 삼았다.

하지만 르네상스 시대에 시작된 새로운 의학적 발견은 감정의 처소에 대한 오랜 통념에 이의를 제기했다. 그리하여 1598년에 〈베니스의 상인〉이 첫 상연되었을 때는 더는 심장이 사랑을 독점한다고 주장할 수 없었다. 사랑이 심장에 깃드는지 머리에 깃드는지에 대해 셰익스피어가 의문을 제기하고 얼마 지나지 않아 17세기 의사와 철학자가 이 주제에 뛰어들었다. 과학 혁명을 거쳐 18세기까지 이어진 시끄러운 논쟁의 시작이었다.

하비가 심장의 구조와 기능을 밝혀내자 프랑스와 잉글랜드의 사상가들은 뇌를 사랑의 처소로 대접하기 시작했다. 프랑스의 데카르트와 잉글랜드의 홉스, 로크는 의식의 **모든** 측면을 뇌와 동일시함으로써 심장과 사랑의 연관성을 박탈했다.

데카르트는 정신이나 정기, 영혼이야말로 인간의 본질적 특징이라고 생각했다(이 개념들을 엄밀하게 구분하지는 않았지만). 심장은 생명에 필수적이었으나, 감정이나 생각과는 별 상관없는 일개 기관으로 치부되었다. 이러한 몸과 영혼(정신과 정기)의 분리는 데카르트의 철학적 이원론을 떠받치는 주춧돌이 되었다. 그는 "나는 생각한다. 그러므로 나는 존재한다"라는 유명한 명제를 통해 인간의 정수를 머리에 두고 심장의 정서적 권리를 박탈했다. 예전의 심장 옹호자들은 "나는 느낀다. 그러므로 나는 존재한다"라고 썼을 테지만.

데카르트는 심장이 가슴에 있고 뇌가 머리에 있다는 사실은 분명히 알았지만 불멸의 영혼이 어디 있는지는 알지 못했다. 플라톤과 갈레노스 같은 고전 시대 인물들은 영혼이 머리에 있다고 생각했으나 아리스토텔레스와 히포크라테스 등은 심장을 선호했다. 가톨릭은 영혼을 심장과 짝지었으나, 심장은 몸의 나머지 부분과 마찬가지로 물질적이기에 데카르트는 심장을 영혼의 처소로 간주할 수 없었다.

그는 《정념론 Les passions de l'âme》에서 뇌의 중심부에 있는 송과체松果體에 영혼의 보금자리가 있다는 괴상한 아이디어를 내놓았다. "영혼이 즉각적으로 기능을 실행하는 몸의 부분은 심장도 아니고 뇌전체도 아니나 단지 아주 작은 샘glande이 있는 뇌의 가장 깊숙한 내부다."(《정념론》, 문예출판사, 2013, 45쪽)

송과체는 자연 법칙에 복종하는 물질적 몸과 하느님에게만 복종하는 비물질적 영혼이 교류하는 지점으로 간주되었다. 데카르트가 촉발한 심신 논쟁은 형태를 달리해가며 우리 시대까지 이어지고 있다.

같은 책에서 데카르트는 뇌, 영혼, 심장이 어떻게 상호작용하여 감정을 만들어내는지 정확히 밝혀내고자 했다. 그는 수학자처럼

엄밀하게 사랑, 미움, 기쁨, 슬픔, 욕망의 다섯 가지 정념을 분리해 냈다.(76쪽)

사랑으로 말할 것 같으면, 데카르트는 우리가 사랑의 대상을 보면 뇌에서 생각이 형성되어 혈액을 따라 심장으로 전달된다고 썼다. 혈액은 "심장을 여러 차례 통과하면서 이미 몇 번 걸러"진 (이른바) '정기'를 뇌로 보낸다. "그리고 이 정기는 사랑스러운 대상에 대한 최초의 생각에 의해 형성된 인상을 강화하면서, 영혼을 그 생각에 멈추도록 강요한다. 바로 이렇게 해서 사랑의 정념이 성립한다."(101쪽)

이렇게 해서 사랑의 정념이 성립한다고? 말도 안 되는 소리! 사랑을 해본 사람이라면 누구나 그런 분석이 미흡하거나 완전히 엉터리임을 알 것이다. 데카르트는 두 가지 잘못을 저질렀다. 첫째, 생리학에 대한 그의 견해는 부정확했다. 혈액이 심장을 반복적으로 통과한다는 언급에서 보듯 하비의 의학적 발견에서 배운 것이 있기는 하지만 말이다. 둘째, 그는 사랑을 단순한 생리학적 현상으로 치부했다. 이 환원주의적 분석은 사랑보다는 케이크의 맛을 설명하는 데 어울린다.

데카르트의 심장 비하에 이의를 제기한 사람도 있었다. 그의 호적수는 연하의 동시대인 블레즈 파스칼Blaise Pascal이었다. 그 또한 수학자이자 과학자이자 철학자였다. 파스칼은 결코 심장을 버리지 않았으며, 늘 심장이 뇌보다 우월하다고 생각했다. 그는 심장을 뇌에서 분리하고 느낌을 생각에서 분리했는데, 다음 문장은 즐겨 인용된다. "심장은 이성이 알지 못하는 그 자신의 도리를 가지고 있다."(《팡세》, 신원문화사, 2003, 201쪽) 파스칼은 이성의 가치를 부정하지 않으면서도 다른 종류의 지식이 있음을 지적했다. 심장은 그 지식을 본능적으로 인식하나 합리적 사고는 그에 접근할 수 없다는 것이었다. 파스칼의 심장은 인간적 형태와 신적 형태를 막론하고 사랑의 미스터리에 열려 있었다.

심장과 머리의 경쟁 구도는 17세기 후반에 더욱 가속화되었다. 잉글랜드의 경험론자 토머스 홉스와 존 로크는 심장을 공격하고 감각들과 더불어 뇌를 인간 행동의 주된 결정 요인으로 치켜세웠다. 홉스, 로크, (나중에는) 데이비드 흄은 인간 본성에 대한 수 세기의 통념을 뒤집었다. 그들은 인간이 생각과 감정에 도달하는 과정을 전혀 새롭게 이해했다. 이에 따르면 인간은 마음의 변덕에 휘둘리는 존재다. 그렇다면 심장은 어떨까? 홉스는 대작 《리바이어던*Leviathan*》에서 기계론적 답을 제시했다. "'심장'에 해당하는 것이 '태엽'이요, '신경'에 해당하는 것이 여러 가닥의 '심줄'이요, '관절'에 해당하는 것이 '톱니바퀴'이니, 이것들이 곧 제작자가 의도한 바대로 전신에 운동을 부여하는 것이 아니겠는가?"(《리바이어던》, 나남, 2008, 21쪽)

로크는 심장의 위상에 대한 공격을 이어갔다. 그는 사람을 심장의 내용이 아니라 정신 작용으로 정의했다. 《인간지성론*Essay Concerning Human Understanding*》에서 그는 뇌(또는 정신)가 빈 서판에서 출발하여 감각을 통해 지식을 얻는다고 주장했다. 인간은 감각을 지각하고 경험을 반성함으로써 배운다는 것이다. 인간은 생각하는 존재, 지성체, 의식 있는 존재로 정의되며 이 때문에 "다른 감각적 존재들보다 우위에 선"다.(《인간지성론》, 한길사, 2014, 59쪽) 심장은 전혀 언급되지 않는다.

에릭 재거Eric Jager는 명저 《심장의 책Book of the Heart》에서 로크가 상상한 자아가 심장 대신 머리를 중시했고 종교적이거나 낭만적인 의미를 폐기했으며 "단호히 세속적 방향으로 돌아섰"다고 결론 내렸다. 로크의 심리학이 '단호히' 세속적인지는 모르겠지만. 그는 자신을 독실한 기독교인으로 여겼으며 윤리적 우주를 위해서는 하느님에 대한 신앙이 꼭 필요하다고 주장했다. 하지만 심장의 위상이 낮아지는 데 로크가 한몫했다는 재거의 주장은 틀림없는 사실이다. 로크는 서구 사상에서 자아의 위치가 새로 정해지는 데 한몫했다. 여느 17세기 사상가와 마찬가지로 로크는 심장을 흠씬 두들겨 팼다. 그 뒤로 계몽주의 철학자와 의사는 심장을 유물론적으로 이해했으며 고대의 은유적 의미를 폐기했다.

15장

여성적
심장의
등장

그림 26_ 작자 미상. 자녀 확인 반지, 18세기. 영국 런던, 보육원 박물관.

1741년에 런던의 수많은 고아를 수용하기 위해 보육원이 설립되었다. 어머니들은 아기를 맡기면서 보석이나 시 같은 사랑의 정표를 남겼는데, 이것은 어머니가 아이를 찾으러 왔을 때 신원을 확인하기 위한 것이었다. 하지만 안타깝게도 대부분의 어머니는 다시는 자식을 보지 못했다.

보육원 박물관에 소장된 정표 중 몇 가지는 그림 26의 반지처럼 심장 모양이었다. 이는 아이를 잃고 슬픔에 잠긴 어머니의 심장을 나타내며 시간과 공간으로 단절될 애정의 끈을 상징한다.

고아가 된 아이와 그 어머니의 이야기에 상상력을 자극받은 영국 작가들은 18세기의 가장 유명한 작품들을 내놓았다. 헨리 필딩Henry Fielding이 쓴 《업둥이 톰 존스 이야기》*The History of Tom Jones, A*

Foundling》(문학과지성사, 2012)의 주인공인 사생아 톰은 지방 지주의 침대에 버려졌으나 그를 하인 제니의 아들로 오인한 지주의 손에 길러진다. 신나는 모험을 겪은 뒤에 출생의 비밀이 밝혀지고 — 다행히도 친모는 지주의 미혼 누이였다 — 톰은 원하는 여인과 결혼하게 된다. 이것은 코믹 소설이기 때문에 독자가 해피엔드를 기대하는 것은 당연하다.

하지만 톰의 어머니는 어떻게 되었을까? 그녀에게는 안타까운 사연이 있다. 미혼녀가 불운하게도 임신하면 — 특히 중류층 출신일 경우 — 집안에서 쫓겨나는 일이 비일비재했다. (이에 반해 하층 계급 여자들은 배가 불러서 결혼하는 경우가 많았으며 귀족은 일을 무마할 재력이 있었다.)

미혼모의 사정이 이토록 열악했으니 처녀에게 무엇보다 중요한 일은 순결을 지키는 것이었다. 심장을 다룬 18세기 잉글랜드와 프랑스의 (대부분은 아닐지라도) 많은 소설은 유혹을 주제로 삼았는데, 소설 속 남자들은 자신이 점찍은 여인을 무슨 수를 써서라도 겁탈했다(여러 명의 인생을 망치는 경우도 많았다). 이를 통해 소설가들은 여성을 무대 중앙에 내세웠으며 (새뮤얼 보스웰Samuel Boswell이 《존슨의 삶Life of Johnson》에서 말하듯) "인간 심장의 깊숙한 곳으로" 뛰어들었다. 보스웰의 표현은 새뮤얼 리처드슨Samuel Richardson의 베스트셀러 소설 《파멜라Pamela: or Virtue Rewarded》(문학과지성사, 2008)와 《클러리사 할로Clarissa: or The History of a Young Lady》(지식을만드는지식, 2012)에 등장하는 동명의 젊은 여인을 일컬은 것이었다.

21세기를 살아가는 우리는 《파멜라》가 처음 출간되었을 때 터져 나온 열띤 반응을 상상하기 힘들다. 《파멜라》는 1년도 지나지 않아 5쇄를 찍었고 프랑스어로 번역되었으며 런던과 더블린에서 해적판이 유통되었다. 《파멜라》는 언론에서 화제를 불러일으켰는데, 영국 문학에서 유례를 찾을 수 없을 정도였다. 하지만 호평 못지않게 악평도 많았다. 필딩은 《파멜라》를 겨냥한 풍자소설 《샤멜라 Shamela》를 발표했다. 왜 이런 소동이 벌어졌을까? 리처드슨이 무슨 짓을 했기에 이런 반응이 불거졌을까?

《파멜라》는 젊은 주인의 완강한 유혹에 역시나 완강하게 저항하는 하녀의 심장을 탐구한다. 소설은 가난한 집안 출신의 열여섯 살 소녀 파멜라가 쓴 편지로 이루어졌다. 이런 투박한 글귀를 읽고 싶은 사람이 어디 있을까? 그런데도 잉글랜드, 프랑스, 나중에는 유럽 전역에서 수만 명이 이 책을 읽었다.

파멜라의 심장은 이야기에서 핵심적 역할을 한다. 파멜라는 젊은 주인을 언급하면서 심장을 200번 이상 들먹인다(이를테면 "음흉한 심장"). 파멜라의 부모도 딸에게 보내는 편지에서 자신들의 심정을 심장에 빗대어 표현한다. 그들은 젊은 주인이 딸을 노린다는 의심이 들자 "너 때문에 무척 걱정이 되는구나(심장이 아프구나)"라고 말한다. 자신을 희롱하려는 주인의 의도를 알아차린 파멜라는 이렇게 탄식한다. "제 가슴은 거의 다 찢어졌어요. 제가 수치와 치욕이나 욕설과 심한 대우 같은 것 말고 무엇을 보답으로 얻을 수가 있겠어요?"(《파멜라 1》, 29쪽)

파멜라는 주인의 유혹을 뿌리치려 애쓰면서 끊임없이 자신의 고통을 심장에 빗대어 표현한다(부서진 심장, 가련한 심장, 서글픈 심장,

가득 찬 심장, 무거운 심장, 병든 심장, 뛰는 심장, 순수한 심장, 말을 듣지 않는 심장, 입안에 든 심장). 그녀의 심장은 (적어도 소설 전반부에서는) 그녀를 유혹하려는 시도를 결코 멈추지 않는 남자의 '자부심 강하고', '위선적이고', '악독한' 심장과 언제나 대조된다.

《파멜라》에서 언급되는 심장은 중세 로맨스의 심장과 사뭇 다르다. 우선 파멜라의 심장은 노래와 이야기에 애욕적 갈망을 쏟은 트루바두르에게 속하지 않고 여성에게 속한다. (나중에 보게 되듯) 파멜라의 심장도 사랑을 할 수 있지만, 그녀의 심장이 맡은 주된 임무는 스스로를 보호하는 것이다. 남성의 욕망에 **맞서** 그녀를 지키는 것. 그녀의 걱정거리는 침입자에게 몸을 버리지 않고 고이 간수하는 것이다(이것은 시대와 문화를 막론하고 모든 여자들의 걱정거리다). 또한 그녀는 몸과 영혼의 순수함을 미덕으로 여기는 독실한 기독교인이기에 그녀의 심장은 (처음에는) 에로틱한 충동을 떠오르는 족족 억누른다. 리처드슨이 여주인공의 심장을 순결을 노리는 어떤 공격도 철벽같이 막아내는 종교적·도적적 요새로 그린 것은 분명히 의도적이었다. 그러지 않았다가는 이 소설의 주요 독자인 중산층에게 외면받았을 것이다.

파멜라는 그녀의 몸을 노리는 주인의 계략을 번번이 물리친다. 그가 그녀의 침대에 기어들고 못된 여인이 그녀를 도망 못 가게 찍어 눌렀을 때에도 버틴다. 그녀가 미처 생각지 못한 것은 주인의 심장이 결국 변하여 그 자신이 그녀를 진정으로 사랑한다는 사실을 깨달으리라는 것이다. 그녀 또한 주인이 그녀 자신의 심장에 이르는 길을 찾았음을 알게 될 것이다. 이 시점에서 파멜라는 자신의 심장을 전혀 새로운 표현으로 묘사한다. "전 너무 이상한 어떤 것을 느꼈고 제 가슴은 너무나 침울했어요! 무엇이 절 괴롭혔는지 궁금해요!"(《파멜라 2》, 52쪽) "제 이 이상하고 변덕스러운 마음에 대해 심사숙고하기 시작했어요. 전에는 제 마음이 이처럼 제어할 수 없고 다루기 어려웠던 적이 한 번도 없었거든요."(54쪽) "오, 제 심장이 얼마나 두근두근 뛰었는지요!"(61~62쪽) "오, 기뻐 날뛰는 내 심장아! 그것은 내 가슴속에서 얼마나 세차게 고동치는지!"(64쪽) 파멜라의 심장은 자신의 몸에서 깨어나는 욕정의 바로미터를 완곡하게 일컫는다.

하지만 그녀의 심장과 그의 심장이 조화롭게 어우러졌더라도, 둘 사이에는 신분의 차이라는 문제가 있다. 주인은 부유하고 유명한 가문 출신으로 중요한 영지를 여러 곳 소유했는데, 그의 계급에서는 — 특히 그가 자랑스러워하는 누나는 — 하녀와의 결혼을 용납하지 않는다. 결말에서 주인은 관례를 무시하고 파멜라에게 자신의 아내가 되어달라고 청한다. 이미 예상했겠지만, 기쁨에 취한 독자들의 열렬한 환호성 속에서 그녀는 청혼을 받아들인다.

리처드슨의 클러리사 할로는 파멜라만큼 운이 좋지는 못하다. 그녀도 "심장을 겨냥한 공격"의 희생자다. 난봉꾼 러블레이스뿐 아니라 그녀의 집안도 공격에 동참했다. 그녀의 부유한 부모는 신분 상승을 위해 그녀에게 솜스 씨와 결혼하라고 강요한다. 클러리사가 솜스를 혐오하여 결혼을 완강히 거부하자 부모는 그녀를 저주하고 그녀는 혼절하여 쓰러진다. 클러리사는 당시를 이렇게 회상

한다. "나는 가슴에 칼을 맞은 것처럼 쓰러져 기절했어."(《클러리사 할로 1》, 209쪽)

부모가 정해준 신랑감을 딸이 거부하는 것은 18세기 중엽에는 이미 흔한 일이었다. 문학사상 가장 반항적인 딸로 꼽힐 셰익스피어의 줄리엣은 부모의 선택을 거역했다가 비극적 결말을 맞는다. 150년 뒤에 쓰인 《클러리사 할로》에서도 심장의 문제를 두고서 강요하는 부모와 반항하는 자식 사이에서 끝없는 갈등이 벌어지고 있었다. 프로테스탄트 목사, 특히 청교도 교파의 목사는 자녀와 아내가 아버지와 남편에게 무조건 복종해야 한다고 설교했다. 아버지와 어머니를 존경하도록 교육받은 클러리사는 부모를 거역할 수밖에 없게 되자 겁에 질린다. 그녀의 절박한 심정은 전통적 기독교 도덕보다 훨씬 깊은 곳에서 우러난다. "저의 대답은 심장의 진실과 성실성으로 해야 하는 것 아닌가요?"(《클러리사 할로 1》, 275쪽) 솜스 씨를 사랑하지도 않으면서 결혼하는 것은 가장 진실한 자아의 보금자리인 심장을 거스르는 일이다. 유대교와 기독교 전통에서 심장은 영혼에 연결되며 클러리사는 파멜라와 마찬가지로 세속적 만족보다는 불멸의 영혼에 더 관심을 기울인다. 하지만 파멜라와 달리 클러리사는 가족의 바람과 러블레이스의 간계에 맞서 고결함을 간직해야 하는 이중의 부담을 지고 있다.

러블레이스는 클러리사의 가족에게 천대받았지만 결국 그녀를 속여 도피 행각을 벌이고 그녀를 말 그대로 죄수로 만든다. 그는 처음부터 그녀와 결혼하고 싶어 하지만 — 파멜라의 주인과 달리 적어도 관계 초기에 — 클러리사는 러블레이스의 청혼을 번번이

거절한다. 두 사람의 관계에서는 성별과 계급의 노골적 불평등이 당연시되었는데, 이는 당시 사회상을 반영한 것이었다. 하지만 이 소설이 수많은 소설 중에서 돋보이는 것은 서로를 파멸시키고 마는 연인의 밀실 공포증적 격렬함 때문이다.

사랑스럽고 착하고 강인한 여인을 손에 넣으려는 러블레이스의 끈질긴 욕망은 강박으로 비화한다. 그는 매음굴을 비롯한 여러 장소에 그녀를 감금한다. 그는 '여자의 마음'이 "원래 그저 부드럽고 조화로운 것이기 때문에" 언젠가는 클러리사의 마음을 얻을 수 있으리라 기대한다. 클러리사의 완강한 저항에 신물이 난 러블레이스는 급기야 약물을 써서 그녀를 겁탈한다.

클러리사는 이틀간 혼수상태로 누워 있게 되고 깨어난 뒤에도 일주일간 비탄에 잠긴다. 마침내 의식을 온전히 회복했을 때는 그런 비도덕적 난봉꾼의 아내가 되지 않겠노라는 결심을 더욱 굳힌다. 그녀는 러블레이스에게 수치를 가르치고 그가 자신에게 저지른 악행을 깨닫도록 하려고 애쓰지만 실패한다. 친구 애나 하우에게 보낸 편지에서 그녀는 러블레이스가 자신을 파멸시키다시피 한 이후로 자신의 가족이 비참한 처지에 내몰렸다고 말한다. 그녀는 성경 읽기에 전념하고 종교적 명상을 글로 쓰는 것에서 구원을 찾는다. 하지만 겁탈을 당한 뒤에는 예전의 힘을 결코 되찾지 못하며, 죽음이 고통을 끝장낼 때까지 시들어만 간다. 그녀는 자신의 창조주를 만나러 가면서 자신의 짓이겨진 심장이 다시 온전해지기를 기원한다.

그녀에게 고통을 가한 악당 러블레이스는 어떻게 되었을까? 그의 심장은 더더욱 막무가내로 치닫는다. 그는 클러리사가 죽기 전에 이렇게 단언한다. "나는 그녀를 소유해야겠다는 생각으로 가득 차 있소. 그녀가 그 순간에 고통으로 죽는 한이 있어도 나는 그녀를 내 것으로 만들겠소. …… 나도 모르게 내 심장 속으로 잠입한 이 허약함을 극복하겠소. 그것도 안 되면 나는 그녀 앞에서 이놈의 심장을 꺼내어 그녀의 심장에다가 던져버리겠소. 그러면 이 내 심장이 자기 것보다 더 따뜻하다는 것을 알게 될 것이오."(《클러리사 할로 7》, 172~173쪽)

클러리사가 죽은 뒤에도 그는 그녀의 심장에 대한 권리를 주장하는데, 이번에는 비유가 아니라 진심이다. 그는 친구 벨퍼드에게 이렇게 말한다. "나는 나의 영원히 아끼고 사랑하는 아가씨를 개복해서 그 속을 방향초로 채우는 것이 절대로 옳다고 생각하오. …… 아가씨 심장의 소유권은 의문의 여지없이 나에게 있소. 한때는 그 마음의 대부분을 내가 사로잡았었소. 나는 그 심장을 내 심장보다도 귀하게 여기기 때문에 그것은 내가 차지하겠소. 나는 그것을 주정酒精에 담가서 항상 내가 볼 수 있는 곳에 둘 것이오. 그리고 그 납골소의 모든 관리는 내가 맡을 것이오."(《클러리사 할로 8》, 106~107쪽)

《파멜라》와 《클러리사 할로》가 1730년대와 1740년대 잉글랜드 사회를 부분적으로나마 반영한다고 치면 우리는 여성의 심장에 두 가지 기능이 부여되었다는 결론에 이르게 된다. 여성의 심장은 도덕적 나침반이자 참된 사랑의 길잡이여야 했다. 여자들은 남성의 욕망을 저지하는 임무를 맡았는데, 이것은 무엇보다 자신을 위해

서이기도 했지만 자신을 사랑한다는 남자들을 위해서이기도 했다. 주인이 파멜라에게 정욕을 품은 지 오랜 뒤에 그녀가 미래 남편에게서 다정한 성품을 이끌어낼 수 있었던 것은 강인한 성격 덕분이다(아름다움은 말할 것도 없고). 하지만 가련한 클러리사는 파멜라 못지않은 아름다움과 미덕을 갖췄음에도 자신이 죽은 뒤 러블레이스의 거만한 심장을 사로잡은 회한을 보지 못했다.

리처드슨의 두 소설은 잉글랜드뿐 아니라 해협 건너 프랑스에서도 대성공을 거뒀다. 그 영향으로 프랑스에서는 서간체 소설이 쏟아져 나왔는데, 가장 유명한 작품은 장자크 루소Jean-Jacques Rousseau의 《신엘로이즈Julie, ou la nouvelle Héloïse》(1761)다. 이 소설은 판매량으로 리처드슨의 소설을 앞지르더니 18세기 말까지 70쇄나 인쇄되었다. 쥘리가 친구 클레르에게 보내는 일련의 편지에서는 여성의 심장 속에서 일어나는 일들이 고스란히 드러난다. 이번에도 계급 차이가 줄거리의 얼개를 이룬다. 쥘리는 고귀한 가문 출신인데 반해그녀의 심장을 사로잡은 남자 생 프뢰는 그렇지 않다. 두 사람은 최대한 연정을 억누르지만 결국 쥘리는 선배 엘로이즈처럼 생 프뢰의 품에 안기며 둘은 성애의 기쁨을 나눈다. 이 연애 사건은 둘에게 해피엔드로 끝나지 않는다. 두 사람은 강제로 헤어지며 줄리는 나이가 많고 훌륭한 남자와 결혼하나 여전히 생 프뢰를 심장에 담아둔다. (대부분 여성이던) 루소의 독자들은 젊은 연인들에게 깊이 공감했으며 두 사람이 시련을 겪는 것을 보면서 눈물을 쏟았다. 여성적 심장에 대한 루소의 묘사를 칭송하는 수백 통의 편지가 답지

했다.

　리처드슨과 루소를 비롯한 18세기의 감상적 소설가들은 여주인 공에게 다정하고 덕스러운 심장을 심었으나 성욕은 쥐꼬리만큼만 부여했다. 단호한 남성 숭배자에게 자극을 받지 않고서는 결코 성욕이 일지 않았다. 파멜라는 처음 성욕을 느낀 순간 이상하고 침울하고 다루기 힘들고 제어할 수 없고 기뻐 날뛰는 심장을 어떻게 해야 할지 몰랐다. 클러리사는 육신의 충동에 끝까지 저항했으며 쥘리는 생 프뢰에게 굴복했음에도 자신이 느낀 섹스의 쾌감을 절제와 죄책감의 베일 아래에 숨겼다.

　하지만 다른 18세기 남성 작가들은 어떤 여인들에게는 미덕과 명예에 구애받지 않는 열정적 심장과 건강한 성욕이 있음을 알아차렸다. 아베 프레보Abbé Prévôt의 소설 《마농 레스코Manon Lescaut》 (1731)의 여주인공은 평민 출신의 매우 젊은 여인으로, 귀족 청년과 사랑의 도피 행각을 벌인다. 두 사람을 방해하는 것은 그들에게 돈이 필요할 때마다 그녀가 딴 남자와 벌이는 애정 행각뿐이다. 이 엽기적인 소설은 19세기 후반에 적어도 두 편의 오페라로 각색되어 큰 인기를 끌었다. 하나는 프랑스의 작곡가 쥘 마스네Jules Massenet 의 작품이고 다른 하나는 푸치니의 작품이다.

　쇼데를로 드 라클로Choderlos de Laclos의 《위험한 관계Les liaisons dangereuses》(1782)는 메르테유 부인이라는 잊을 수 없는 인물을 창조했다. 그녀는 남자들과 잠자리를 가지고 그들을 차버리면서도 남들 보기에는 정숙하게 처신하는 것을 철칙으로 삼았다. 그녀는 한때 발몽 자작에게 '여성적 심장'을 허락했으나 두 사람은 사랑에 빠지지 않은 채 최대한 많은 연인을 사귀기로 합의한다. 발몽은 수녀원에서 처녀를 꾀어내는 것과 정숙한 유부녀를 유혹하는 것에서 특별한 쾌락을 느꼈다. 메르테유 부인은 배후에서 이 일들을 조종하는 한편 발몽이 누구와도 사랑에 빠지지 않도록 손을 썼다. 하지만 결국 발몽은 사랑에 빠지고 만다. 그의 심장을 차지하는 여인은 (놀랍게도!) 덕스러운 귀부인이지만, 메르테유 부인의 심장에서 내뿜는 악 때문에 소설은 만인의 재앙으로 귀결된다. 이 빼어난 소설은 — 고백건대 나의 애독서다 — 대담하게도 남성 주인공 못지않은 리비도와 그를 능가하는 악마적 간계를 지닌 여성 주인공을 내세웠다.

영국인 존 클렐런드John Cleland는 좋은 취향의 울타리를 훌쩍 뛰어넘어 《파니 힐: 쾌락을 추구한 여인의 비망록Fanny Hill, Memoirs of a Woman of Pleasure》을 내놓았다. 도색 소설을 방불케 하는 노골적 성애 소설 《파니 힐》은 고아가 된 시골 소녀가 하녀 일을 하려고 런던에 왔다가 창녀로 전락하는 이야기다. 그녀는 우여곡절 끝에 찰스라는 젊은 신사와 매음굴에서 달아나는데, 그녀는 그에게 처녀성을 잃고 그의 연인이 된다. 둘은 어쩔 수 없이 헤어지고 파니는 몇 해 동안 매춘부로 지내지만, 그녀의 심장은 여전히 그의 것이다. 클렐런드는 여러 선배 작가와 마찬가지로 단순한 욕정과 진실한 사랑을 구분하려 한다. 파니는 육체의 문란한 행위에도 불구하고 심장에 사랑을 간직한다.

마농 레스코, 메르테유 부인, 파니 힐 같은 인물들은 순종적 도덕률에 지배되는 심장을 가진 무성애적 여인의 초상과는 동떨어진 존재다. 대니얼 디포Daniel Defoe의 《몰 플랜더스Moll Flanders》에서 마르키 드 사드Marquis de Sade의 《쥐스틴Justine》에 이르는 공공연한 외설 문학은 아예 정조의 겉치레조차 받아들이지 않거나 감당하지 못한다.

전반적으로 보면 18세기 성애 문학에서는 두 유형의 여인을 내세웠는데, 하나는 순수하고 다정한 심장을 가진 여인이고 ― 그들은 처녀성을 잃고도 여전히 순수했다 ― 다른 하나는 남자와 똑같은 욕정을 가진 여인이었다. 프랑스의 의사이자 철학자 쥘리앵 라메트리Julien La Mettrie 는 이 '성녀/창녀' 이분법에서 벗어나고자 여자도 남자와 똑같은 욕구를 가졌으며 남자와 마찬가지로 관능적 쾌락volupté을 누려야 한다고 주장했다. 그의 철학적 에세이 《쾌락의 기술L'Art de jouir》(1751)은 남성 오르가슴과 여성 오르가슴 둘 다 유익한 것임을 길게 설명한다.

라 메트리는 유물론자로 잘 알려져 있지만, 관능적 사랑에서 비롯하는 기쁨을 표현할 때는 심장 비유를 동원했다. "사랑을 느끼는 이의 심장에 온 자연이 들어 있다"라는 그의 말은 사람들 사이의 관계뿐 아니라 자연과의 관계에서도 다시금 심장을 우위에 놓았다. 사랑이 깃든 심장은 다른 사람에게서 또한 자연환경에서 뿜어져 나오는 기운을 흡수한다. 리처드슨, 루소, 프레보 등의 소설에서는 이성의 시대에 심장의 위상이 달라졌음을 느낄 수 있으며 다가올 낭만주의 시대를 엿볼 수 있다.

18세기 여성의 심장 이야기에서 눈에 띄는 부재不在가 둘 있다. 첫 번째는 여성의 목소리다. 잉글랜드와 프랑스를 비롯한 유럽의 일부 여성이 감상적 소설을 쓰기는 했지만, 그들은 남성 작가들만큼 권위를 누리거나 인기를 끌지 못했다. 그렇다고 해서 여성이 심장 담론에 참여하지 않은 것은 아니다. 오히려 그 반대다. 여성은 소설의 주 독자였으며 남성 작가를 소개하고 말과 편지를 통해 사랑에 대한 대화에 끊임없이 참여했다. 소설과 에세이의 영역에 진출한 여성 작가들이 문학의 전면에 나선 것은 19세기 들어서 제인 오스틴Jane Austen, 샬럿 브론테Charlotte Brontë, 에밀리 브론테Emily Brontë, 조르주 상드George Sand 등의 작가가 남성의 문학 헤게모니에 도전하고 심장 문제에 여성적 관점을 주입한 뒤였다.

두 번째는 심장의 시각적 이미지다. 18세기 유럽의 공방에서 제작한 많은 회화, 소묘, 판화는 베누스, 큐피드, 신화와 성경의 인물, 왕, 왕비, 왕자와 공주, 님프와 양치기, 젊은 연인, 귀족 가문과 부르주아 가문과 (이따금) 농민, 거기다 꽃꽂이와 정물 등을 소재로 삼았다. 나는 와토Antoine Watteau, 부셰François Boucher, 프라고나르Jean-Honoré Fragonard가 그린 목가적 풍경화와 내실의 밀회를 묘사한 그림에 친숙한데, 기억을 떠올려보니 놀랍게도 심장의 이미지를 그린 것은 하나도 없었다. 연애편지도 있었고 기습 키스도 있었고 남편이 침실에 들어오기 전에 가까스로 피신한 연인도 있었고 아름다운 여인의 육체에서 고동치는 욕정도 있었지만 심장 이미지는 하나도 없었다. 어떻게 이럴 수 있지? 작정하고 조사한 끝에 부셰의 〈신들의 사랑Amours des Dieux〉 연작에서 큐피드의 화살이 꿰뚫은 표적의 한가운데에 심장 도상을 찾아냈다. 심장을 다룬 18세기 고급문화 회화가 더 있을지도 모르지만, 그 수가 하도 적어 이렇게 묻지 않을 수 없다. 사랑이 깃든 심장의 도상은 어디로 갔을까?

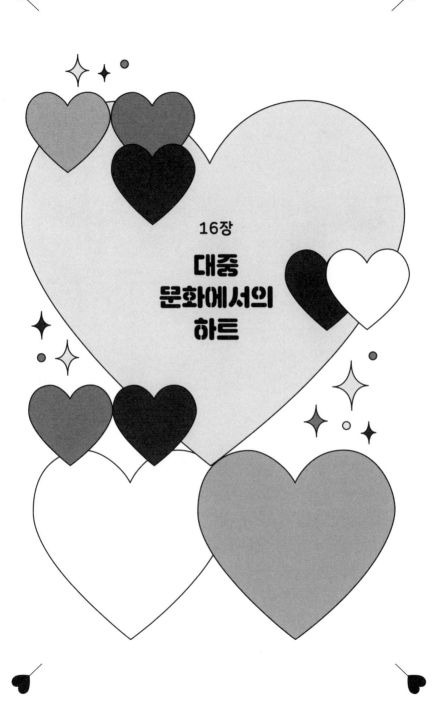

16장

대중
문화에서의
하트

그림 27_ 작자 미상, 〈마리아 카타리나 라우프의 출생 및 세례 증명서Birth and Baptismal Certificate (Geburts und Taufschein) for Maria Catharina Raup〉, 1810. 레이드지에 수채, 잉크. 펜실베이니아 주 필라델피아, 자유 도서관 소장.

18세기의 엘리트 미술가들은 심장 도상을 무시했고 과학자들은 뇌를 중시했지만 일반인들은 심장을 저버리지 않았다. 프랑스인들은 집의 덧문과 의자 등받이에 심장을 새겨 넣었다. 독일인들은 나무 상자나 종이 상자에 심장을 그렸는데, 이 상자들은 연애편지를 담는 데 쓰이기도 했다. 스위스 처녀들은 심장을 수놓은 천을 고이 접어 혼수함에 넣었으며 스위스의 로만슈어 지역에서는 약간 비대칭인데 끝이 왼쪽으로 구부러진 하트로 연하장을 장식했다.

독일어 구사자들은 하트 도상을 대서양 건너 식민지 아메리카에 가져갔는데, 펜실베이니아 이주 독일인Pennsylvania Dutch ('Dutch'는 '네덜란드인'이라는 뜻이 아니라 '독일인deutsch'이라는 단어가 변형된 것이다)들에게서 새로운 생명을 얻었다. 1750년부터 1850년 사이의 수많은 출생 증명서와 세례 증명서, 결혼 축하장, 집들이 카드, 장서표와 쓰기 연습장Vorschriften에 하트 기호가 등장한다. 이 글자들은 독일어의 독특한 예술적 필체인 프락투어Fraktur로 쓰였으며 잉크와 수채화로 장식되었다.

출생 및 세례 증명서(그림 27)는 전형적인 예다. 커다란 심장 안에 손으로 쓴 문장은 이렇게 시작한다. "다니엘 라우프와 그의 법적인 아내 슈마헤린의 카타리나 부부에게 주후 1810년 11월 29일 밤 11시에 염소자리로 딸이 태어났도다." 어머니와 딸의 이름인 카타리나와 마리아 카타리나의 이름이 작은 글씨로 쓰여 있고 그 위로 남편이자 아버지인 다니엘 라우프의 커다란 이름이 위치와 크기 면에서 문서 전체를 압도한다. 가운데 하트 아래의 작은 하트 두 개에는 종교적 각오가 담겼다. 왼쪽 하트에는 이렇게 쓰여 있다. "나는 세례를 받았으며 이 세례를 통해 하느님과 하나가 되었도다. 그리하여 고난, 슬픔, 두려움, 곤궁함 속에서도 늘 기쁘게 말하도다. 세례받음이 내게 기쁨이니, 이 기쁨은 영원무궁하리라." 글은 오른쪽 하트로 이어진다. "나는 세례를 받았으니, 내가 죽었을 때 차가운 무덤이 어찌 나를 해하리요?"

식민지 아메리카에서는 출생 증명서를 교회에 보관했다. 교회에서 세례를 받았기 때문이다. 공식적 인구 동태 통계가 없었기에 영어로 쓴 교회 기록과 독일어로 쓴 펜실베이니아 이주 독일인의 출생 및 세례 증명서가 사실상 법률 문서 역할을 했다. 독립 혁명 이후로 프락투어 문서의 수요가 치솟았는데, 전문 인쇄업자들이 생산을 도맡았다. 하트는 사랑의 상징으로서 오랜 역사가 있기에 출생, 세례, 결혼 기록을 (개인적으로 작성했든 전문적으로 제작했든) 장식하는 데 제격이었다. 뉴잉글랜드에서 대를 이어 보관하는 개인 문서에서는 한 쌍의 하트가 부부를 작은 하트가 자식을 상징했다.

18세기 유럽과 아메리카에서 공제 조합이 활성화되면서 하트는 이들의 상징물이 되었다. 프리메이슨은 하느님의 전시안全視眼을 상징하는 메이슨의 눈Masonic Eye과 더불어 하트를 주된 비술적 상징으로 삼았다. 하트가 폭넓은 의미로 사랑을 — 특히, 형제애를 — 나타낸 것은 놀랄 일이 아니다. 프리메이슨 단원은 동료 단원과 끈끈

그림 28_ 작자 미상. 19세기 오드펠로스 회관에 있던 손 안의 심장. 나무 조각에 채색, 개인 소장. © Aarne Anton.

한 유대 관계를 맺고 곤궁한 이에게 자선을 베푸는 것이 권장되었는데, 이는 오늘날까지도 여러 방식으로 이어지고 있다.

미국 고유의 단체인 오드펠로스회Independent Order of Odd Fellows는 손 안의 심장을 공식 상징물로 채택했다. 오드펠로스는 프리메이슨과 마찬가지로 남성으로만 이뤄졌으며 형제애, 상호 부조, 기독교 가치 등의 원칙을 바탕으로 삼았다. 나무 막대기에 조각되거나 직물에 수놓아진 손 안의 심장 모티프는 "손이 무엇을 하든 심장이 함께 해야 한다"라는 신조를 나타낸다. 달리 말하자면 손은 심장의 인도를 받아야 한다는 것이다.

마찬가지로 18세기에 잉글랜드에서 아메리카 북동부로 이주한 종파 셰이커교도도 손 안의 심장 상징을 중시했다. 이것은 창시자 머더 앤 리Mother Ann Lee의 말을 따른 것이다. "손을 일에 두고 심장을 하느님께 두라." 노동 윤리, 청결, 소박한 삶으로 잘 알려진 셰이커교도는 19세기에 가구 등의 물건을 제조하기 시작했는데, 이 제품들의 단아한 디자인은 미국의 양식에 오래도록 영향을 미쳤다. 셰이커교도는 개인적으로 황홀경의 환상을 그림으로 남겼으며, 이는 깨알 같은 글자와 (수많은 심장을 비롯한) 다양한 상징물로 이루어졌다. 셰이커교 여자들이 성경 구절에서 (머더 앤 리의 해석에 따른) 영감을 받아 쓴 이 복잡한 문서를 읽으려면 인내심과 좋은 시력이 필요하다. 이를테면 1849년에 제작된 한 '영혼 그림'에서는 심장의 윤곽선 안에 이런 말이 쓰여 있다. "내 보물은 이 땅에 있지 않고 저 멀리 천국에 있네. 시간만 지난다고 찾을 수 있는 게 아니지. 이 땅의 일을 끝내면 기쁘게 날아올라 나 어릴 때 나를 살피신

성인들의 품에 안기리. 그분들이 날 사랑하고 내가 그분들을 사랑하고 무엇도 우리를 갈라놓을 수 없으니."

심장, 꽃, 나뭇잎, 포도 넝쿨, 나무, 깃털, 새, 사과, 달, 해, 두루마리, 리라, 집, 컵, 눈, 얼굴 등으로 가득한 셰이커교도의 독특한 그림은 초자연적 원천에서 비롯한 것으로 간주되었으며 그들은 이것을 스스로 간직하거나 동료 교인에게 선물로 줬다. 이 관습은 1850년대에 사라졌지만, 몇 백 점의 작품이 살아남았으며 일부는 셰이커교 박물관과 전시관에서 찾아볼 수 있다.

아메리카의 또 다른 종파인 예수 그리스도 후기성도 교회(모르몬교)도 심장을 도상으로 받아들였다. 심장에 대한 관심은 성경에 기록된 선지자 엘리야의 예언에서 비롯했다. "그가 아버지의 마음을 자녀에게로 돌이키게 하고 자녀들의 마음을 그들의 아버지에게로 돌이키게 하리라."(《말라기》 4장 6절) 모르몬교의 그림은 사랑의 상징인 심장을 가부장적 권위의 상징인 열쇠와 짝지었다. 아버지의 심장과 자녀의 심장이 가족을 연결한다는 관점에서는 어머니의 역할이 무시될 수밖에 없었다.

19세기 아메리카 민속 미술에서는 심장 모티프를 어느 때보다 열렬히 받아들였다. 그들은 머핀 틀에서 쿠키 틀, 버터 틀, 모자 보관함, 코담뱃갑, 유품함, 바늘겨레, 거울 틀, 금속제 받침, 자물쇠 등 온갖 물건을 심장 모양으로 만들었으며 혼수함과 찬장에 심장을 그리고, 요람과 의자 등받이에 심장을 조각하고, 사기 물병에 심장을 새기고, 유리에 심장을 찍고, 퀼트에 심장을 꿰매고, 러그에 심장을 짰다. 말의 굴레에도 심장을 수놓았다(지금도 마찬가지다).

버지니아와 노스캐롤라이나에 사는 신부는 심장으로 장식된 바구니를 집 안 열쇠를 넣는 함으로 받기도 했다. 이것은 신부가 안주인이나 열쇠 주인이라는 새로운 신분을 얻게 되었음을 의미하는 특별한 선물이었다. 이 작은 바구니는 대개 소가죽이나 돼지가죽으로 만들며 평생 쓸 수 있을 만큼 질겼다. 요즘도 이따금 경매에 나오는데 1~2만 달러는 족히 받는다.

많은 심장은 우정, 그중에서도 여자들의 우정을 표현했는데, 19세기 아메리카 문화에서는 여자들의 우정이 낭만적 사랑 못지않게 큰 가치를 지녔다. 사랑의 감정을 나타내는 심장은 일기장, 비망록, 초대장, 연하장, (물론) 밸런타인데이 카드에서도 찾아볼 수 있었다.

19세기 아메리카에서는 공동묘지에도 심장이 등장하기 시작했다(망자의 종교, 민족, 매장 장소에 따라 다르긴 했지만). 서부 주 중에서도 캘리포니아에서는 (특히 부부의) 묘석에 심장 모티프를 즐겨 썼다. 샌타로사 공원묘지에서는 두 개의 심장이 플로러 버크매스터와 조지 버크매스터의 묘지를 장식했으며 하나의 심장이 M. J. 바우어와 캐서린 바우어의 삶을 기념한다. 몇 해 전에 미국 공동묘지에 대한 책을 쓰려고 사진가인 아들 리드와 미국을 횡단하다가 캘리포니아 콜마에서 그리스계 미국인의 묘석을 발견했는데, 거기에는 당시의 많은 가족에게 흔했던 가슴 아픈 이야기가 쓰여 있었다. 어머니, 아버지, 군인 아들이 한자리에 묻혔는데, 아들은 2차대전에 참전했다 스물여섯의 나이로 목숨을 잃었다. 세 사람의 이름은 모두 하트로 둘러싸여 있었다.

　미국인들은 아주 오랫동안 심장을 애지중지했다. 식민지 시대부터 지금까지, 민주 사회에 걸맞은 모든 물건을 심장으로 장식했으니 말이다. 심장은 더는 엘리트의 전유물이 아닌 만인의 소유다. 우리는 사랑에서 상실에 이르는 가장 내밀한 감정을 심장에 빗대어 표현한다. 불운이 닥쳤을 때 심장은 우리의 쓰라린 가슴과 상대방에 대한 연민을 나타낸다. 하지만 하트 아이콘이 탄생한 중세와 마찬가지로 대부분의 심장은 말로 표현할 수 없는 로맨스의 매혹을 상징하며 1800년경 이후로 사랑이 배우자 선택의 일차적 기준이어야 한다는 통념을 구체화한다.

그림 29_ 리드 옐롬, 〈세 개의 심장이 있는 묘석〉, 그리스계 공동묘지. 캘리포니아 주 콜마, 2008. 디지털 인화.

17장

하트와
손

이 반지로 그대와 결혼하고
나의 몸으로 그대를 섬기고
나의 모든 세상 재물을 그대에게 드립니다.

— 성공회 기도서

"심장을 동반하지 않고서는 결코 손을 내어줄 수 없었어."

이 말은 1820년에 일라이자 채플린Eliza Chaplin이라는 젊은 미국인 여인이 친구에게 쓴 글이다. 일라이자는 '심장과 손'의 의미를 설명할 필요가 없었다. 당시 아메리카에서는 '심장'이 사랑을 뜻하고 '손'이 결혼을 뜻한다는 사실을 누구나 알았기 때문이다. 유사 이래 심장 모티프는 수많은 변형을 겪었지만 19세기 서구에서는 '심장'이 행복한 결혼에서 무시할 수 없는 요소라는 통념이 출현했다.

일라이자 채플린의 말을 곱씹어보자. 요즘이야 평범하게 들리겠지만 ── 이 책에서 살펴본 역사를 감안하면 놀랄 일도 아니다 ── 왜 서양에서는 '손'이 결혼을 나타낼까? 이 물음에 답하려면 고대 로마로 거슬러 올라가야 한다. 당시에는 결혼식 때 신부 들러리

pronuba가 신랑의 오른손과 신부의 오른손을 맞잡게 했으며 신부는 평생 손가락에서 빼지 않을 결혼반지를 받았다. 이따금 반지 자체에 맞잡은 손을 새기기도 했는데, 이는 결혼 계약을 나타낸다.

결혼을 상징하는 손은 심지어 법률에도 도입되었다. 고대 로마에는 두 종류의 결혼이 있었는데, 하나는 '쿰 마누cum manu' 결혼이고 다른 하나는 '시네 마누sine manu' 결혼이다(문자 그대로 '손이 있는'과 '손이 없는'을 뜻한다). 전자는 여성이 남편 가문의 일원이 되어 남편의 권위에 복종한다는 뜻이며 후자는 여성이 결혼 이후에도 친정아버지의 후견하에 머물러 있으면서 혼전 상속권을 간직한다는 뜻이다. 결혼의 두 가지 형태는 사라졌지만 로마법을 계승한 서양인들은 결혼을 상징하는 손을 2,000년 넘도록 고수했다. 맞잡은 두 손 그림은 조화로운 결합의 상징이 되었으며, 14세기 독일 유대인의 결혼반지에 주조되고 16세기 이탈리아 마욜리카 접시 한가운데 그려지고 19세기 아메리카 묘석에 새겨졌다.

맞잡은 손의 더 구체적인 형태는 잉글랜드에서 18세기 중엽까지 — 스코틀랜드에서는 20세기까지 — 행하던 약혼식인 '핸드패스팅handfasting' 전통에서 찾아볼 수 있다. 이 의식은 주로 야외에서 진행되었는데, 두 사람은 서로 손을 잡고서 상대방을 배우자로 받아들인다고 선언했다. 이것은 증인이 있든 없든 유효한 계약이었으며 많은 이들에게는 결혼과 진배없었다. 대개 6개월 안에 정식 결혼식을 했는데, 그때가 되면 상당수(20~30퍼센트) 신부는 이미 임신해 있었다.

교회에서도 비슷한 의식이 실시되었다. 1552년 성공회 기도서에

서는 신부와 신랑이 결혼식 내내 손을 잡고 있어야 한다고 명시했
다. 손을 풀어도 되는 건 "남자가 여자의 왼손 네 번째 손가락에 반
지를 끼울 때"뿐이다. 남자는 반지를 들고 이렇게 말한다. "이 반
지로 그대와 결혼하고 나의 몸으로 그대를 섬기고 나의 모든 세상
재물을 그대에게 드립니다." 요즘 결혼식에서 읊어도 감동적일 만
한 아름다운 문구다!

그런데 일라이자 채플린은 왜 심장 없이는 손을 주지 않겠다는 결
심을 말로 표현해야겠다고 생각했을까? 그것은 역사를 통틀어 사
랑이 결혼의 전제 조건인 시기는 얼마 되지 않았기 때문이다. 대부
분의 시대, 대부분의 지역에서는 혼맥, 재산, 신분, 종교가 사랑보
다 훨씬 중요했다. 로마에서는 신부의 아버지가 결혼을 주관했으
며 신부는 결혼식 전에 사랑에 빠질 기회를 얻지 못했다. 하지만
결혼이 법적 효력을 거두려면 부모뿐 아니라 신부도 결혼에 동의
해야 했다. 결혼의 주목적은 자녀를 생산하는 것이다. 부부가 서로
에게 애정을 느낀다면 더할 나위 없었지만, 그러지 않았다면 — 남
편이 결혼 생활에 만족하지 못할 이유를 찾았다면 — 이혼은 비교
적 쉬웠다(적어도 남성에게는). 하지만 여성은 이혼을 요구할 수 없
었다.
　중세에는 결혼에 대한 가톨릭교회의 관할권이 점차 커졌다.
1181년에 결혼식이 성례로 규정된 뒤에 일부일처제, 불가분리성,
족외혼과 더불어 상호 합의가 결혼의 요건이 되었다. 물론 상호 합
의는 결코 사랑에 못 미쳤다. 마리 드 샹파뉴의 궁정에서 보았듯

귀족 구성원 간에 부부의 사랑이 존재할 가능성은 매우 희박했다. 물론 범위를 넓혀서 중세 유럽 전체가 그런 식이었다고 성급하게 일반화할 수는 없다. 하지만 평생에 걸친 중세 연구를 바탕으로 감히 말하건대 대부분의 결혼은 정략결혼이었으며 서로에 대한 끌림은 부부 관계 맺기를 결정하기 위한 첫 번째 요인이 아니었다(심지어 마지막 요인도 아니었다).

사랑이 결혼의 주춧돌이 된 것은 정확히 언제일까? 1600년경부터 사랑에서 비롯한 결합이 소수이지만 점차 늘기 시작했다. 잉글랜드에서는 이 새로운 추세가 종교개혁과 관계가 있었다. 성공회 성직자들은 동반자로서의 애정, 상호 뒷받침, 그리고 (물론) 자식 생산에 더해 부부애의 기쁨을 강조하기 시작했다. 세속적 영역에서는 셰익스피어 연극이 남녀의 열정적 욕망에 목소리를 부여했다. 이들은 관능적 사랑을 무엇보다 중시했으며 부모의 노여움을 무릅쓰고 원하는 짝을 선택하기도 했다. 두 세기 뒤의 일라이자 채플린과 마찬가지로 셰익스피어는 만족스러운 결합을 이루려면 심장과 손이 둘 다 필요함을 알아차렸다. 줄리엣은 로미오와의 결혼식 주례를 선 사제에게 단호하고 만족스럽게 말한다. "하느님은 우리 마음, 신부님은 우리 손을 맺으셨어요."(《셰익스피어 전집》, 713쪽)

반종교개혁 시기의 가톨릭교회조차도 결혼에서 사랑을 강조하는 방안을 고려했다. 불행한 결혼 생활을 하는 사람들이 압박을 가하자 교회는 혼인법의 일부 조항을 완화했다. 16세기 후반과 17세기 초반의 법률 기록을 보면 배우자 한쪽 또는 양쪽이 당사자의 동의 없이 가문의 강요에 의해 결혼했다는 근거를 제시하여 불행한 결혼을 무효화한 사례를 찾아볼 수 있다. 혼인 무효 청원은 이런 문구로 시작했다. "입으로는 예라고 말하되 심장으로는 그러지 않았습니다." 이 말은 심장의 동의만이 결혼에 효력을 부여한다는 뜻이었다.

몰리에르를 비롯한 17세기 프랑스 희곡과 《클러리사 할로》 등의 18세기 영국 소설은 자녀의 연애결혼을 부모가 여전히 반대하고 있었음을 보여준다. 하지만 18세기 말이 되자 사랑은 결혼에서 가장 중요한 고려 사항이 되었다(물론 사회경제적 고려도 중요하게 작용했지만). 이 추세는 영국 신문에 실린 '외로운 심장Lonely Hearts' 광고에서 확인할 수 있다.

1695년에 발표된 (알려진) 최초의 광고들에는 (대부분 부자인) 깐깐한 신사가 요구하는 여성적 특징이 나열되었다. 초기 광고들은 단도직입적으로 "재산이 3,000파운드가량" 되는 아내를 찾았다. 이 광고가 지나치게 속물적으로 느껴진다면, 당시에 개인의 재산이 공공연한 정보였으며 신문에서는 종종 결혼 알림 말미에 신부의 지참금 액수를 밝혔음을 기억하시길. 하지만 18세기 중엽부터는 감상적 소설을 본보기 삼아 낭만적 사랑이 실용적 판단보다 강조되었다. 18세기 후반에는 남성이 신붓감을 구하는 광고에서 다정다감한 심장을 가진 여인을 찾는 경우가 점차 늘었다. 다정다감함은 여성스러운 속성으로 간주되었지만, 일부 남자들도 자신의 심장이 "애정과 분별과 섬세함으로 가득"하다고 묘사했다.

외로운 심장 광고가 처음 발표된 1700년경에 아일랜드인들은 심장과 손을 함께 묘사한 클라다 상징을 결혼반지와 약혼반지에 썼다. 골웨이 인근 어촌 클라다에서 제작되는 클라다 반지는 왕관을 쓴 심장을 두 손으로 든 모습으로, 심장은 사랑을 상징하고 손은 우정을 상징하고 왕관은 정절을 상징한다. 런던 빅토리아 앤드 앨버트 박물관에는 법랑을 입힌 금으로 만든 초기 클라다 반지가 있는데, "1706년 3월 26일 더블리와 캐서린이 하나가 되다"라는 문구가 새겨져 있다. 클라다 반지는 19세기 들어 점차 인기를 끌었으며 오늘날에도 아일랜드에서 제작되고 있다.

클라다 상징은 반지, 귀고리, 펜던트, 크리스털 보석함 등 온갖 물건에 널리 쓰이고 있다. 가장 근사한 제품 중에는 클라다 심장과 켈트 영원의 매듭을 합친 유니섹스 결혼반지가 있는데, 이것은 영원한 사랑과 아일랜드 정체성을 동시에 나타낸다.

제인 오스틴Jane Austen의 소설 《오만과 편견Pride and Prejudice》(1813)의 주요 라이트모티프는 심장과 손이다. 이 책은 감상적 갈망을 불러일으켰고 잉글랜드 젠트리 계급의 새로운 결혼관을 제시했다. 유명한 첫 문장 — "재산이 많은 미혼 남성이라면 반드시 아내를 필요로 한다는 말은 널리 인정되는 진리이다"(《오만과 편견》, 열린책들, 2010, 14쪽) — 으로 시작하는 이 소설에서 오스틴은 금실이 좋지 않은 중년 부모와 혼기가 찬 다섯 딸로 이루어진 베넷 가족의 결혼에 대한 열망과 성공, 실패를 그린다. 이 책에서는 사람들이 결혼 전에 사랑에 빠지거나 (적어도) 서로 끌리는 것이 당연시되지만 돈과 사회적 지위도 배우자 선택에 중요하게 작용한다.

남자 주인공 다시가 엘리자베스 베넷에게 청혼하는 장면에서도 이를 엿볼 수 있다. 다시는 자신이 엘리자베스를 얼마나 존경하고 사랑하는지 털어놓자마자 "심장에서 우러나오는 말 말고도 다른 감정들"(220쪽)을 토로하고 싶다고 덧붙인다. 이 감정들은 주로 사회경제적 지위의 크나큰 격차에서 비롯한다(그는 어마어마한 부자에 귀족인 반면에 그녀는 변변찮은 처지다). 여기에다 그녀 가족의 문제도 있는데, 가족 중 일부, 그러니까 그녀의 어머니와 동생 리디아에게는 다시의 계급에 걸맞은 기품이 결여되었기 때문이다. 그럼에도 다시는 엘리자베스에게 청혼하면서 "그녀가 자신의 손을 받아들일" 것임을 확신한다.

물론 (제인 오스틴 애독자라면 누구나 알겠지만) 엘리자베스는 처음에는 그의 청혼을 거절한다. 그녀는 처음부터 그의 지독한 '오만'을 간파하며 그에 대한 '편견'으로 자신을 감싼다. 두 사람은 소설 끝에 가서야 마음 깊숙한 욕망을 인정한다(처음에는 자신에게, 나중에는 서로에게). 둘의 까칠한 로맨스가 펼쳐지는 와중에 우리는 몇몇 커플에게서 사랑에 대한 고려와 돈에 대한 고려가 주도권을 다투는 장면을 목격한다. 다시와 엘리자베스 커플과 마찬가지로 제인 베넷과 빙리 씨는 결국 심장의 명령을 따라 상호 간의 사랑 — 과 그의 재산 — 에 바탕을 둔 복된 결혼 생활을 시작한다. 하지만 엘리자베스의 절친한 친구 샬럿 루커스는 사랑의 허울을 쓰지 않고서 성직자 콜린스 씨의 손을 받아들이는데, 엘리자베스에게 그 이유를 이렇게 설명한다. "난 낭만적이지 못해. …… 난 그저 안락한

가정이 필요할 뿐이야."(147쪽) 두 사람의 결혼은 따분함을 견뎌야 하는 삶으로 이어진다. 그리고 경솔한 동생 리디아는 야비한 장교 위컴과 (처음에는 결혼을 전제하지 않고서) 눈이 맞는데, 다행히도 이 모부와 다시의 개입으로 망신을 면한다. 리디아는 부모가 육체적 매력에만 끌려 결혼했다가 금세 서로에게 실망한 것을 보고도 교훈을 얻지 못했다.

그렇다면 성공적 결혼에 대한 제인 오스틴의 판단 기준은 무엇일까? 남녀가 결혼식에서 손을 맞잡을 때 사랑이 깃든 심장이 관여해야 하는 것은 분명하지만, 심장만으로는 충분하지 않다. 다시의 친구 피츠윌리엄 대령이 직설적으로 말한다. "나와 같은 신분을 가진 사람들 가운데 돈에 신경을 쓰지 않고 결혼할 만한 여유가 있는 사람은 그리 많지 않습니다."(213쪽) 심지어 사랑과 돈으로도 오스틴의 주인공들이 열망하는 조화로운 결혼을 달성하는 데는 부족할 수 있다. 그녀의 커플 중에서 가장 화목한 사람들은 지성, 재치, 다정함, 공감, 서로에 대한 존중 같은 성품을 갖췄다.

오스틴은 사랑이라는 감정이 "정확히 뭐라 정의할 수는 없"(303쪽)으며 행복한 결혼의 토대인 것 못지않게 길을 잘못 들게 하기도 쉬움을 인정한다. 사랑을 경계하는 오스틴은 낭만적인 작가가 아니다. 하지만 그녀의 모든 소설에서 사랑은 ─ 적어도 (사랑보다 약한 감정인) 호감은 ─ 결혼에 이르는 길에서 주된 역할을 한다. 오스틴의 여주인공들은 손을 줄 때 심장을 함께 준다. 남편이 자신들의 감상적 갈망과 물질적 필요를 **둘 다** 만족시켜주길 바라는 것이다. 하지만 결혼 뒤에 무슨 일이 일어나는지는 알기 힘들다. 오스틴의 시대 이후로 많은 영국 소설이 그러듯 그녀의 소설도 대체로 결혼과 함께 끝나기 때문이다.

필딩과 리처드슨을 비롯한 17세기 영국의 주요 작가들은 남성적 관점에서 유혹의 소설을 썼다. 하지만 제인 오스틴과 그녀의 여성 동시대인들을 시작으로 여성이 로맨스와 결혼에 대해 쓴 소설들이 영국 문학의 전면으로 나섰다. 19세기 후반에는 샬럿 브론테, 에밀리 브론테, 조지 엘리엇이 디킨스, 트롤럽, 새커리와 어깨를 나란히 했다. 이 여성 작가들 덕에 독서 대중은 손뿐 아니라 심장에도 관심을 두게 되었다. 남자들이야 독신으로 살 수 있다지만 대부분의 여자들은 남편이 있어야만 사회적 지위와 보호막을 누릴 수 있었기 때문이다. 대다수 여자들에게 결혼이란 단지 여러 선택지 중 하나가 아니었다. 유일한 선택지였다. 결혼하지 않는 여성은 부유한 가문 출신이 아닌 한 금전적으로 쪼들리고 사회적으로 소외될 각오를 해야 했다. 설령 좋은 가문 출신이어도 저녁 식탁에서 맨 끝자리로 내몰렸다. 심지어 결혼을 하더라도 영국과 미국의 아내들은 가정에서 동등한 관계를 누리지 못했다.

무엇보다 아내에게는 법적으로 아무런 권리가 없었다. 잉글랜드와 아메리카 혼인법의 기초를 닦은 윌리엄 블랙스톤 경Sir William Blackstone의 《영국법 주해Commentaries on the Laws of England》에서는 이렇게 설명한다. "남편과 아내는 법적으로 한 사람이다. 즉, 여성의 존재 자체, 또는 여성의 법적 존재는 결혼 때까지 유예되거나 적어도 남편의 존재에 통합된다." 이런 속담이 있다. "남편과 아내는 한 사람이다. 그런데 그 사람은 남편이다."

부부 재산의 소유권에 대해서도 법률은 단호했다. "여성의 개인적 재산은 결혼으로 인해 절대적으로 남편 소유가 된다." 여기에는 여성이 결혼 전에 소유한 재산과 결혼 뒤에 벌어들인 재산이 모두 포함되었다. 자녀의 법적 양육권도 아버지에게 귀속했다. 남편을 잃은 여성은 '공유 부동산jointure'을 받았는데, 이것은 남편이 소유한 부동산의 3분의 1이었다. 여성이 결혼을 수락한다는 것은 말 그대로 자신의 전부를 타인에게 내맡긴다는 뜻이었다. 물론 사랑이 법적 구속을 느슨하게 하고 서로에 대한 배려심을 불어넣어 부부가 자신들을 (샬럿 브론테의 제인 에어가 결혼한 지 10년 만에 말했듯) "대단히 축복받은 사람"(《제인 에어(하)》, 열린책들, 2011, 349쪽)으로 여길 수도 있었지만.

결혼을 좌우하는 손은 남편의 손이었지만 ─ 심지어 남편에게는 '적당한 교정moderate correction'을 명목으로 아내를 때릴 권리까지 있었다 ─ 심장은 점차 아내 몫이 되었다. 남녀가 각각 손과 심장의 영향을 받는다는 원리는 테니슨의 19세기 시 〈공주The Princess〉에서 뚜렷이 드러난다.

남자의 처소는 들판이요 여자의 처소는 난롯가라네.
남자의 연장은 칼이요 여자의 연장은 바늘이라네.
남자의 장기는 머리요 여자의 장기는 심장이라네.
남자의 본분은 명령이요 여자의 본분은 복종이라네.

그러지 않으면 혼란뿐.

'남성적' 뇌가 '여성적' 심장에 권위를 행사하는 이 성차별적 이분법은 17세기에 나타난 뇌와 심장의 간극을 더 벌렸다. 테니슨 같은 빅토리아 시대 사상가와 작가는 낭만주의의 과잉 이후에 전통적 규범을 재확립하려고 애썼다. 낭만주의는 19세기 초에 등장한 문화 운동으로, 당시의 사회 질서를 통째로 뒤흔들었다.

18장

낭만주의,
또는
심장의
지배

그대는 어떤 심장을 배반했는가,

그대는 어떤 심장을 잃었는가.

— 빈센초 벨리니·펠리체 로마니, 〈노르마〉

책을 쓰면서 생각을 명료화하고 의도를 구체화하다 보면 뜻밖의 사건이 일어나기도 한다. 2016년 가을 내게도 그런 사건이 일어났다. 파리에서 오페라를 보고 싶어서 벨리니의 〈노르마Norma〉를 관람했을 때였다. 거장 체칠리아 바르톨리Cecilia Bartoli가 이끄는 앙상블은 열정적 심장 안에서 꿈틀대는 격렬한 감정들에 목소리를 부여했다. 〈노르마〉에서 표현된, 주로 관능적이면서도 모성애적이고 부성애적이고 자매애적이고 형제애적이고 민족주의적이고 복수심에 불타는 격한 감정을 불러일으킬 수 있는 것은 낭만주의에 물든 작가뿐이었다.

작곡가 빈첸초 벨리니Vincenzo Bellini와 작사가 펠리체 로마니Felice Romani는 이탈리아인이었지만 〈노르마〉에 생동감을 불어넣은 정신

— 감정의 우위에 대한 확고한 믿음 — 은 범유럽적 현상이었다. 18세기 후반부터 19세기 전반까지 루소, 청년 괴테와 노발리스, 워즈워스, 콜리지, 키츠, 셸리, 바이런, 알퐁스 드 라마르틴, 빅토르 위고, 조르주 상드, 테오필 고티에, 알렉상드르 뒤마, 알프레드 드 뮈세를 비롯한 작가들은 계몽주의적 이성에 등을 돌리고 감정을, 무엇보다 사랑을 무작정 끌어안았다. 빅토르 위고가 희곡 〈에르나니Hernani〉를 통해 낭만파를 엄연한 세력으로 규합한 이듬해인 1831년 파리에서 〈노르마〉가 초연된 것은 놀랄 일이 아니다.

나는 〈노르마〉를 보고 들으면서 무대 위에서 분출되는 감정의 폭포에 휩쓸렸다. 극장에서 좀처럼 겪어보지 못한 감정들이 가슴 속으로 밀려들어 끊임없이 눈물을 쏟게 했다. 휴식 시간에, 또한 공연이 끝났을 때 나의 프랑스 친구들과 나는 이 경험이 '압도적 bouleversant'이었다는 데 의견을 같이했다. 이 오페라에서 가장 격정적인 순간에 '심장'을 뜻하는 이탈리아어 '코르cor'가 음악을 뚫고 똑똑히 들렸다.

나중에 대본을 읽어보니 '심장'은 주요 등장인물 각각에게 핵심적인 단어였다. 〈노르마〉의 무대는 로마 군대에 점령당한 갈리아다. 이곳은 신비주의 종교인 드루이드교를 믿는다. 로마인 주인공 폴리오네는 처음에는 친구 플라비우스에게 자신이 드루이드교 최고 여사제 노르마를 더는 사랑하지 않는다고 말한다. 그에 따르면 노르마는 "내 심장을 얼리는 이름"이다. 그녀가 자신의 연인이었으며 그와의 사이에서 남몰래 두 아이를 낳았음에도 플라비우스는 그녀에게 했던 약속을 저버린다. 그가 사랑하는 사람은 처녀 여사제 아달지사다.

드루이드교도들이 폴리오네와 로마 군대를 공격하자고 재촉하자 노르마는 그들을 진정시키면서 이렇게 말한다. "나의 심장은 그를 처벌할 방법을 알지 못하는도다." 그에게 버림받았음을 직감한 그녀는 "내가 그대에게 나의 심장을 바쳤을 때"를 회상한다.

어린 여사제 아달지사도 무대에 오르자마자 심장을 입에 올린다. 그녀의 심장은 폴리오네를 처음 본 순간 그에게 사로잡혔다. 이제 그가 나타나길 기다리면서 그녀의 심장은 그의 '카로 아스페토caro aspetto'(사랑스러운 용모)와 '카라 보체cara voce'(사랑스러운 목소리)를 생각하며 기쁨에 젖는다. 그리하여 세 주인공은 세 개의 서로 다른 심장을 내놓는데, 각 심장은 사랑에 불타며 서로 대립한다.

이쯤 되면 독자들은 내가 〈노르마〉를 놓고 왜 이렇게 호들갑을 떠는지 궁금할 것이다. 음악을 들려드릴 수 없으니 이 오페라의 강렬한 감흥을 어떻게 전달해야 할지 막막하다. (T. S. 엘리엇T. S. Eliot의 〈스위니 아고니스테스Fragment of an Agon〉의 한 구절을 빌리자면) "당신들에게 얘기하려면 말을 쓰지 않을 수 없"(《T. S. 엘리엇 전집》, 동국대학교 출판부, 2001, 100쪽)으므로, 왜 〈노르마〉가 사랑이 깃든 심장의 역사에서 한 정점을 대표하는지 설명해보도록 하겠다.

폴리오네는 아달지사가 여사제로서의 처녀 서원을 어기도록 하려고 그녀의 심장에 호소한다. "그대의 심장이 내게 자신을 내어주었소." "그대의 심장에서 이야기하는 목소리가 들리지 않소?" 그는 그녀가 느끼는 사랑이 종교적 소명보다 더 신성하다고 그녀를 설득하려 한다.

아달지사는 팽팽한 아이러니가 느껴지는 장면에서 자신의 감정을 최고 여사제 노르마에게 털어놓고는 그녀에게 멘토의 조언을 청한다. "제 심장으로부터 저를 구해주세요." 아달지사의 사연에서 자신의 사연을 발견한 노르마는 처음에는 공감하나 이내 아달지사가 욕망하는 연인이 다름 아닌 폴리오네임을 알게 된다. 그러자 노르마는 격정을 이기지 못하고 이렇게 탄식한다. "그가 내 심장을 속였듯 그 불경한 심장이 네 심장과 내 심장을 둘 다 배신했구나."

벨리니와 로마니만 못한 예술가라면 두 여인이 질투심을 폭발시키는 쪽으로 플롯을 짰을지도 모르겠다. 역사를 통틀어 남자들은 두 여인을 서로 적대하는 끔찍한 라이벌로 그리지 않았던가. 하지만 〈노르마〉는 평범한 삼각관계에 빠지지 않는다. 노르마와 아달지사는 필리오네라는 적에게 맞서 손잡는다. 두 사람은 서로를 자매 영혼으로 여기고 치욕스러운 운명에 맞서 싸우겠노라 맹세한다. 둘은 이렇게 노래한다. "그대의 심장이 내 심장에서 느껴질 때까지 머리를 높이 들리." (남자와 여자가 아니라) 두 여인이 서로의 심장 박동을 노래하는 이 장면은 경이로운 오페라적 순간이다. 낭만주의적 심장은 이성애에서 자매애로 확장된다.

그뿐만이 아니다. 이어지는 장면에서 갈리아 저항군은 자신들의 심장이 로마인 압제자들을 향한 분노로 가득 찼으며 복수의 때가 올 때까지 분노를 억제해야 한다고 노래한다. 사랑의 처소인 심장은 상황이 요구할 때는 미움과 노여움을 담기도 한다. 인간의 심장은 분출하려고 다투며 부글거리는 감정들의 온상이다.

이 갈등이 해소되는 방식은 마지막 장을 밀어붙이는 힘이다. 노르마가 폴리오네 앞에서 이렇게 노래하는 장면은 그녀에게 가장 비극적인 순간이다. "그대는 어떤 심장을 배반했는가, 그대는 어떤 심장을 잃었는가." 그녀는 자신을 자신의 심장과 완전히 동일시한다. 심장이 곧 그녀다. 노르마가 갈리아인들에게 자신의 반역죄를 고백할 때 폴리오네는 이 '고귀한 여인'의 가치를 깨닫고 후회한다. 하지만 갈리아인들은 폴리오네와 노르마를 처형한다.

낭만주의는 심장을 사랑과 진리의 궁극적 보금자리로 우러러본 운동이었다. 심장에 대한 믿음은 19세기 전반에 수많은 남녀의 신조가 되었으며 오페라, 연극, 시, 소설, 열정적 행동 등 다양한 형태로 나타났다.

시인 바이런 경Lord Byron은 생애와 작품을 통틀어 자신과 심장의 복잡한 관계에 천착했다. 그가 1810년 그리스에서 젊은 처녀와 사랑에 빠져 쓴 시는 널리 인용된다.

아테네의 아가씨여, 우리 헤어지기 전에
주오, 오, 내 마음을 돌려주오!
아니, 내 마음이 이미 내 가슴을 떠났으니
이젠 그것을 간직해주오, 그리고 그 나머지도 가져가주오!
《바이런 시선》, 지식을만드는지식, 2015, 29쪽.

미국 학생들에게 친숙한 이 감미로운 시는 시인의 심장이 사랑의 포로가 되었다는 관습적 비유를 동원한다. 또 다른 유명한 시 〈그녀는 아름답게 걷는다네^{She Walks in Beauty, / like the night}〉에서 바이런 은 자신의 심장이 아니라 **그녀**의 순진무구한 심장을 노래한다.

아주 부드럽고, 아주 고요하지만 웅변적인

저 뺨에서, 저 이마에서,

사람의 마음을 사로잡는 저 미소, 환하게 빛나는 밝은 빛은

그녀가 좋은 시절을 보냈음을 말해주고,

그 아래에 놓인 마음이 평화로움을,

그 아래에 놓인 심장이 사랑에 있어 순진함을 말해준다네. (7쪽)

하지만 이탈리아에 체류중이던 1817년에 쓴 〈우리는 이제 더 이 상 방황하지 않으리^{We'll go no more a-roving}〉에서 보듯 그 자신의 심장은 너무 많은 사랑으로 지쳐갔다.

이렇게 밤늦도록

우리는 이제 더 이상 방황하지 않으리.

마음은 여전히 사랑에 불타고 있고,

달은 여전히 밝게 빛나고 있지만.

왜냐하면 칼은 칼집을 닳아 해지게 하고,

영혼은 가슴을 닳아 해지게 하니,

마음도 숨 돌리기 위해 쉬어야 하고,

사랑 그 자체도 쉬어야 하기에.

비록 밤은 사랑을 위해 만들어졌고,
낮이 너무 빨리 돌아온다 해도,
우리는 달빛을 받으며
이제 더 이상 방황하지 않으리. (20쪽)

이 시기에 바이런은 여자와 남자를 가리지 않고 염문을 뿌려 지금까지도 악명을 떨친다. 하지만 그의 천재성은 누구도 부정할 수 없었다. 위대한 풍자시 〈돈 주앙Don Juan〉이 발표되자 어떤 사람들은 그를 구제 불능으로 낙인찍은 반면에 어떤 사람들은 그를 낭만주의의 거장으로 칭송했다. 월터 스콧 경Sir Walter Scott은 바이런이 "인간 삶의 모든 주제를 끌어안았으며 가장 여린 음에서 가장 힘차고 경이로운 음에 이르기까지 거룩한 하프의 모든 줄을 소리냈"다고 평했다.

스콧은 심장 문학을 평가하기에 제격인 위치에 있었다. 1814년부터 1832년까지 쓴 그의 웨이벌리 소설들에서는 중세와 스코틀랜드 역사를 배경으로 사랑 이야기가 펼쳐졌으며 그중 열여섯 편은 오페라로 각색되었다. 가장 유명한 작품인 《래머무어의 신부The Bride of Lammermoor》는 루시 애시턴과 에드거 레이븐우드가 남몰래 반지를 교환하며 결혼을 맹세하나 가족 때문에 어려움을 겪는 이야기다. 약혼을 깨고 부유한 아서 버클로 경과 결혼하라는 압박에 시달리

던 루시는 깊은 우울에 빠진다. 그녀는 첫날밤에 정신이 나가 신랑을 찌르고 자기도 죽는다.

이 소설은 오늘날 도니제티Gaetano Donizetti의 비극 오페라 〈람메르무어의 루차Lucia di Lammermoor〉(이하 〈루차〉)로 더 유명하다. 〈루차〉는 1835년에 초연되었는데, 그 덕에 도니제티는 단숨에 이탈리아 최고의 '벨 칸토bel canto' 작곡가로 등극했다. 〈루차〉의 심장 이미지는 벨리니의 〈노르마〉만큼 강렬하지는 않지만, 두 연인은 언제나 심장에 빗대어 사랑을 표현한다. 에드가르도는 루차 집안에 대한 오랜 분노를 토로한 뒤에 그녀에게 말한다. "하지만 그대를 보자 또다른 감정이 / 심장에서 솟아올라 분노가 달아났소." 루차는 이렇게 화답한다. "사랑 이외의 다른 감정은 / 심장에서 전부 버리세요." 심장은 여전히 사랑의 처소로 존경받았으나 분노로 불탈 수도 있었다.

사랑이 깃든 심장과 분노가 깃든 심장의 대비는 〈루차〉의 기본 갈등 요소로, 루차가 남편을 살해한 뒤 무대에 오르는 광기 어린 장면에서 불쑥 드러난다. (조앤 서덜랜드Joan Sutherland와 마리아 칼라스Maria Callas를 비롯한) 최고의 소프라노 오페라 가수들이 연기한 이 장면을 보면 '사랑의 광기'라는 표현이 실감 난다. 현실에서 신경 쇠약은 여러 복잡한 생물학적 원인으로 인해 발생하며 정신과 진단 편람에서 '사랑의 광기'를 찾아볼 수는 없겠지만, 문학과 오페라, 미술에서는 '미친 사랑'과 '무너진 가슴' 같은 추상적 표현이 우리가 보고 만질 수 있을 만큼 생생하게 묘사된다.

19세기 초 유럽에서 심장이 가장 열렬한 주총자를 거느린 곳은 프랑스였으니, 부르주아 사회를 겨냥한 시, 드라마, 소설, 기행奇行은 낭만주의 이상의 경연장이었다. 빅토르 위고는 1820년대와 1830년대에 다섯 권의 시집으로 대담하고 새로운 목소리를 사랑의 연대기에 선포하여 명성을 얻었다. 그는 쥘리에트 드루에Juliette Drouet에게 보낸 편지에 "사랑하는 것이 사는 것보다 낫습니다Aimer, c'est plus que vivre"라고 썼다. 그녀는 50년간 그의 정부情婦로 살아간다. 물론 정부 때문에 위고가 아내 아델과 자녀들을 버리는 일은 일어나지 않았다. 그는 가족을 나름의 방식으로 사랑했으며, 19세기 프랑스에서 가장 유명한 작가였으니 그러고도 무사했다.

심지어 19세기 프랑스에서 두 번째로 유명한 작가도 — 여자였다 — 심장의 영역에서 파격적인 삶을 살 수 있었다. 조르주 상드라는 필명을 쓴 오로르 뒤팽 뒤드방Aurore Dupin Dudevant은 1830년대 낭만주의 소설가로 성공을 거두었는데, (특히 남편과 헤어진 뒤에) 심장의 욕망을 따라 살았다. 그녀의 연인으로는 프랑스의 시인 알프레드 드 뮈세, 폴란드의 작곡가 프레데릭 쇼팽이 있었다. 두 사람은 그녀보다 여섯 살 어렸는데, 이는 연상 여인이 연하 애인을 사귀는 프랑스의 전통을 따른 것이었다.

상드의 허구적 세계에는 두 종류의 사랑이 있었다. 하나는 관능적이고 세속적인 사랑이었으며 다른 하나는 영적이고 순수한 사랑이었다. 초기 소설 《앵디아나Indiana》에서 주인공 레몽은 한 여인을 "감각으로" 사랑하고 다른 여인을 "심장과 영혼을 다해" 사랑했다. 육체적 사랑과 정신적 사랑의 구분은 교부敎父들에게서 뿌리를 찾을 수 있으며, 19세기 이후까지 살아남았다. 《앵디아나》에서는 "심장과 영혼"으로 사랑하는 것을 감각만으로 사랑하는 것보다 높이 평가했다.

상드의 네 번째 소설 《렐리아Lélia》에서는 상황이 한결 복잡해졌다. 동명의 등장인물 렐리아는 금욕의 화신이었으나, 이것은 단지 처음에 숭배한 남자에게 환멸을 느꼈기 때문이었다. 헤어진 지 오래인 동생 퓔셰리Pulchérie('육체적 아름다움'이라는 뜻)는 다른 길을 선택하여 매춘부의 삶을 살았다. 이야기가 진행되면서 두 여인 다 사랑의 수수께끼에 대해 만족스러운 답을 내놓지 못했음이 분명해진다. 심장을 제쳐두고 육체만 만족시키는 것은 사랑을 희화화하는 것이며 육체를 제쳐두고 "심장과 영혼"으로만 사랑하는 것은 기본적·생물학적 욕구를 무시하는 것이다. 상드는 자신의 삶과 마찬가지로 소설에서도 정신과 육체의 합일을 개인적 욕망의 차원까지 끌어올리고 낭만주의의 끈질긴 요구에 부응하고자 했다.

상드는 제인 오스틴보다 39년 뒤에, 샬럿 브론테보다 12년 먼저 태어났다. 세 사람 모두 여성적 관점에서 글을 썼으나, 프랑스의 상드와 잉글랜드의 두 작가 사이에는 뚜렷한 차이가 있다. 오스틴이 평생 결혼하지 않고 (의심할 여지없이) 처녀로 살았고 브론테가 서른여덟이라는 늦은 나이에 결혼하고 1년도 못 되어 죽은 것에 반해 상드는 이미 열여덟 살에 결혼했으며 그 뒤로도 대담한 연애 행각을 벌였다.

19세기 잉글랜드 소설은 결혼으로 끝나고 19세기 프랑스 소설은 결혼에서 시작한다는 말이 있다. 프랑스의 간통 이야기는 트리스탄과 이졸데, 랜슬롯과 귀네비어 같은 인물, 그리고 (아내와 정부, 오쟁이 진 남편의 삼각관계를 풍자한) 중세 **파블리오** fabliau로 거슬러 올라가는 오랜 역사가 있다. 프랑스인들은 혼외 연애를 곧잘 용납했으며 심지어 훈장으로 여기기도 했다. 하지만 12세기와 13세기 핀 아모르 로맨스를 제외하면(4장 참고) 여성의 불륜에는 관대하지 않았다. 따라서 애인 있는 유부녀 상드의 행동은 동시대인들을 경악시켰으며 그녀는 결국 결혼 13년 만에 남편과도 헤어졌다. 그 뒤로 죽을 때까지 상드는 사랑이 깃든 심장의 명령에 자유롭게 복종했다.

1876년 일흔둘의 나이로 세상을 뜬 상드는 윌리엄 새커리, 존 스튜어트 밀, 샬럿 브론테, 조지 엘리엇, 매슈 아널드, 엘리자베스 배럿 브라우닝 같은 저명한 빅토리아 시대 명사들, 도스토옙스키와 투르게네프를 위시한 한 세대의 러시아 작가들, 미국의 월트 휘트먼과 해리엇 비처 스토 등 수천 명의 추종자를 거느렸다. 빅토르 위고의 낭만주의적 반란이 사회적·정치적 운동으로 진화했듯 상드는 자신의 개인적 열정을 훨씬 폭넓게 확장했다. 궁극적으로 그녀는 심장의 문제에서 자유를 갈망하는 수많은 남녀의 희망과 열망을 대변했다. 특히 여성은 상드에게 귀 기울이고 그녀의 메시지를 마음속에 담았다(그에 따라 행동했는지는 별문제이지만).

상드의 추종자 중 뜻밖의 인물로 샬럿 브론테가 있었다. 아버지의 사제관司祭館이라는 도덕적으로 엄격한 환경에서 자란 브론테는 동생 앤과 에밀리가 그랬듯 작가로서 독특한 재능이 있었다(셋은 각자의 길을 갔다). 샬럿 브론테는 1847년에 소설 《제인 에어》로 뜻밖의 명성을 얻었다. 젊고 강인하며 샬럿 브론테 자신처럼 작고 소박한 가정교사가 못된 집주인과 사랑에 빠지고 그의 심장을 길들이는 데 성공하는 이야기에 영국 대중은 놀라움을 금치 못했다. 《제인 에어》는 커러 벨Currer Bell이라는 가명으로 출간되었지만, 몇몇 독자는 소설이 여성적 관점에서 쓰인 것을 알아차리고 저자의 진짜 성별에 의문을 제기했다. 《제인 에어》를 처음으로 비평한 사람 중 한 명인 소설가이자 비평가 G. H. 루이스G. H. Lewes는 이 소설이 어떤 영국 소설과도 다르다고 말했다. 그는 저자가 주인공의 약동하는 감정을 개인적으로 겪었음에 틀림없다며 (따라서) 여성일 것이라고 주장했다. (루이스는 그 뒤에 조지 엘리엇을 만나 20년 이상 함께 살았다.) 1847년 11월 6일에 C. 벨C. Bell이라는 서명과 함께 루이스에게 보낸 편지에서 샬럿 브론테는 소설 창작에서 '실제 경험' 이 중요함을 인정하면서도 "상상은 강력하고 부단한 능력으로, 듣고 행하는 것과 마찬가지"라고 주장했다. 브론테가 사제관이나 다른 곳에서 학생과 가정교사로 지내면서 제인 에어가 경험한 열정을 실제로 겪었는가는 오늘날까지 문학 연구자들을 사로잡는 질문이다.

하지만 그녀가 제인 오스틴과 조르주 상드 같은 여성 작가의 감상적 소설을 읽은 것은 틀림없다. 그것이 그녀가 여성적 심장을 탐구하게 된 계기였다. 놀랍게도 그녀가 가장 존경한 작가는 잉글랜드의 제인 오스틴이 아니라 별종 조르주 상드였다. 1848년 1월 12일에 루이스에게 보낸 편지에서 그녀는 이렇게 썼다. "상드는 현명하고 심오해요. 오스틴 양은 약삭빠르고 눈썰미가 있을 뿐이죠." 며칠 뒤에 또 다른 편지에서 그녀는 "오스틴 양은 시인이 아니고 '감성'도 전혀 없지만 인간 성격을 그려내는 솜씨는 경탄스럽"다는 루이스의 말에 동의했다. 브론테는 마지못해 오스틴을 칭찬하고는 곧장 상드를 찬미했다. "제가 이해하기로 남성적인 조르주 상드를 드높이고 저속한 것을 가지고 신성한 것을 만드는 것은 바로 '시'예요." 브론테가 말한 '저속한 것'이란 섹스였을 것이다(그녀는 당시까지 성을 알지 못했다). '신성한 것'은 상드의 소설에서 찾아볼 수 있는 — 브론테가 가장 좋아한 것은 《콘수엘로Consuelo》였다 — 황홀경 묘사였으리라.

브론테가 오스틴보다 상드를 좋아한 것에서 낭만주의자로서의 진정한 색깔이 드러난다. '심장'이 '손'보다 중요했다. 물론 제인 오스틴의 전통에서 제인 에어는 적절한 결혼 예식을 치르지 않고는 심장을 주지 않을 테지만. 브론테는 상상 속에서는 프랑스인이었을지 모르나 도덕적 현실주의 면에서는 영락없는 영국인이었다.

나는 충실한 '상드빠'를 자처하지만 《오만과 편견》, 《이성과 감성》, 《엠마》, 《맨스필드 파크》, 《노생거 사원》, 《설득》의 저자가 상드보다 더 위대한 작가임을 인정할 수밖에 없다. 인간의 심장을 가장 탁월하게 묘사한 작가 명단에서 근소한 차이로 2위를 차지한 것은 브론테 자매(《제인 에어》의 샬럿과 《폭풍의 언덕》의 에밀리)다. 두 사람에게는 열정, 깊이, 스타일이 있어서 이들의 여주인공들은 소설을 읽고 난 뒤 오래도록 독자의 상상 속 풍경에 남아 있다. 브론테 자매는 십대 시절의 나에게 말을 걸었으며 지금도 내게 이야기한다. 나는 두 사람에게서 소녀와 여인이 — 또한 소년과 남자가 — 격렬한 감정을 느끼고 용감한 행동을 할 수 있음을 배웠다. 여성은 리처드슨의 소설에서처럼 유혹하는 남성의 먹잇감이 될 필요도, 보바리 부인의 기만적 낭만주의에 빠져들 필요도 없었다. 여성도 '위대한 심장'의 소유자일 수 있었다.

낭만파가 심장을 사랑과 열정적 감정의 은유로 본 것은 놀랄 일이 아니다. 여전히 놀라운 것은 그중 일부가 관습적 도덕과 상식을 거스르고 실제로 열정에 따라 행동했다는 것이다.

  시인 엘리자베스 배럿 브라우닝Elizabeth Barrett Browning은 결혼을 금한 독재적 아버지 밑에서 자랐으나 여섯 살 연하에다 아내를 먹여 살릴 능력이 없는 시인 로버트 브라우닝과 사랑의 도피를 벌였다. 로버트는 (지금은 유명해진) 한 편지에서 자신의 심장에 빗대어 그녀의 시와 인격에 대한 사랑을 토로한다. 편지는 "사랑하는 배럿 양, 그대의 시를 저의 온 심장으로 사랑합니다"라는 문장으로 시작하여 "말씀드렸듯 이 책을 제 온 심장으로 사랑하며 당신도 사랑합니다"라는 문장으로 끝난다. 뒤이은 결혼과 이탈리아에서의 삶은 그들에게나 (두 사람의 이야기에 영감을 받은) 여러 세대의 독자, 역사가, 소설가, 극작가에게 로맨스의 소재였다. 엘리자베스가 조르주 상드를 무척 존경한 것은 우연이 아니다. 그녀는 한 소네트에서 상드를 "뇌가 큰 여인이자 심장이 큰 남자"로 불렀는데, 이는 뇌를 남성과 짝짓고 심장을 여성과 짝짓는 통념을 뒤집은 것이었다.

  이탈리아는 프랑스와 마찬가지로 낭만주의에 물든 영국인 남녀의 도피처로 각광받았다. 시인 셸리와 메리 고드윈Mary Godwin은 그와 별거 중이던 첫 번째 아내 해리엇이 하이드 공원에서 물에 빠져 죽어 (동거 중이던) 메리와 결혼할 수 있게 되자 이탈리아로 달아났다. 1818년에 셸리와 메리는 베네치아에 정착했는데, 바이런은 이미 그곳에서 살고 있었다. 4년간의 이탈리아 체류는 풍성한 문학적 결실을 남겼다. 셸리의 시 중에서 가장 사랑받는 것들이 이때 쓰였으며 메리 고드윈은 유명한 소설 《프랑켄슈타인》을 썼다.

1822년 7월 8일 셸리는 라스페치아 앞바다에 빠져 죽었다. 그의 시신은 해안으로 떠내려왔으며 바이런을 비롯한 몇몇 유명인의 참관하에 해변에서 화장되었다. 유골은 로마 신교도 묘지에 매장되었는데, 이곳은 금세 셸리 애호가들에게 명소가 되었다. 그의 묘지에는 라틴어로 '코르 코르디눔Cor Cordium' (심장의 심장)이라고 새겨져 있다.

셸리와 바이런 둘 다 인습에 얽매이지 않은 삶을 살아간 주요 시인으로 기억된다. 공공연한 무신론자 셸리는 종교적 신념과 전통적 관습이 억압적인 가짜라고 생각하여 이에 완강히 저항했다. 서른 번째 생일이 한 달도 채 남지 않았을 때 세상을 떠난 셸리는 짧은 성년기 동안 심장의 심장 속에 각인된 급진적 윤리 규범을 따르고자 했다.

연하의 친구 셸리보다 더 쾌락주의적이던 바이런은 서른여섯까지 살았다(당시의 기준으로도 결코 장수한 것은 아니었다). 그의 신조는 열정이었으며 그는 죽을 때까지 자신의 신조를 지켰다. 1823년 제노바에서는 오스만 제국에 맞서 그리스 독립 운동에 참여했는데,

메솔롱기온으로 항해하여 그리스 군대에 합류했으나 몸이 쇠약해져 1824년 4월 19일에 열병으로 죽었다.

낭만주의적인 사람들은 뇌보다 심장이 인생의 나침반으로 더 낫다고 생각했다. 이들은 사랑이 깃든 심장이 최선의 자아상 — 열정과 공감으로 생동하는 자아 — 에 부합한다고 믿었다. 오늘날 '낭만적'이라는 단어는 거의 언제나 사랑과 짝지어 쓰인다. 낭만적 이야기는 대개 두 사람이 에로틱한 자력으로 서로에게 이끌려 영원한 결합을 추구하는 과정을 그린다. 하지만 이 단어는 낭만적인 사람의 열망이 비현실적임을 조롱하는 데 쓰일 수도 있다. 이 경우는 종종 '하릴없이hopeless' 같은 수식어가 붙는다. 오늘날 얼마나 많은 사람들이 자신을 '낭만적'이라고 여기는지 궁금하다.

나는 이 장을 도니제티로 시작했고 이제 바그너로 끝낼 텐데, 그 이유는 오페라가 서구 장르 중에서 가장 심장에 몰두하기 때문이다. 게다가 바그너의 여러 작품에는 중세를 향한 향수라는 19세기의 지배적 정조가 배어 있다. 〈탄호이저〉, 〈로엔그린〉, 〈트리스탄과 이졸데〉, 〈뉘른베르크의 명가수〉, 〈파르지팔〉 등 그의 오페라 중에서 가장 큰 성공을 거둔 작품들이 중세 문화를 배경으로 만들어졌다.

〈트리스탄과 이졸데〉를 생각해보라. 이 작품은 프랑스어로든 독일어로든 1,000년 가까이 거슬러 올라가는 전설이다(켈트 전설로 따지면 더 오래되었다). 바그너의 오페라에서는 이졸데가 트리스탄을 처음 만나는 순간 사랑이 두 사람의 눈을 뚫고 심장에 꽂힌다. 나

중에 콘월의 마크 왕과 결혼하려고 바다를 건너는 배 위에서 이졸데는 트리스탄을 기억하고서 자신의 '어수룩한 심장'과 '답답한 심장', '죽을 운명인 심장'에서 부글거리는 감정을 노래한다. 자신들의 운명을 결정지을 사랑의 묘약을 무심코 먹은 두 사람은 서로에게서 사랑의 열망을 성취하겠노라는 감정에 하릴없이 사로잡힌다. 그들은 자신의 황홀감을 표현하기 위해 고상한 낭만적 언어와 대담한 관능적 언어를 구사한다.

우리의 심장이 얼마나 높이 솟았는지!
Wie sich die Herzen wogend erheben!
우리의 감각이 얼마나 지복으로 고동치는지!
Wie all Sinne wonnig erbeben!

2막의 정원 장면은 고트프리트 폰 슈트라스부르크의 중세 서사에서도 이미 유명했는데, 여기에서 트리스탄과 이졸데는 사랑을 나눈다.

트리스탄: 내 눈에 보이는 게 당신인가요?
Seh' ich dich selber?
이졸데: 이것은 당신의 눈인가요?
Dies deine Augen?
트리스탄: 이것이 당신의 입인가요?
Dies dein Mund?

이졸데: 여기 당신의 손이 있나요?

Hier deine Hand?

트리스탄: 여기엔 당신의 심장이 있나요?

Hier dein Herz?

두 사람은 눈과 입과 손과 (물론) 보이지 않지만 언제나 몸속에 있는 심장을 통해 육신의 기쁨을 노래한다. 이들의 듀엣은 황홀경에 빠진 트리스탄의, 최종적 '리베스토드liebestod'(죽음 속 사랑)를 예감케 하는 말로 끝난다.

그리하여 우리는 죽을지도 몰라,

둘이서 함께,

언제까지나 하나로,

끝도 없이,

깨지 않고,

두려워하지도 않고,

이름 없이

사랑에 감싸인 채

서로에게 자신을 내맡긴 채

사랑을 위해서만 살리!

So starben wir,

um ungetrennt,

ewig einig

ohne End',

ohn' Erwachen,

ohn' Erbangen,

namenlos

in Lieb' umfangen,

ganz uns selbst gegeben,

der Liebe nur zu leben!

사랑을 위해서만 사는 것, 이것이야말로 낭만주의의 으뜸 신조
다. 바그너 애호가들은 사랑을 통한 구원에 대한 그의 신념이 후기
작품들에서 더 복잡한 차원으로 전개된다는 사실을 알지만, 많은
사람들은 그가 〈트리스탄과 이졸데〉에서 달성한 관능적 경지에 다
시는 도달하지 못했다는 데 동의할 것이다. 이 오페라는 에로틱한
욕망의 궁극적 표현이요, 심장과 마음의 총체적 합일이요, 몸과 영
혼의 완전한 하나 됨이다. 3막 끝부분 이졸데의 '리베스토드'를 듣
고 여러분 자신의 심장에 그런 열정을 위한 자리가 있는지 알아보
시길.

19장

밸런타인

그림 30_ 작자 미상, 〈날 생각해Pensez à moi〉, 1900년경. 밸런타인데이 카드. © 메릴린 옐롬.

2월 14일 밸런타인데이가 되면 곳곳에서 하트를 볼 수 있다. 수천만 장의 밸런타인 카드가 우편 시스템을 거쳐 연인과 배우자뿐 아니라 자녀, 손자녀, 어머니, 아버지, 친척, 친구 등 사랑하는 사람들에게 간다. 종이 카드이든 디지털 카드이든 대부분의 밸런타인 카드에는 영원한 사랑을 상징하는 연빨강 하트가 그려져 있다.

밸런타인데이는 심장의 날로 개명해도 무방한데, 이날은 어디서나 심장을 볼 수 있기 때문이다. 상점에서는 붉은 새틴의 사탕 상자, 꽃다발, 사탕, 쿠키, 케이크, 문진, 보석과 보석함 등 심장 모양으로 된 온갖 기발한 물건을 판다. 전부 사랑하는 사람에게 선물로 주기 위한 것이다. 심장과 이토록 밀접한 관계가 있는 기념일은 밸런타인데이뿐이다. 심장병에 대한 인식을 제고하기 위해 2009년에 제정된 '세계 심장의 날'이 밸런타인데이만큼 인기를 얻으려면 갈 길이 멀다.

여러분은 밸런타인데이가 현대 카드 회사들의 상술이라고 생각할지도 모르겠지만, 그 역사는 훨씬 길다. 기원을 정확히 밝히기 힘들 정도로 오래되었다. 물론 밸런타인데이의 어원은 가톨릭 성인 명부에 있는 성 발렌티노다. 로마 순교자 열전에 따르면 3세기에 발렌티노라는 사람이 두 명 살았는데, 실은 같은 사람이었을 가능성이 크다. 어쨌든 로마의 성 발렌티노는 496년 교황 젤라시오 1세에 의해 가톨릭 축일에 등재되었으며, 날짜는 지금과 같은 2월 14일이었다.

성 발렌티노가 사랑의 대명사가 된 이유에 대해서는 여러 설이 있다. 몇백 년간 가장 신빙성 있던 설명 중 하나는 고대 로마의 축제인 루페르칼리아(2월 15일)와 관계가 있다는 것이다. 그날이 되면 로마 청년들은 사랑의 항아리에서 처녀의 이름을 뽑았으며 둘은 축제 기간 동안 '커플'로 지냈다. 하지만 루페르칼리아와 밸런타인데이를 연관 지을 확고한 역사적 근거는 없다.

더 그럴듯한 설은 밸런타인데이가 잉글랜드와 프랑스의 궁정연애와 관련하여 중세 후기에 발전했다는 것이다. 공교롭게도 잉글랜드와 프랑스의 시인들이 밸런타인데이 축시를 처음 지은 것은 두 나라가 백년전쟁(1337~1453)을 벌이던 중이었다. 프랑스인들은 오통 드 그랑송Oton de Grandson의 〈성 발렌티노의 꿈Songe de la Saint-Valentin〉이 최초의 밸런타인데이 시라고 주장하는 반면에 영국인들은 제프리 초서Geoffrey Chaucer의 〈새들의 의회Parlement of Foules〉를 내세운다. 초서와 그랑송은 시인일 뿐 아니라 외교관이었고 서로 친구였기에 서로의 작품에 대해 잘 알았을 것이다.

초서가 1380년경에 쓴 〈새들의 의회〉와 1385년에 쓴 〈마르스의 불평Complaint of Mars〉은 — 후자가 더 짧다 — 밸런타인데이를 시간적 배경으로 한다. 〈새들의 의회〉에서 이와 관련된 시행은 아래와 같다.

이날은 성 발렌티노의 날이니,
모든 새들이 짝을 정하러 나오는도다.
For this was on Seynt Valentynes day,
Whan every foul cometh there to chese his make.

〈마르스의 불평〉에서 이에 해당하는 시행은 아래와 같다.

성 발렌티노의 날에 새가 노래하는 소리를 들었네,
해가 중천에 걸린 시각이었지.
Seynt Valentyne, a foul thus herde I sing
Upon thy day er sonne gan up-sprynge.

초서와 그랑송 둘 다 밸런타인데이를 봄과 사랑의 전령인 새와 연관 지었다. 초서의 또 다른 친구 — 3개 국어를 구사하는 시인 존 가워John Gower (영어, 프랑스어, 라틴어로 시를 썼다)와 웨일스의 외교관이자 군인이자 시인 존 클랜보 경Sir John Clanvowe — 도 새에 빗대어 밸런타인데이 시를 썼다. 놀랄 일은 아니다. 시인들이 서로 모티프를 주고받는 것은 흔한 일이니까. 놀랄 — 어쩌면 당연한 — 일은 양국이 전쟁을 벌이는 와중에 이 시인들이 시상을 교환하고 사랑을 찬미하고 (그랑송이 〈성 발렌티노의 꿈〉에서 썼듯 "영국인이든 독일인이든 / 프랑스 출신이든 사보이 출신이든englois ou alemens, / De France né ou de Savoye") 불행한 연인의 운명을 불쌍히 여겼다는 것이다.

이 시인들은 모두 인간사에서 심장이 우위를 차지한다고 주장했다. 존 가워는 "심장이 있는 곳에서는 / 몸이 복종해야 하나니Où le coeur est / le corps doit obéir"라고 노래했다.

이 시기의 주목할 만한 여성 시인으로 크리스틴 드 피장Christine de Pizan이 있다. 그녀는 이탈리아 태생의 프랑스인으로, 프랑스 국왕 샤를 5세의 궁정에서 자랐다. 그녀도 "무척 친애하는 친구Tres doulz ami"로 시작하는 시와 〈장미 이야기Le Dit de la Rose〉라는 제목의 아주 긴 이야기시에서 밸런타인데이를 노래했다. 1402년 2월 14일에 쓴 〈장미 이야기〉는 꿈 이야기인데, 사랑의 신은 남자들이 여자를 예의 바르게 대하지 않는 것 때문에 실망을 토로하며 문제를 바로잡기 위해 크리스틴에게 장미 결사단을 선포하고 성 발렌티노 축일에 참 연인들의 동참을 촉구하라고 지령한다. 이 모든 사건의 공간적 배경은 샤를 5세의 아들이자 오를레앙의 샤를(우리가 10장에서 만났던 인물)의 아버지인 루이 오를레앙의 파리 궁정이다.

한 세대 뒤에 오를레앙의 샤를 자신도 1415년부터 1440년까지 잉글랜드에 감금되어 있는 동안 밸런타인데이 시를 여남은 편 썼다. 런던탑에서 아내 본에게 보낸 시는 (알려진) 최초의 밸런타인데 이 카드에 쓰였다(지금은 영국 도서관에 소장되어 있다). 이 시에서 그는 아내를 "나의 다정한 발렌티네^{Ma tres doulce Valentinée}"라고 부르며 어떤 일이 있어도 그녀를 향한 사랑이 변치 않으리라 장담한다.

잉글랜드 감금 시절에 쓴 또 다른 시는 성 발렌티노 축일에 모든 새들이 모여 각자 선택한 짝과 사랑을 나눈다는 말로 시작한다. 샤를은 초서의 〈새들의 의회〉를 알았음이 틀림없다. 연인을 위해 제정된 그날, 해가 '초'를 켜서 그의 방을 밝히자 그는 잠자리에서 일어나 새들의 노랫소리를 듣는다. 그는 눈물을 닦으며 기구한 운명을 한탄하고는 새들처럼 자신의 짝과 그날의 기쁨을 나눌 수 있기를 희구한다. 이 시의 결구^{envoy} — 발라드를 마무리하는 네 행의 연 — 는 아래와 같다.

서로 사랑하는 남녀는
올해 성 발렌티노를 찾는데,
나는 의지할 이 없이 딱딱한 침상에
홀로 누워 괴로운 생각에 잠겨 있구나.

훗날 샤를은 친구 프르데^{Fredet}와 '불만^{complaintes}'이라는 제목으로 시를 주고받았는데, 프르데는 프랑스 투르의 밸런타인데이 풍경을 시로 묘사했다.

성 발렌티노의 날 투르에서는

사랑의 이름으로

성대한 축제를 열었지.

관례에 따라

모든 길거리에서 선포했네,

모두 동참하라고.

밸런타인데이 축제의 무대로 15세기 샤토 드 라 루아르보다 더 어울리는 곳은 상상하기 힘들다. 샤를은 잉글랜드에서 풀려나 프랑스로 돌아온 뒤에 자신의 블루아 성에서 밸런타인데이를 맞았다. 이곳에서는 프르데가 묘사한 것과 비슷한 축제가 열리고 있었다. 샤를의 시 중에는 "성 발렌티노의 이날 / 모두 자신의 짝을 골라야 하리"라는 테마로 시작하는 것이 여러 편 있다. 심지어 이 밸런타인데이 사건을 기록한 그림 두 점이 1450년대의 필사본 두 편에 실려 있는데, 남녀가 항아리에 손을 넣어 제 '밸런타인'의 이름을 끄집어내는 장면이다. 밸런타인데이에 대한 샤를의 관심은 초서, 오통 드 그랑송, 크리스틴 드 피장에게서 물려받은 시적 전통에서 비롯했지만, 그가 발렌티노 성인에게 특별히 끌린 데는 또 다른 이유가 있다. 샤를이 사랑했으나 그가 열네 살 때인 1408년 말에 죽은 어머니의 이름이 바로 발렌티나Valentina Visconti였다(전해에는 아버지가 부르고뉴 공작 용담공 장에게 암살당했다).

반면에 두 세기 뒤 프랑스의 사제이자 다작가 장피에르 카뮈Jean-Pierre Camus는 밸런타인데이를 지극히 경멸했다. 사실과 허구를 뒤섞은 현학적 소설에서 —《데메드리오: 밸런타인의 역사*Diotrephe, or An historie of valentines*》는 영어로 썼으나 프랑스어 제목을 달았다 — 그는 악마가 성 발렌티노의 가호 아래 활개 친다는 사실을 밝혀내려 했다. 소설은 브리앙슈 시 인근 생 발랑탱이라는 프랑스 마을 교회를 묘사하면서 시작된다. 이곳은 해마다 2월이면 사람들이 몰려들어 흥청거린다. "축제와 춤의 난장판이 지독한 악의 원인임은 말할 필요도 없다." 그러고는 (잠재적으로) 악덕으로 가득한 풍습을 자세히 묘사한다.

"그들은 하늘색 종이에 금색 글자로 온갖 여인과 처녀의 이름을 써"서 커다란 상자에 넣는다. 그런 다음 이름을 무작위로 뽑고서 "유부녀이든 과부이든 처녀이든 제비뽑기로 남자에게 뽑히는 여자는 그의 밸런타인이 된다." 이듬해에 그는 "이 여인의 종이 되는데, 그녀는 자신의 밸런타인에게 절대적 권위를 행사하며 그는 연인이 그러듯 복종한다."

마을 사람들은 "이런 밸런타인 제비뽑기가 전혀 해로울 것 없다고 생각하"지만 카뮈는 유부남이 이웃집의 유부녀나 딸을 밸런타인으로 선택하거나 반대로 유부녀가 총각이나 유부남을 선택하면 재앙이 일어날 수 있다고 경고한다. 그런 혼외 교제는 필시 불륜으로 이어질 것이기 때문이다. 카뮈는 심장을 적법한 사랑의 은유로 삼아 이렇게 결론짓는다. "부부의 사랑은 심장과 같아서 분리를 견디지 못한다. 남편과 밸런타인을 담지 못한다. 한 심장에 두 연인을 가질 수는 없다."

잉글랜드에서는 일찍이 15세기부터 '밸런타인'이라는 단어에 두 가지 뜻이 있었다. 하나는 사랑하는 사람에게 (종종 시의 형태로) 보내는 사랑 고백이요, 다른 하나는 자신이 사랑하는 사람이었다. 패스턴 가문에서 소장한 1477년 2월의 편지들을 보면 밸런타인데이가 사랑하기에 좋은 날로 통했음을 알 수 있다. 패스턴 가와 브루스 가는 마저리 브루스가 존 패스턴 3세에게 시집가면서 지참금을 얼마나 가져가야 하는지 논의하고 있었다. 마저리의 어머니 엘리자베스 브루스는 존에게 (초서의 시를 인용하여) "모든 새들이 짝을 정하러 나오"는 밸런타인데이 전날 밤 자신과 장인을 만나 지참금 문제를 매듭짓자고 제안했다. 엘리자베스는 1477년 2월 10일 존에게 보낸 편지에서 약혼이 순조롭게 성사되었으면 하는 바람을 피력했다.

하지만 일은 계획대로 풀리지 않았다. 마저리의 아버지 토머스 브루스 경은 총액으로 100파운드만 내놓을 의향이 있었는데, 존의 기대에는 턱없이 못 미치는 금액이었다. 그래서 마저리가 나서서 존의 돈 걱정을 가라앉히고자 성 발렌티노를 언급하며 편지 두 통을 썼다. 편지의 첫머리에서 그녀는 존을 "사랑하는 밸런타인"이자 "선하고 진실되고 사랑스러운 밸런타인"으로 일컫는다. 두 번째 편지는 자신을 "그대의 밸런타인"으로 부르며 끝난다. 처녀가 구혼자에게 내숭을 떨어야 하는 게 아니라면 마저리의 표현은 흠잡을 데 없다. "제 심장은 당신을 진정 / 이 세상 무엇보다 더욱 사랑하라고 명하네요." 결국 존 패스턴 3세는 심장의 고동에 귀 기울였으며 마저리와 존의 사랑은 결실을 맺었다.

17세기 중엽 잉글랜드에서는 값비싼 이벤트를 감당할 수 있는 사람들 사이에서 밸런타인데이를 기념하는 것이 관례가 되었다. 부유한 남자들은 여자들의 이름을 적어 제비뽑기를 했는데, 선택된 여인에게는 선물을 줘야 했다.

새뮤얼 페피스Samuel Pepys의 유명한 일기는 이 풍습을 다채롭게 묘사하고 있다. 1661년 2월 13일 페피스 부부는 윌리엄 경과 배튼 부인의 집에서 만찬을 했는데, 제비뽑기로 자신의 밸런타인을 정했다. 페피스는 이렇게 썼다. "우리는 내일을 위해 밸런타인을 골랐다. 아내가 나를 선택해서 무척 흡족했다." '밸런타인데이'라는 제목의 이튿날 일기에서는 자신이 배튼의 미혼녀 딸 마사의 이름을 뽑았고 배튼 경이 페피스의 아내를 뽑았다고 썼다. 페피스는 이듬해에도 마사를 자신의 밸런타인으로 뽑았는데, 그때마다 시무룩한 기분이었다. 하지만 1661년 2월 18일에 페피스는 아내와 마사를 데리고 런던의 상업 중심지인 왕립거래소에 가서 마사에게 자수 장갑 한 켤레와 무지無地 흰 장갑 여섯 켤레를 사줬다. 금액은 도합 40실링이었다. 페피스 부인이 윌리엄 배튼 경에게 받은 선물은 훨씬 호화로웠다. 페피스는 2월 22일 일기에 이렇게 썼다. "아내는 밸런타인데이 선물로 장갑 여섯 켤레, 실크 스타킹과 가터벨트 한 쌍을 받았다." 밸런타인데이는 하루로 끝나지 않았다. 물론 페피스와 배튼의 방식이 결코 대중적이지는 않았다.

잉글랜드, 프랑스, 아메리카의 초창기 밸런타인데이 카드는 종이에 손으로 쓴 몇 줄짜리 시가 전부였지만, 18세기에는 그림 장식을 덧붙이기 시작했다. 하트, 새, 꽃, 나뭇잎을 그리거나 채색한 뒤에 접고 밀랍으로 봉하여 여인의 집 문 앞에 두었다. 카드에는 복잡한 퍼즐, 이합체시離合體詩(각 시행의 첫 글자를 맞추면 단어가 완성되는 시), 그림 수수께끼rebuse(그림으로 단어나 단어의 일부를 나타내는 것)가 실리기도 했다. 펜실베이니아 이주 독일인들은 독일어나 영어로 매우 예술적인 밸런타인데이 카드를 만들었다. 영어판 표지 그림도 그중 하나다(〈밸런타인 그림 수수께끼〉, 1760년경, 종이에 펜과 잉크).

최초의 상업적 밸런타인데이 카드는 19세기 말 잉글랜드에서 등장했다. 이 '기계식' 밸런타인데이 카드는 인쇄하거나 뚫새김하거나engraved 목판으로 찍었으며 이따금 손으로 채색하기도 했다. 카드에는 꽃, 하트, 큐피드, 새 같은 전통적인 사랑의 상징을 그리고 〈장미는 붉고〉류의 너절한 시를 썼다.

밸런타인데이 카드를 손수 만들고 싶거나 기계식 카드에 자신의 손길을 덧붙이고 싶은 사람은 문외한을 위한 시작詩作 지침서를 활용할 수 있었다. 1797년에 《젊은이의 밸런타인The Young Man's Valentine》이 영국에서 출간되었으며 19세기 내내 잉글랜드와 아메리카에서 《성 발렌티노의 감상적 글쓰기 지침서Saint Valentine's Sentimental Writer》나 《심장의 달인이 알려주는 밸런타인데이 카드 작성법 기초Introductory Treatise on the Composition of a Valentine by a Master of Hearts》 같은 제목을 달고 지침서가 쏟아져 나왔다.

'심장의 달인'을 자처하는 지침서 저자는 "해마다 크리스마스가 지나자마자 장사치의 가게 창문에 덕지덕지 붙은, 조잡하고 저질이고 때로는 역겹기까지 한 싸구려 밸런타인데이 카드"를 보면 어이가 없다고 말한다. 그는 사랑에 빠진 사람 자신이 밸런타인데이 카드를 직접 만든다는 — 자신의 도움을 받아 — 해법을 제시한다. "최고의 밸런타인데이 카드는 독창적인 문구가 담긴 카드다. 뭐니 뭐니 해도 여러분의 심장에서 직접 흘러나온 것이 가장 진솔하고 감동적인 법이다." 실은 그의 문구를 베끼거나 단어 순서만 바꾼 것이기는 했지만, 펜으로 직접 쓰는 것은 시판용 카드를 보내는 것보다 더 개인적이고 진솔한 일로 간주되었다.

《숙녀를 위한 밸런타인데이 카드 작성법*The Lady's Own Valentine Writer*》처럼 여성을 겨냥한 지침서도 있었다. 1848년에 출간된 《학식 있는 여인이 쓴 일반인용 밸런타인데이 카드 작성법*People's Valentine Writer, by a Literary Lady*》은 여성이 썼을 수도 있지만 확신할 수는 없다. 여성 독자들이 (익명이더라도) 여성 작가를 선호하리라는 것이 남성 출판업자들의 생각이었으니 말이다.

그해 2월 17일에 18세의 아메리카 시인 에밀리 디킨슨Emily Dickinson은 마운트 홀리요크 여자 신학교의 자기 방에서 오빠 오스틴 디킨슨Austin Dickinson에게 편지를 썼는데, '밸런타인 주간'에 겪은 즐거웠던 일을 잊지 못할 거라고 말했다. 그녀는 밸런타인데이 카드를 하나도 받지 못했지만, 카드를 받은 여학생도 많았다. 학교 당국에서 불허했음에도 학생들은 밸런타인데이 카드 150장을 발송하는 데 성공했다. 에밀리는 선생 한 명이 유난히 완고했다고 말한다. "월요일 오후에 라이언 선생님이 강당에서 일어서시더니 '밸런타인이니 뭐니 하는 한심한 카드' 보내지 말라고 하셨어."

이런 부정적 분위기 속에서도 마운트 홀리요크의 1847년 졸업

생 한 명은 밸런타인데이 카드 업계에 진출했다. 매사추세츠 우스터의 에스터 하울랜드Esther Howland는 자신의 디자인으로 고급 밸런타인데이 카드를 만들고 싶었다. 요철지와 색지를 이용하여 예술적 수준을 끌어올릴 생각이었다. 에스터 아버지가 소유한 널찍한 하울랜드 저택의 꼭대기 층은 3년 만에 여자들이 에스터의 지시하에 밸런타인데이 카드를 제작하는 공장으로 바뀌었다. 에스터가 시제품을 만들면 직원들이 배경을 그리거나 종이 그림을 자르거나 붙였다. 하울랜드의 정교한 3차원 발렌타인데이 카드는 고운 자수나 복잡한 콜라주에 비길 만한 준準미술 작품이었다. 한 장 가격이 5달러를 넘었는데, 판매액을 전부 합치면 해마다 10만 달러가 하울랜드의 금고에 들어왔다!

하울랜드의 카드에는 하트보다는 큐피드, 꽃, 사람 모습, 새를 즐겨 썼지만 다른 회사에서 만든 카드에는 하트 도상이 많이 등장했다. 〈매복한 큐피드Cupid in Ambush〉라는 제목의 카드에는 날개 달린 심장이 하늘에 떠 있고 큐피드가 화살을 겨누고 있는 장면과 함께 이런 문구가 쓰여 있었다. **"나의 팔락거리는 심장이 / 사랑의 아픔을 느끼네."**

산업혁명이 제 궤도에 올라 밸런타인데이 카드가 대량으로 생산되면서 수제 카드는 자취를 감췄다. 1879년에 조지 C. 휘트니George C. Whitney가 하울랜드의 회사를 사들였는데, 그는 비용을 절감하려고 인쇄기를 도입하고 값싼 종이를 썼다. 크리스마스카드가 크리스마스트리 모양이거나 크리스마스트리 그림이 있듯 그의 밸런타인데이 카드는 종종 하트 모양이거나 하트 그림이 있었다. 얼마 안

가서 휘트니의 회사는 미국 최대의 밸런타인데이 카드 생산 업체가 되었다.

영어권에서 빅토리아 시대 밸런타인데이 카드는 종이를 오린 값싼 카드로부터 요철지에 석판으로 인쇄한 값비싼 카드에 이르기까지 가격과 품질이 천차만별이었다. 직종과 직업에 따라 전문화된 카드도 있었다. 이를테면 뱃사람을 위한 카드에는 바다에 떠 있는 배와 회항을 기다리는 연인을 묘사했다. "거센 맞바람을 맞으면서도 / 뱃사람의 심장을 향한 여인은 결코 떠나지 않으리."

사랑보다는 조롱을 담은 우스꽝스러운 밸런타인데이 카드도 있었다. 이 짓궂은 카드vinegar valentine는 빼빼한 노처녀, 뚱뚱한 노총각, 문학소녀, 모양꾼, 주정뱅이, 악처 등 온갖 인간 군상을 조롱했다. 미국에서는 아일랜드인이나 자유 '니그로'를 비롯한 하층 소수민들이 이런 모욕적 밸런타인데이 카드의 표적이 되었다. 이런 카드는 낱장에 인쇄하여 1~5센트의 싼 가격에 판매했으며 대개 익명으로 발송했다.

하지만 절대다수의 밸런타인데이 카드는 여전히 감상적이었으며 낭만적인 메시지가 담겨 있었다. 가장 화려한 카드 중에는 진짜 레이스나 머리 타래를 단 것도 있었다. 심지어 맹인도 소외되지 않았다. 점자 밸런타인데이 카드는 시와 더불어 새와 하트 모양을 요철로 표현했다.

19세기 후반이 되자 프랑스인들도 밸런타인데이 카드의 상업적 잠재력에 눈떴다. 1900년경 프랑스의 카드(이를테면 그림 30)에서 하트로 둘러싸인 채 천사처럼 생긴 큐피드는 과거의 못된 — 심지어 위험한 — 큐피드와 딴판으로 천진난만한 모습이었다.

오늘날 프랑스와 이탈리아에서는 밸런타인데이가 연인만을 위한 날이어서 영국과 미국에서와 달리 가족이나 친구 사이에서는 기념하지 않는다. 프랑스인들은 연인에게 초콜릿과 장미를 선물하거나 단골 레스토랑에서 외식을 한다.

일본은 상황이 정반대다. 밸런타인데이가 되면 여자가 남자에게 초콜릿을 준다. 남편과 남자 친구뿐 아니라 가족과 동료에게 주기도 한다. 남자들은 한 달 뒤인 3월 14일 '화이트데이'에 화이트 초콜릿, 케이크, 비스킷, 마시멜로, 사탕 등 흰색 선물로 보답한다. 화이트데이를 만든 곳이 일본 과자 업계임은 놀랄 일이 아니다. 믿을 만한 일본인 소식통에 의하면 요즘 대부분의 일본인들은 화이트데이에 색깔과 상관없이 그냥 달콤한 것을 — 검은색이든 흰색이든 — 준다고 한다.

이제는 전 세계 여러 나라에서 나름의 방식으로 밸런타인데이를 기념한다. 하지만 적어도 두 나라 — 말레이시아와 이란 — 에서는 밸런타인데이를 금지한다. 2011년 밸런타인데이에 말레이시아에서는 금지 조치를 어기고 이날을 기념하던 무슬림 커플 100여 쌍이 종교적인 성향의 당국에 체포되었다. 같은 해 이란에서는 인쇄소 사장 조합이 밸런타인데이 기념상품 인쇄를 전면 불허한다는 지침을 발표했다. 특히 문제 삼은 것은 "하트나 절반짜리 하트가 새겨진 상자와 카드"였다. 절반짜리 하트half-heart는 어떤 모양일까?

오늘날 미국에서만 약 2억 통의 (실물) 밸런타인데이 카드가 발송되며, 디지털 카드가 인기를 끌면서 전체 발송량은 집계 불가능하다. 종이 카드이건 디지털 카드이건 여전히 하트를 찾아볼 수 있지만 꽃, 연인, (놀랍게도) 동물의 이미지가 점차 늘고 있다. 요즘 밸런타인데이 카드에는, 특히 미국에서 수신인의 상당수를 차지하는 어린이 대상 카드에는 귀여운 동물이 엄청나게 유행한다.

미국에서는 지난 몇 년간 인사장의 판매가 급감했으나 발렌타인데이 카드만은 예년 수준을 유지했다. (이제 인사장의 대명사가 된) 성 발렌티노는 자신이 수많은 사람들의 연애에 일조했다는 사실을 알면 뿌듯할 것이다.

사랑을 위해 제정된 특별한 날이 600년 넘도록 살아남았다는 것은 무엇을 의미할까? 그것은 가벼운 섹스가 대수롭지 않아진 현대에도 낭만의 힘이 여전함을 보여준다. 운명의 심장은 오직 하나뿐임을 이젠 아무도 믿지 않더라도, 우리는 여전히 사랑하는 사람이 내게 다가올 때 두근두근하는 심장 박동을 느끼고 싶어 한다. 과거보다 수명이 훨씬 길어졌기에 사랑에 빠질 기회도 여러 번이다(청소년기, 성년기, 심지어 중년과 노년에도). 어떤 사람은 운 좋게도 평생 사랑할 짝을 찾기도 한다. 하지만 몇 번을 사랑하고 몇 번을 이별하더라도, 이번은 진짜이리라는, 이번은 끝까지 가리라는, 이번은 심장과 뇌가, 몸과 영혼이 둘 다 만족하리라는 희망은 언제나 품을 수 있기에.

20장

I♥U

그림 31_ 밀턴 글레이저Milton Glaser, 〈사랑해 뉴욕I Love New York〉, 1977. 뉴욕 주 뉴욕, 뉴욕주 경제개발부 상표 등록 로고.

1977년에 하트는 동사가 되었다. 뉴욕 시에서 'I♥NY' 로고를 제작한 이유는 심각한 위기를 맞은 도시 분위기를 일신하기 위해서였다. 길거리는 쓰레기 천지였고, 범죄율이 치솟았으며, 시 재정은 파산 직전이었다. 뉴욕 시로부터 관광을 진흥할 수 있는 이미지를 디자인해달라는 의뢰를 받은 밀턴 글레이저Milton Glaser는 유명한 로고를 만들어냈는데, 이것은 그 뒤로 클리셰이자 밈이 되었다(그림 31).

　글레이저의 로고는 로버트 인디애나Robert Indiana의 '러브LOVE' 디자인과 전반적으로 — 내용 면에서는 아니어도 구성 면에서는 — 닮았다. 인디애나의 디자인은 1964년 현대 미술관 크리스마스카드에서 처음 발표되었으며 1973년 미국 우표에도 실렸다(그림 32).

글레이저의 'I♥NY' 로고는 심장을 사랑의 상징으로 묘사한 중세 이후의 전통을 계승한 것이었다. 하지만 글레이저는 낭만적 사랑과 종교적 사랑이라는 의미를 뛰어넘어 시민의 감정이라는 영역을 끌어안았으며, 이로써 하트의 쓰임새가 무한히 확대되는 길을 열었다. 동사가 된 ♥는 사람을 어떤 사람, 장소, 사물과도 쉽게 연결할 수 있었다. 뉴욕 시는 저작권료로 수백만 달러를 벌어들이고 있지만, 수많은 분야에서 짝퉁 로고가 등장하는 바람에 모든 위반 행위를 적발하지는 못하고 있다.

2001년 9월 11일 테러 공격이 벌어진 뒤로 뉴욕 시민은 이 비극적 사건으로 인해 자신의 도시를 더욱 사랑하게 되었다. 심지어 글레이저는 자신의 로고를 'I♥NY More than Ever'로 변형하고 그라운드제로 현장을 나타내는 검은 얼룩을 하트에 덧붙이기도 했다.

그림 32_ 로버트 인디애나Robert Indiana, 〈러브LOVE〉, 1973. 미국 우정청, 우표.

하트에 관한 20가지 이야기

1929년생 밀턴 글레이저와 1928년생 로버트 인디애나는 둘 다 1960년대 초에 미국 예술계를 집어삼킨 팝 아트 운동과 관계가 있다. 1935년생 짐 다인Jim Dine도 그렇게 말할 수 있다(정도는 덜하지만). 글레이저가 대체로 그래픽 아트에 치중하고 포스터로 인기를 끈 반면에 인디애나와 다인은 일상 회화로 두각을 나타냈다(인디애나는 미국의 도로 표지판을 그렸고 다인은 연장, 목욕 가운, 특히 심장을 즐겨 그렸다). 인터넷에서 '짐 다인 하트Jim Dine hearts'를 검색하면 유화, 수채화, 소묘, 프린트, 콜라주, 조각 등 수많은 작품을 볼 수 있다. 이 하트들은 대부분 다인이 기교를 부려 다채롭고 장식적이고 재미있게 표현한 것에 불과하지만, 이따금 이를 넘어선 개인적이고 (심지어) 형이상학적인 차원의 의미를 전달하기도 한다.

솔직히 말하자면 나는 다인의 열성팬은 아니었다. 그런데 2010년 작 〈자석The Magnets〉을 본 뒤로 생각이 달라졌다. 파란색 배경의 빨간색 하트와 빨간색 배경의 파란색 하트로 이루어진 두 점의 그림은 심장의 정수를 깊숙히 파고든다. 이 그림은 심장이 우리의 육체적·정서적 삶에 필수적인 존재라는 사실을, (심지어) 삶 자체의 신비를 일깨운다. 마크 로스코Mark Rothko의 초월적 회화를 떠올리게 하는 〈자석〉은 모든 심장을 둘러싸고 지탱하는 우주적 정신의 존재를 암시한다.

2010년 인터뷰에서 심장에 치중하는 이유를 묻자 다인은 이렇게 대답했다. "심장을 제 모든 감정의 견본으로 활용합니다. 모든 것을 그리기 위한 풍경인 셈이죠. 인도 고전 음악처럼 매우 단순한 것을 바탕으로 복잡한 구조를 만들어가는 방식입니다. 세상에서

할 수 있는 모든 것을 그 안에서 할 수 있습니다. 그게 바로 제 심장에 대한 저의 느낌입니다."

2015년 로스앤젤레스에서 열린 회고전에서 다시 심장에 대한 질문을 받자 다인은 이렇게 말했다. "상투적 표현은 결코 하고 싶지 않았습니다. 심장을 주제로 삼은 것은 그저 심장이 저의 조건이었기 때문입니다." 역설적으로, 심장을 자신의 '조건'을 비추는 거울로 삼음으로써 다인은 많은 사람들에게 스스로의 심장을 들여다보는 계기를 마련해주었다.

20세기 말에 새로운 그래픽 형태가 나타났는데, 그 덕에 하트가 어느 때보다 급속히 퍼졌다. 이번 발명은 미국발이 아니라 일본발이었다. 1999년 일본의 통신 회사 엔티티 도코모는 최초의 모바일 전용 이모티콘을 출시했다. 원래의 이모티콘 176개는 구리타 시게타카栗田穰崇가 디자인했으며 처음에는 흑백이었다가 검은색, 빨간색, 주황색, 연보라색, 초록색, 파란색 중 하나로 표현되었다. 이

그림 33_ 엔티티 도코모. 〈이모티콘Emoji〉(176개의 오리지널 세트), 1998~1999. 소프트웨어 및 디지털 이미지 파일. 뉴욕 주 뉴욕, 현대 미술관. © NTT DOCOMO.

하트에 관한 20가지 이야기

이모티콘은 현재 뉴욕 현대미술관의 영구 소장품이다(그림 33).

176개의 오리지널 이모티콘 중에는 하트가 다섯 개 있었는데, 나머지와 마찬가지로 고작 12×12 픽셀로 이루어졌다. 다섯 개의 하트 이모티콘 중에서 하나는 완전히 빨간색이고, 하나는 입체감을 주기 위해 흰색 점을 덧붙였으며, 하나는 가운데가 뾰족뾰족하게 갈라진 모양이고, 하나는 날아가는 것처럼 보이며, 하나는 작은 심장 두 개가 함께 길을 떠나는 듯하다.

이 그림 문자들은 픽셀의 제약 때문에 어설퍼 보이지만 그래도 대부분은 알아볼 수 있다. 눈 하나를 픽셀 세 개로 표현하고 입을 정사각형으로 나타낸 오리지널 웃는 얼굴smiley face은 알아보기가 쉽지 않겠지만. 웃는 얼굴은 하트와 마찬가지로 가장 친숙한 디지털 도상이 되었다. 하트와 웃는 얼굴을 조합하면 사랑의 다양한 색조를 표현할 수 있다.

우리는 온라인 메시지 끝에 다양한 색깔과 조합의 하트 이모티콘을 붙인다. 고전적인 빨간 하트 ♥ 는 관능적 사랑을, 화살이 꽂힌 하트 ♥ 는 큐피드를, 크기가 다른 분홍색 하트 두 개 ♥ 는 이루어질락 말락 하는 사랑을, 리본을 단 하트 ♥ 는 선물을, 떨리는 하트 ♥ 는 떨리는 마음을, 둘로 갈라진 하트 ♥ 는 이별의 아픔을 떠올리게 한다. 파란 하트, 초록 하트, 자주 하트, 노랑 하트, 검정 하트, 그 밖에도 수많은 하트가 있다. 이런 이모티콘이 없어도 타자기나 컴퓨터에서 키 두 개를 눌러 하트 이모티콘(〈3)을 만들 수 있다.

오늘날 하트 이미지의 다양성은 놀라울 정도다. 온라인에는 로맨스, 종교, 자연의 세계로부터 추린 사진들이 무수히 올라와 있는데, 숨이 멎을 만큼 아름답다. 이 중에는 나뭇잎, 바위, 구름, 연못, 새 떼, 사슴뿔, 크로아티아 갈레슈냐크 섬처럼 자연이 만든 하트 모양도 많다. 어떤 사람들은 자연 속 하트를 발견하고서 일종의 뉴에이지 범신론을 경험하기도 하는데, 누군가는 이를 시적으로 표현했다. "심장과 영혼에 공명하여 살면 우주와 연결된다." 심장으로 상징되는 인간적 사랑은 밖으로 확장되어 온 세상을 끌어안는다. 어쩌면 그 반대인지도 모르겠다. 자연에 존재하는 심장 모양으로부터 최초의 하트 도상이 창조되고 결국 사랑과 연결되었는지도. 어쨌든 오늘날 우리에게 친숙한 하트 형태는 많은 이들에게 지구 환경에 대한 경각심과 더 이상의 파괴를 막으려는 열망을 불러일으킬 수 있다.

대체로 볼 때, 시각적으로든 언어적으로든 심장은 낭만적 사랑을 주로 연상시킨다. 온라인 중매 사이트에서는 현대판 '외로운 심장' 광고가 성행하는데, 50대 미만이나 50대 이상의 독신, 가톨릭이나 유대인, 라틴계와 흑인, 부유한 독신, 동네의 독신, 이혼한 독신, 아이가 있는 독신, 여자를 찾는 남자, 남자를 찾는 남자, 남자를 찾는 여자, 여자를 찾는 여자 등 온갖 부류의 사람들이 짝을 찾는다.

엘런 후에르타Ellen Huerta는 '실연한 사람들'을 위해 웹사이트(letsmend.com)를 개발했는데, 자신의 경험뿐 아니라 최신 심리학 연구를 바탕으로 "실연한 사람의 부끄러움과 터부를 없애준"다고 한다. 후에르타는 낭만적 사랑이 자극하는 뇌 부위가 중독성 마약이 자극하는 부위와 같으며 중독성 마약과 비슷한 행복감과 의존성 증상을 일으킨다는 연구에 주목했다. 그녀는 사람들이 사랑의 중독적 갈망에 맞설 수 있도록 명상과 차 목욕에서 심리 상담에 이르는 일괄 프로그램을 제공한다. 그러나 사랑의 경험에서 뇌가 핵심적인 역할을 한다는 증거가 속속 발견되고 있지만 사랑에 대한 말과 글에서 주로 쓰이는 비유는 여전히 심장이다. 후에르타가 온라인에 올린 글에서도 이를 확인할 수 있다. "저희는 심장을 사로잡습니다." "파열된 심장의 치료." "저희는 심장이 깨진 사람을 위한 개인 트레이너입니다."

사랑에 빠진 심장과 더불어 종교적 심장도 여전히 전 세계에서 쓰이고 있다. 대다수 종교는 인간의 심장이 신과 특별하게 연결되어 있다고 주장한다. 이슬람교는 아직도 "순수한 심장으로" 알라 앞에 나오라고 가르친다. 불교는 "지혜로운 심장"과의 공감을 강조한다. 힌두교는 살아 있는 모든 존재의 심장과 (심지어) 모든 원자에 깃든 우주적 생명력인 최고아^{最高我·Paramatman} 개념을 믿는다. 헤브라이인들이 신앙의 토대로 삼는 성경은 (잠언 4장 23절 "모든 지킬 만한 것 중에 더욱 네 마음을 지키라. 생명의 근원이 이에서 나는 것이니라"에서 보듯) 심장의 도덕적 · 영적 의미를 강조한다. 기독교인들은 "하나님은 사랑이심이라"(《요한1서》 4장 8절)라는 가장 귀중한 믿음을 심장에 빗대어 표현한다.

나도 신이 사랑임을 믿고 싶다. 신을 믿고 싶다. 기독교인, 유대교인, 이슬람교인, 바하이교인 친구들의, 은혜로운 신에 대한 확신이 부럽다. 그들의 사랑하는 심장은 나의 심장을 비추고 내가 부모와, 자녀와, 손자녀와 나눈 사랑을 북돋웠다.

나는 사랑에 빠지고 사랑 속에 머무는 — 둘은 겹치지만 서로 다른 사랑의 형태다 — 무엇과도 비교할 수 없는 경험도 해봤다. 사랑에 빠지는 경험은 나를 놀라게 하고 나를 꿰뚫고 나를 행복하고 연약한 존재로 만든다. 혼외정사가 점차 일상화되고 있지만, 미국인들은 사랑에 빠지는 감정을 나머지 모든 감정과 구분하는 것이 불안과 기쁨의 독특한 조합이라는 데 (나이를 불문하고) 여전히 동의한다.

사랑에 머무는 것은 더 힘든 일이다. 이것은 감정일 뿐 아니라, 헌신하고 상대방에게 자신을 맞추고 상대방을 자신처럼 아끼는 '행위'이기 때문이다. 우리는 상대방의 심장에 늘 귀를 기울이고 그의 심장 박동이 나의 심장 박동과 일치하도록 해야 한다.

심장은 한낱 은유인지도 모르지만 효과가 훌륭하다. 사랑 자체는 정의하기가 불가능하기 때문이다. 시대를 막론하고 사람들은 자신이 경험하는 사랑의 다양한 색조를 말로 표현하려고 노력했다. 우리는 애호, 호의, 심취, 애착, 애정, 로맨스, 욕망, 성욕과 '진정한 사랑'을 구분하고 싶어 한다. 우리는 사랑에 빠지고 연애편지를 쓰고 사랑을 나누고 상사병에 걸리고 사랑의 보금자리를 꾸미고 심지어 원앙을 흉내내기까지 한다. 우리는 상대방에게서 똑같은 답을 들으리라는 확신이 들었을 때 비로소 "사랑해"라고 말한다. 대학생들은 가볍게 사귀는 것이 사랑과 같지 않음을 알지만, 사랑할 준비가 되었다는 판단을 하면 대부분 진지한 사랑을 시작한다. 누구나 사랑하고 싶어 한다. 세상 그 무엇도 사랑만큼 강렬한 쾌감과 활력과 존재의 이유를 선사하지는 못하기 때문이다.

말로 표현할 수 없을 때 우리는 상징에 기댄다. 우리는 이메일, 문자 메시지, 편지에 ♥를 덧붙인다. 가장 소중한 이에게 하트와 큐피드로 장식된 밸런타인데이 카드를 보낸다. 하트 무늬가 그려진 스카프는 여성 친척이나 친구에게 선물로 제격이다. 우리는 아이들 파티에 하트 모양 쿠키를 구워준다. 하트로 장식된 선물은 하트 때문에 더욱 특별하다. 이따금 스스로에게 하트 모양 선물을 하기도 한다. 나는 오래전에 빨간색 유리로 만든 랄리크 하트 펜던트를 샀는데, 아직도 즐겨 착용한다.

내가 심장의 은유에 매혹되는 것은 인간 본성의 가장 좋은 부분을 나타내기 때문이다. 남을 사랑하고 아끼는 것은 단지 시인의 본분이 아니라 후회 없는 삶을 살고자 하는 모든 필멸자의 사명이다. 심장으로 느끼는 사랑은 성적으로 이끌리는 두 사람 사이에서뿐 아니라 친한 친구, 클럽이나 커뮤니티의 가까운 회원, 의사와 환자 사이에서도 경험할 수 있다(혈연 간에는 말할 필요도 없고). 85년간의 삶을 돌아보면 내가 얼마나 많은 사람을 사랑했는지 깨닫고 놀라게 된다. 한 사람 한 사람이 고유하지만 이들 모두가 내 심장에 함께 깃들어 있다.

사랑을 상징하는 심장이 전 세계에서 유행하는 것을 보면, 증오로 갈기갈기 찢긴 세상에 작은 희망의 씨앗이 있음을 알 수 있다. 부디 사랑만이 우리를 구원할 수 있다는, 시대를 초월한 진리를 일깨워주길.

요즘은 어디서나 하트를 볼 수 있기에 남용의 위험 또한 존재한다. 저지방 식품의 홍보용 로고나 티셔츠에 쓰이면서도 숭고한 아우라를 간직할 수 있을까? 가리비 모양 하트의 생명력이 사라지고 있는 걸까? 적어도 지금은 생기가 넘치는 듯하다. 심장은 무수한 상황에서 힘차게 뛰고 있다. 사진가들은 자연에서 심장을 발견하고 미술가들은 심장의 메시지를 전달할 새로운 방법을 생각해낸다. 누가 제2의 장 드 그리스, 밀턴 글레이저, 짐 다인이 될까? 누가 사포, 오비디우스, 발터 폰 데어 포겔바이데, 단테, 오를레앙의 샤를, 필립 시드니 경, 벨리니의 전통을 이어 심장을 노래할까? 누가 유서 깊은 도상이자 은유에 생명력을 불어넣어 우리의 심장 속에 간직된 조용한 언어가 계속 표현되도록 할까?

감사의 글

무엇보다 스탠퍼드 대학교에 감사하고 싶어요. 이곳은 50년 넘도록 남편과 저의 지적 보금자리였답니다. 그린 도서관과 보스 미술·건축 도서관의 자료가 없었다면 이 책을 쓰는 건 불가능에 가까웠을 거예요.

유럽의 우화집을 알려준 존 벤더 교수(영문학), 중세 노래책을 연구한 마리사 갈베스 교수(불문학), 가톨릭 예배에 대해 조언해준 바버라 겔피 명예교수(영문학), 중세 문헌을 소개해준 피오나 그리피스 교수(역사학), 중세 이탈리아 문학을 알려준 로버트 해리슨 교수, 종교 연구를 통해 종교개혁과 반종교개혁에 대한 나의 지식을 넓혀준 밴 하비 명예교수, 심형 지도 연구를 도와준 데이비드 럼지 지도 연구소의 G. 살림 모하메드 소장 등 스탠퍼드의 여러분에게 빚진 게 많아요. 미국 자료에 대해 논평해준 미셸 클레이먼 젠더 연구소의 이디스 겔스 선임 연구원에게도 감사드려요. 겔스는 클레이먼의 캐런 오편 선임 연구원, 바버라 겔피 교수, 작자이자 번역가 스티나 카차두리안과 함께 8장을 합평해줬어요.

스탠퍼드 대학교 미술학과의 대학원생 나탈리 펠롤리오는 삽화를 고르고 구하는 데 큰 몫을 했어요.

작가 킴 체르닌은 18장에 대해 중요한 조언을 해줬으며 그녀의 파트너인 작가 레나테 슈텐달은 충고와 격려를 아끼지 않았어요.

저의 친한 친구이자《여성의 우정에 관하여》(책과함께, 2016)를 공저한 테리사 도너번 브라운은 이 책의 집필 초기 단계부터 큰 도움을 줬어요.

저작권 대리인이자 오랜 친구 샌드라 다익스트라는 알맞은 출판사를 찾아줬고 베이식북스의 편집자 댄 거슬은 책의 내용을 구성하는 데 중요한 역할을 했어요.

정신과 의사인 우리 남편 어빈 옐롬은 초고의 첫 독자이자 마지막 독자였으며 늘 버팀목이 되어줬어요. 사진가인 아들 리드 옐롬은 사진 찍는 일을 도와줬어요. 이런 가족, 동료, 친구가 있었으니 사랑의 상징인 심장에 대한 책을 쓰는 것은 제게 자연스러운 일이었죠.

참고 문헌

Amidon, Stephen, and Thomas Amidon. *The Sublime Engine: A Biography of the Human Heart*. New York: Rodale, 2011.

Andrews, Edward Deming, and Faith Andrews. *Visions of the Heavenly Sphere: A Study in Shaker Religious Art*. Charlottesville, VA: Winterthur Museum and the University Press of Virginia, 1969.

Barberino, Francesco da. *I Documenti d'Amore*. Milan: Archè, 2006.

Beauman, Francesca. *Shapely Ankle Preferred: A History of the Lonely Hearts Ads, 1695–2010*. London: Chatto and Windus, 2011.

Bietenholz, Doris. *How Come This Means Love? A Study of the Origin of the Symbol of Love*. Saskatoon, Canada: D. Bietenholz, 1995.

Bushrui, Suheil, and James M. Malarkey, eds. *Desert Songs of the Night: 1500 Years of Arabic Literature*. London: SAWI, 2015.

Camille, Michael. *The Medieval Art of Love*. New York: Harry N. Abrams, 1998. 한국어판은《중세의 사랑과 미술》(예경, 2001).

Campbell, Marian. *Medieval Jewelry in Europe 1100–1500*. London: Victoria and Albert Publishing, 2009.

Canteins, Jean. *Francesco da Barberino. L'Homme et l'Oeuvre au regard du soi-disant "Fidèle d'Amour."* Milan: Archè, 2007.

Capellanus, Andreas. *On Love*. 영어 번역: P. G. Walsh. London: Duckworth, 1982.

Le "Cuer" au Moyen Age, Sénéfiance, Aix: Centre Universitaire d'Études et de Recherches Médiévales d'Aix, No. 30, 1991.

d'Anjou, René. *The Book of the Love-Smitten Heart*. 영어 번역: Stephanie Viereck Gibbs and Kathryn Karczewska. New York and London: Routledge, 2001.

_____. *Le Livre du Cœur d'amour épris*. 편집 및 영어 번역: Florence Bouchet. Paris: Livre de Poche, 2003.

de Champagne, Thibaud. *Recueil de Chansons*. 영어 번역: Alexandre Micha. Paris: Klincksieck: Paris, 1991.

de la Croix, Arnaud. *L'érotisme au Moyen Age: Le corps, le désir et l'amour*. Paris: Editions Tallandier, 1999.

de Lorris, Guillaume, and Jean de Meun. *The Romance of the Rose*. 영어 번역: Frances Horgan. Oxford and New York: Oxford University Press, 1994.

de Troyes, Chrétien. *Cligès*. 영어 번역: Burton Raffel. New Haven, CT, and London: Yale University Press, 1997.

d'Helfta, Gertrude. *Œuvres Spirituelles*. Tome I. *Les Exercices*. 영어 번역: Jacques Hourlier and Albert Schmitt. Paris: Les Editions du Cerf, 1967.

_____. *Œuvres Spirituelles*. Tome II, *Le Héraut* (Livres I et II). 영어 번역: Pierre Doyère. Paris: Les Editions du Cerf, 1968.

d'Orléans, Charles. *Poésies*. 편집: Pierre Champion. Paris: Honoré Champion Editeur, 2010.

Doueihi, Milad. *A Perverse History of the Human Heart*. Cambridge, MA: Harvard University Press, 1997.

Emmerling, Mary. *American Country Hearts*. New York: Clarkson N. Potter, 1988.

Erickson, Robert A. *The Language of the Heart, 1600–1750*. Philadelphia: University of Pennsylvania Press, 1997.

Evans, Ruth, ed. *A Cultural History of Sexuality in the Middle Ages*. Oxford and New York: Berg, 2011.

Farrin, Raymond. *Abundance from the Desert: Classical Arabic Poetry*. Syracuse, NY: Syracuse University Press, 2011.

Gertrude the Great of Helfta. *Spiritual Exercises*. 영어 번역: Gertrud Jaron Lewis and Jack Lewis. Kalamazoo, MI: Cistercian Publications, 1989.

Hansen, H. J., ed. *European Folk Art in Europe and the Americas*. New York and Toronto: McGraw Hill, 1967.

Harrison, Robert Pogue. *The Body of Beatrice*. Baltimore, MD: Johns Hopkins University Press, 1988.

Herbert, J. A. *Illuminated Manuscripts*. Bath, UK: Cedric Chivers Ltd. [1911], 1972.

Hillman, David, and Carla Mazzio. *The Body in Parts: Fantasies of Corporeality in Early*

Modern Europe. New York and London: Routledge, 1997.

Høystad, Ole M. *A History of the Heart*. London: Reaktion Books, 2007.

Jager, Eric. *The Book of the Heart*. Chicago and London: University of Chicago Press, 2000.

Kemp, Martin. *Christ to Coke: How Image Becomes Icon*. Oxford: Oxford University Press, 2012.

Kish, George. "The Cosmographic Heart: Cordiform Maps of the Sixteenth Century." *Imago mundi*, 19(1965): 13 - 21.

Koechlin, Raymond. *Les Ivoires gothiques français*, 3 vols. Paris, 1924.

Mancoff, Debra N. *Love's Messenger: Tokens of Affection in the Victorian Age*. Chicago: Art Institute of Chicago, 1997.

Micrologus. *Micrologus: Natura, Scienze e Societa Medievali* [Nature, Sciences and Medieval Societies]. XI, *Il cuore* [The Heart]. Lausanne: Sismel, Edizioni del Galluzzo, 2003.

Nelli, René. *Troubadours et trouvères*. Paris: Hachette, 1979.

Ovid. *The Love Poems*. 영어 번역: A. D. Melville. Oxford and New York: Oxford University Press, 1990. 한국어판은 《사랑의 기교》(열린책들, 1996).

Panofsky, E. "Blind Cupid." In *Studies in Iconology: Humanistic Themes in the Art of the Renaissance*, 95 - 128. New York: Harper and Row, 1962.

Pastoureau, Michel. *Une histoire symbolique du Moyen Age occidental*. Paris: Editions du Seuil, 2004.

Peakman, Julie, ed. *A Cultural History of Sexuality*. Vols. 1 - 6. Oxford and New York: Berg, 2011.

Peto, James, ed. *The Heart*. New Haven, CT, and London: Yale University Press, Wellcome Collection, 2007.

Picaud, Gérard, and Jean Foisselon. *A tout coeur: L'art pour le Sacré Coeur à la Visitation*. Paris: Somogy éditions d'art, 2013.

Praz, Mario. "Sacred and Profane Love." *Studies in Seventeenth Century Imagery*. Rome: Edizioni di Storia e Letteratura, 1964.

Randall Jr., Richard H. *The Golden Age of Ivory: Gothic Carvings in North American Collections*. New York: Hudson Hills Press, 1993.

Richardson, Samuel. *Pamela: or Virtue Rewarded*. 편집: Thomas Keymer and Alice Wakely. Oxford and New York: Oxford University Press, 2001. 한국어판은 《파멜

라》(문학과지성사, 2008.)

Robinson, James. *Masterpieces: Medieval Art*. London: British Museum Press, 2008.

Shaw, Robert. "United as This Heart You See: Memories of Friendship and Family." In *Expressions of Innocence and Eloquence: Selections from the Jane Katcher Collection of Americana*, Vol. I, edited by Jane Katcher, David A. Schorsch, and Ruth Wolfe, 85 – 103. New Haven, CT: Yale University Press, 2006.

Slights, William W. E. *The Heart in the Age of Shakespeare*. New York: Cambridge University Press, 2008.

St. Teresa of Avila. *The Collected Works*. 영어 번역: Kieran Kavanaugh and Otilio Rodriguez. Washington, DC: ICS Publications, 1987.

Talvacchia, Bette, ed. *A Cultural History of Sexuality in the Renaissance*. Oxford and New York: Berg, 2011.

Thomas, Antoine. *Francesco da Barberino et la Littérature Provençale en Italie au Moyen Age*. Paris: Ernest Thorin, 1883.

Tibaud. *Roman de la poire*. 편집: Christiane Marchello-Nizia. Paris: Société des Anciens Textes Français, 1984.

Vaenius, Otto. *Amorum Emblemata*. 편집: Karel Porteman. Aldershot Hants, England, and Brookfield, VT: Scolar Press, 1996.

Vinken, Pierre. *The Shape of the Heart*. Amsterdam: Elsevier/Colophon, 2000.

von Strassburg, Gottfried. *Tristan*. 영어 번역: A. T. Hatto. Harmondsworth, UK: Penguin Books, 1967. 한국어판은 《트리스탄》(지식을만드는지식, 2011).

Webb, Heather. *The Medieval Heart*. New Haven, CT: Yale University Press, 2010.

Webb Lee, Ruth. *A History of Valentines*. New York and London: Studio Publications, 1952.

Wiet, Gaston. *Introduction à la Littérature Arabe*. Paris: Editions G. P. Maisonneuve et Larose, 1966.

Williams, John. *The Illustrated Beatus*. Vols. I – V. London: Harvey Miller Publishers, 1998.

미주

들어가며

11쪽. 한 이집트인 시인은 자신의 심장을: Diane Ackerman, *A Natural History of Love* (New York: Vintage Books, 1995), 10-11.

12쪽. 성경에 따르면 심장은 하느님의 말씀을: William W. E. Slights, *The Heart in the Age of Shakespeare* (Cambridge: Cambridge University Press, 2008), 22.

12쪽. 기독교 교부 중에서 심장 하면 가장 먼저 떠오르는 인물은: Eric Jager, T*he Book of the Heart* (Chicago and London: University of Chicago Press, 2000), 28 - 29. 아우구스티누스가 자신의 심장을 손에 들고 있는 그림은 14세기에 등장하기 시작했다. 이를테면 1340년 쾰른 발라프 리하르츠 미술관에 소장된 독일 제단화와 모건 도서관의 《다 코스타 성우일도서》, MS M. 399, f. 299v 같은 프랑스와 플랑드르의 중세 후기 사본 등이 있다.

13쪽. 기독교가 그리스도를 향한 순결한 심장을 칭송하고: Stephen Greenblatt, "The Invention of Sex: St. Augustine's Carnal Knowledge," *New Yorker*, June 19, 2017, 24 - 28.

1장 사랑이 깃든 고대의 심장

20쪽. 하지만 만년에 이르러서는: "Sappho. Selected Poems and Fragments," trans. A. S. Kline ⓒ2005, www.poetryintranslation.com/PITBR/Greek/Sappho. htm#anchor_Toc76357048.

20쪽. 안티오코스는 계모 스트라토니케와 사랑에 **빠졌을** 때: Plutarch, *Parallel Lives: The Lives of the Noble Grecians and Romans*, trans. John Dryden (New York: The Modern Library, 1992), 1095. 한국어판은 《플루타르코스 영웅전》(Human & Books,

2015) 197쪽.

21쪽. "화살 오늬를 시위 중간에 먹였고": Bruce S. Thornton, Eros: *The Myth of Ancient Greek Sexuality* (Boulder, CO: Westview Press, 1997), 15.

21쪽. 그는 《티마이오스》에서 심장이 몸의 감정 작용을: Robert A. Erickson, *The Language of the Heart, 1600–1750* (Philadelphia: University of Pennsylvania Press, 1997), 1.

23쪽. "레스비아, 몇 번을 입맞추면": 이것과 아래의 시들은 카툴루스의 시 7번을 내가 대략적으로 번역한 것이다.

23쪽. 2세기 그리스의 의사 소라누스는: John M. Riddle, *Eve's Herbs: A History of Contraception and Abortion in the West* (Cambridge, MA, and London: Harvard University Press, 1997), 44 - 46.

24쪽. "사랑은 전투와 같다. 게으름뱅이 군인은 저리로 가라.": 이 문장과 아래 인용문의 출처는 Ovid, *The Love Poems*, trans. A. D. Melville (Oxford and New York: Oxford University Press: 1990), 114, 100, 126, 127. 한국어판은 《사랑의 기교》(열린책들, 1996) 65, 87, 89쪽.

27쪽. "이집트인이 그러듯 인체를 잘라 열면": Ackerman, *A Natural History of Love*, 36.

27쪽. 중세 잉글랜드 솔즈베리에서는 결혼 예식서에서: Emilie Amt, ed., *Women's Lives in Medieval Europe: A Sourcebook* (New York and London: Routledge, 1993), 86.

27쪽. 로마의 여인이 아내로서의 소임을 다하고 죽으면: 이 문장과 아래 인용문의 출처는 Mary Beard, SPQR: *A History of Ancient Rome* (New York: W. W. Norton, 2015), 304, 310.

28쪽. 로마인들은 (특히 여자와 관련하여) 슬픔을 겉으로 드러내는 것을: Anthony Everitt, Cicero (New York: Random House, 2003), 243 - 244. 한국어판은 《로마의 전설 키케로》(서해문집, 2003).

28쪽. 카툴루스는 레스비아에 대해 쓰지 않을 때: Catullus, "Epithalamium," *The Latin Poets*, ed. Francis. R. B. Godolphin (New York: Modern Library, 1949), 25 - 31.

29쪽. 많은 동시대인도 오비디우스처럼 회의적이었다: Tim Whitmarsh, *Battling the Gods: Atheism in the Ancient World* (New York: Vintage, 2015).

29쪽. 몇몇은 신을 열렬히 믿었을지 모르지만: Richard Tarnas, *The Passion of the Western Mind* (New York: Harmony Books, 1991), 13.

30쪽. 아프로디테의 꾐에 빠져 파리스와 도주한 헬레네는: Thornton, *Eros*, 4.

31쪽. 그리스 도자기는 구석구석에 성교 장면을 넣었으며: Eva C. Keuls, *The Reign of the Phallus* (Berkeley: University of California Press, 1985).

2장 심장에서 나온 아랍의 노래들

35쪽. 아랍의 음유시인 라위는 애절한 연애시를 암송했는데: Robert Mills,
"Homosexuality: Specters of Sodom," in *A Cultural History of Sexuality in the
Middle Ages*, ed. Ruth Evans (Oxford and New York: Berg, 2011), 69.

35쪽. 그 뒤에는 종교가 애욕적 사랑을 제치고 아랍 시의 주제가 되었다: Suheil
Bushrui and James M. Malarkey, eds., "Introduction," in *Desert Songs of the Night:
1500 Years of Arabic Literature* (London: SAQI, 2015).

36쪽. 시인 카브 빈 주하이르는 이렇게 외쳤다: 이 문장과 아래 인용문의 출처는
Bushrui and Malarkey, *Desert Songs*, 17, 27, 22, and 4.

37쪽. 박식한 학자 말로는 이 구절이 "아랍 고전 시 중에서 가장 음란하"다고 한다:
Raymond Farrin, Abundance from the Desert (Syracuse, NY: Syracuse University Press,
2011), 10.

38쪽. 이 연인들이 눈길을 끄는 것은: Gaston Wiet, Introduction à la Littérature Arabe
(Paris: Editions G. P. Maisonneuve et Larose, 1966), 43.

38쪽. 하지만 그는 유부녀가 된 그녀를 여전히 흠모했다: Farrin, *Abundance from the
Desert*, 98.

39쪽. 〈사랑과 연인에 대하여〉에서 그는: 이 문장과 아래 인용문의 출처는 Ibn Hazm,
Le Collier de Pigeon ou de l'Amour et des Amants, trans. Léon Bercher (Algiers:
Editions Carbonel, 1949), 5, 33, 68 - 69, 369, and 371 - 373 (영어 번역은 프랑스어판
에서 저자).

3장 하트 아이콘의 원조들

46쪽. 대접에 포도, 잎, 포도나무를 주로 새긴 것으로 보건대: Roman Ghirshman,
Persian Art: The Parthian and Sassanian Dynasties, 249 BC-AD 651, trans. Stuart
Gilbert and James Emmons (New York: Golden Press, 1962), 216.

47쪽. 이 작은 하트는 단순히 예쁜 문양이었을까: *Le Monde, Science et Médicine*,
October 12, 2016, 4 - 5.

47쪽. 그가 《심장의 형상》에서 제시한 예들은: Pierre Vinken, *The Shape of the Heart*
(Amsterdam: Colophon, 2000), 17 - 18.

47쪽. 가장 흥미로운 것 중 하나는: John Williams, The Illustrated Beatus, vols. I - V

(London: Harvey Miller Publishers, 1998). 또한 Natasha O'Hear and Anthony O'Hear, *Picturing the Apocalypse. The Book of Revelation in the Arts over Two Millennia*, vols. I -V (Oxford: Oxford University Press, 2015) 참고.

48쪽. 중세 필사본 전문가 크리스토퍼 드 해멀에 따르면: Christopher de Hamel, *Meetings with Remarkable Manuscripts* (London: Allen Lane/Penguin, 2016), 209. 더 해멀이 저자에게 보낸 이메일.

48쪽. 아마도 모건 베아투스의 채식사는: 모건 베아투스의 관련 이미지는 Barbara Shailor and John Williams, *A Spanish Apocalypse: The Morgan Beatus Manuscript* (New York: George Braziller, 1991), f. 22v, f. 156, f. 157, f. 214, and 181v에서 재수록.

50쪽. 파쿤두스는 다른 삽화에서도 동물을 하트로 장식했으며: 이와 관계된 파쿤두스 하트로는 John Williams, *The Illustrated Beatus*, vol. III에 수록된 f. 109, f. 135, f. 160, f. 230v, and f. 240 참고.

4장 심장에서 우러난 프랑스와 독일의 노래들

55쪽. 핀 아모르는 번역이 불가능하다: Jean-Claude Marol, *La Fin' Amor: Chants de troubadours XIIe et XIIIe siècles* (Paris: Editions du Seuil, 1998), 22.

56쪽. 베르나르트의 한 송시는 이런 단언으로 시작한다: Christopher Lucken, "Chantars no pot gaire valer, si d'ins dal cor no mou lo chans: Subjectivé et Poésie Formelle," in *Micrologus, XI, Il cuore, The Heart* (Florence: Sismel, Edizioni del Galluzzo, 2003), 380.

56쪽. 베르나르트는 자신이 어떤 트루바두르보다 노래를 잘하는 이유를: Arnaud de la Croix, L' érotisme au Moyen Age: Le corps, le désir l'amour (Paris: TEXTO, 2003), 47.

56쪽. 또 다른 트루바두르 아르노 다니엘Arnaud Daniel은: Andrea Hopkins, *The Book of Courtly Love: The Passionate Code of the Troubadours* (San Francisco: HarperSanFrancisco, 1994), 22.

57쪽. 그녀는 "그에게 나의 심장과 사랑을 주네"라고 쓰고는: De la Croix, *L' érotisme au Moyen Age*, 31.

57쪽. 그리하여 13세기 들머리에 활동한 다작의 음유시인 가스 브륄레는: Samuel N. Rosenberg and Samuel Manon, eds., and trans., *The Lyrics and Melodies of Gace Brulé* (New York and London: Garland Publishing, 1985). 인용문 출처는 Gace Brulé,

RS 413, RS 643, RS 1690, RS 801, RS 1465, RS 1934, and RS 1757.

58쪽. "심장과 의지를 모두 사랑에 쏟아부은 자는": 이 문장과 아래 인용문의 출처는 Thibaut de Champagne, *Recueil de Chansons*, trans. Alexandre Micha (Paris: Klincksieck, 1991), 23 and 25.

58쪽. "사랑이 / 그대의 자국을": 이 시와 아래 시들의 출처는 Jager, *The Book of the Heart*, 69−71.

58쪽. 이 시를 13세기 트루바두르 시 모음집에 실으면서: Pierpoint Morgan Library, MS M.819. fol. 59r.

59쪽. 한 무명 트루베르는 자신에게 노래의 영감을 준: 이 문단의 출전은 Samuel Rosenberg and Hans Tischler, *Chansons des Trouvères* (Paris: Livre de Poche, 1995), 132−133, 136−137, and 364−365.

59쪽. 이들 지역에서 사랑은 문학적 관념으로서뿐 아니라: René Nelli, *Troubadours et trouvères* (Paris: Hachette, 1979), 15−16.

60쪽. 사랑을 심장에 넣고 잠근다는 발상은: 이를테면 *Le Roman de la Rose*, British Museum Ms. 42133, f의 축도. 15.

61쪽. "오소서, 오소서, 내 심장의 연인이여": H. G. Fiedler, ed., *Das Oxforder Buch Deutscher Dichtung vom 12ten bis zum 20sten Jahrhundert* (London: Oxford University Press, 1948), 1 (영어 번역은 저자).

61쪽. 이와 더불어 프랑스어, 이탈리아어, 스페인어로 쓴 노래책들은: Marisa Galvez, *Songbook: How Lyrics Became Poetry in Medieval Europe* (Chicago and London: University of Chicago Press, 2012).

62쪽. 발터의 시는 이 고결한 태도를 가르쳐주는: Maria Effinger, Carla Meyer, and Christian Schneider, eds., "Der Codex Manesse und die Entdeckung der Liebe," *Universitätsverlag* (Winter 2010), in conjunction with the "Codex Manesse and the Discovery of Love" exhibition at the University of Heidelberg, 2010.

64쪽. 11세기와 12세기에 기독교 스페인: Marilyn Yalom, *Birth of the Chess Queen: How Her Majesty Transformed the Game* (New York: HarperCollins, 2004).

5장 심장의 로맨스

68쪽. "하느님에게는 어떤 보상도 기대할 수 없어요": Héloïse and Abélard, *Lettres et vies*, ed. Yves Ferroul (Paris: GF-Flammarion, 1996), 103 (영어 번역은 저자).

69쪽. 그는 긴 독백에서 사랑의 기원에 대한: Joseph J. Duggan, "Afterword," *Cligès*, trans. Burton Raffel (New Haven, CT, and London: Yale University Press), 215 - 229.

69쪽. "다친 것은 눈이 아니라": 이 시와 아래 시들의 출처는 *Cligès*, trans. Raffel, lines 698 - 715, pp. 23 - 24; lines 458 - 459, p. 16; lines 2281 - 2283, p. 73; lines 2798 - 2835, pp. 89 - 90.

71쪽. 심장에 깃든 이런 부정적 감정은: Begoña Aguiriano, "Le cœur dans Chrétien," and Micheline de Combarieu du Gres, "Un coeur gros comme ça," in *Le "Cuer"* au *Moyen Age, Senefiance*, no. 30(Aix: Centre Universitaire d'Etudes et de Recherches Médiévales d'Aix, 1991), 9 - 25, 77 - 105.

71쪽. 크레티앵 드 트루아는 걸작 《랜슬롯》에서: Chrétien de Troyes, *Lancelot: The Knight of the Cart*, trans. Raffel (New Haven, CT, and London: Yale University Press, 1997), lines 1237 - 1239, p. 40.

72쪽. 크레티앵과 마찬가지로 마리 드 샹파뉴에게서 후원을 받은: Andreas Capellanus, *On Love*, trans. P. G. Walsh (London: Gerald Duckworth & Co., 1982), 221.

72쪽. 이를 비롯한 샤플랭의 말에는: De la Croix, L'érotisme au Moyen Age, 73 - 76.

72쪽. 고귀한 태생의 여인은 끊임없이: Georges Duby, ed., A *History of Private Life: Revelations of the Medieval World*, vol. II, trans. Arthur Goldhammer (Cambridge, MA, and London: Harvard, Belknap Press, 1988), 77 - 83.

73쪽. 마리는 자신의 견해를 묻는 사람에게 단호히 대답했다: 이 문장과 아래 인용문의 출처는 Capellanus, *On Love*, 157 and 283.

73쪽. "기사를 자신의 젖가슴에 대고": Chrétien de Troyes, *Lancelot*, trans. Raffel, 147.

75쪽. 이 사랑의 찬가에서 몇 구절만 인용해보자: Gottfried von Strassburg, *Tristan*, trans. A. T. Hatto (Harmondsworth: Penguin Books, 1967), 262 - 263.

76쪽. 현대의 비평가 한 명은 《트리스탄》을 이렇게 논평했다: Ole M. Høystad, *A History of the Heart* (London: Reaktion Books, 2007), 118.

76쪽. 대중적 매력을 짐작케 하는 사례는: Michel Pastoureau, *Une histoire symbolique du Moyen Age occidental* (Paris: Editions du Seuil, 2004), 340 - 341.

77쪽. 글 자체는 위대한 문학 작품이 아니지만: Christine Marchello-Nizia, ed., *Le Roman de la Poire par Tibaut* (Paris: Société des anciens textes français, 1984).

80쪽. 1000년경 페르시아의 철학자 이븐 시나: Vinken, *The Shape of the Heart*, 13 - 16.

82쪽. 어느 순간 그는 근사한 장미원을 발견한다: 이 문장과 아래 인용문의 출처는 Guillaume de Lorris and Jean de Meun, *The Romance of the Rose*, trans. Frances

Horgan (Oxford and New York: Oxford University Press, 1994), 26 and 27.

6장 예수와 심장을 나누다

88쪽. 경건한 사람들은 십자가에 달린 예수의 옆구리에: Stephen Greenblatt, "Mutilation and Meaning," in *The Body in Parts: Fantasies of Corporeality in Early Modern Europe*, eds. David Hillman and Carla Mazzio (New York and London: Routledge, 1997), 223.

89쪽. 그는 예수의 거룩한 심장이 베푸는 너그러운 자비에 깃들게 해달라고: Anselm of Canterbury, *The Prayers and Meditations of St. Anselm*, trans. Benedicta Ward (London: Penguin, 1973), 224.

90쪽. 예수는 그녀에게 손을 뻗으며 말했다: This and the following quotations are from Gertrude d'Helfta, *Œuvres Spirituelles*, Tome II, *Le Héraut* (Livres I et II), ed. Pierre Doyère (Paris: Les Editions du Cerf, 1968), 228, 230, 248, 250, 138, 140, and 288 (my translations).

92쪽. 제르트루다의 기도, 명상, 전례, 찬송은: The following quotations are from *Gertrude the Great of Helfta: Spiritual Exercises*, trans. Gertrude Jaron Lewis and Jack Lewis (Kalamazoo, MI: Cistercian Publications, 1989), 33, 35, 38, 40, 48, 68, 74, 77, 81, and 91.

93쪽. 그녀는 글에서 베누스를 여러 번 자연스럽게 언급했으며: Madeleine Grace, CVI, "Images of the Heart as Seen in the Writings of Beatrice of Nazareth and Gertrude the Great," in *Cistercian Studies Quarterly 37*, no. 3(2002): 269.

93쪽. 스물한 살 무렵에 신비한 경험을 한 뒤: Caroline Walker Bynum, *Holy Feast and Holy Fast: The Religious Significance of Food to Medieval Women* (Berkeley: University of California Press, 1987), 246. 또한 Martin Kemp, Christ to Coke: *How Image Becomes Icon* (Oxford and New York: Oxford University Press, 2012), 101 – 102 참고.

94쪽. 한번은 환상 속에서 예수에게 왜: Catherine of Siena, *The Letters of St. Catherine of Siena*, vol. I, trans. Suzanne Noffke (Binghamton, NY: Medieval & Renaissance Tets and Studies, 1988), 254.

95쪽. 푸케의 그림에서는 예수의 심장에서: "*Les Heures d'Etienne Chevalier,*" Louvre, département des arts graphiques, R.F. 1679.

95쪽. 성무일도서에 실린 성심 그림 중에서: Morgan Library, MS M.7, f. 24r.

7장 이탈리아화된 심장, 카리타스

100쪽. "그러다가 고귀한 여인의 아름다움을 보면": Robert Pogue Harrison, *The Body of Beatrice* (Baltimore, MD, and London: Johns Hopkins University Press, 1988), 50.

101쪽. "그녀의 키는 자연의 힘이 올릴 수 있는 만큼 높다": 같은 책, 39.

101쪽. 소네트는 사랑이 연인 속의 두 목적지에 이르는 경로를 따라가며 끝맺는다: 같은 책, 43.

102쪽. 이탈리아 학자 로버트 해리슨은: 같은 책, 44.

102쪽. 그 뒤에 벌어진 일은 충격적이다: Milad Doueihi, *A Perverse History of the Human Heart* (Cambridge, MA, and London: Harvard University Press, 1997), 57.

106쪽. 시에나도 카리타스 프레스코화를 자랑한다: 이 카리타스 회화의 사진은 Doris Bietenholz, *How Come This Means Love?* (Saskatoon, Canada, 1995), and Vinken, *The Shape of the Heart*, 34 – 41 참고.

106쪽. 14세기 초에 스테파네시 제단을 장식했으며: Vinken, *The Shape of the Heart*, figure 25, p. 35.

108쪽. 어쨌든 방방곡곡을 돌아다니고: Antoine Thomas, *Francesco da Barberino et la Littérature Provençale en Italie au Moyen Age* (Paris: Ernest Thorin, Editeur, 1883), 9 – 20.

109쪽. 어떤 필사본에는 빨간색으로 그려져 있고: Vatican Library manuscripts Barb., nos. 4076 and 4077.

110쪽. 말의 목에 매달린 물건의 정체가: Francesco da Barberino, *I Documenti d'Amore* (Milan: Archè, 2006), 411.

110쪽. 위대한 미술사가 에르빈 파노프스키가: E. Panofsky, "Blind Cupid," in Studies in Iconology, 1962, 95 – 128; Vinken, *The Shape of the Heart*, 44 – 45; and Jean Canteins, *Francesco da Barberino: L'homme et l'oeuvre au regard du soi-disant "Fidèle d'Amour"* (Milan: Archè, 2007), 217 – 301.

112쪽. 파노프스키는 큐피드의 어깨에 걸린 끈을: Panofsky, "Blind Cupid" (New York: Harper and Row, 1962), 115.

112쪽. 그림 아랫부분에서는 하늘거리는 옷을 입은 채: J. A. Herbert, *Illuminated Manuscripts* (Bath: Cedric Chivers Ltd. [1911], 1972), plate xxxix.

8장 하트 아이콘의 탄생

117쪽. 삽화 중 하나에는 세속적 사랑을 상징하는: *The Romance of Alexander*, Bruges, 1344. Bodleian Library, Oxford, Ms. 264.

117쪽. 하트 도상은 필사본뿐 아니라: James Robinson, *Masterpieces: Medieval Art* (London: British Museum Press, 2008), 223 - 224.

119쪽. 파리 공방의 장인들은 여성용 보석함과: Koechlin, *Ivoires gothiques*, vol. I (Paris, 1924), 440 - 441.

119쪽. 뒤에는 탑과 나무가: Richard H. Randall, Jr., *The Golden Age of Ivory: Carvings in North American Collections* (New York: Hudson Hills Press, 1993), no. 213. 심장 봉헌이 조각된 1400년경의 더 정교한 프랑스 거울 케이스는 파리 클뤼니 박물관에 있다(OA 119).

120쪽. 이 장면을 잘못 해석하지 않도록: Bietenholz, illustrations 43 and 44에서 재수록.

121쪽. 그렇다면 그들과 후손, 그리고 이후 수 세기 동안: Leonie von Wilckens, *Museum der Stadt Regensburg. Bildteppiche* (Regensburg, 1980), 8. 또한 Martin Angerer (Hg.), *Regensburg im Mittelalter. Katalog der Abteilung Mittelalter im Museum der Stadt Regensburg* (Regensburg, 1995), 147 - 149 참고.

122쪽. 사랑의 모티프로서의 심장은 보석에서: Marian Campbell, *Medieval Jewelry in Europe 1100–1500* (London: Victoria and Albert Publishing, 2009).

122쪽. 14세기 이탈리아에서 제작된 반지는: Sandra Hindman, *Take This Ring: Medieval and Renaissance Rings from the Griffin Collection* (Verona: Les Enluminures, 2015), 87, www.medieval-rings.com.

124쪽. 16세기 이탈리아에서 제작된 심장 모양 필사본 두 점도: 페사로에 보존된 이탈리아의 심장 모양 책들은 Jager, *The Book of the Heart*, 84 - 85에서 논의한다.

124쪽. 살라의 소책자는 한 손에 들 수 있는 크기인데: Christopher de Hamel, *Manuscript Illumination: History and Techniques* (London: British Library, 2001), 35.

125쪽. 바치오 발디니의 판화에서는: 이 문장과 아래 이탈리아 자료의 출처는 Andrea Bayer, ed., *Art and Love in Renaissance Italy* (New Haven, CT, and London: Metropolitan Museum of Art and Yale University Press, 2008), 92 and 89.

126쪽. 더 섬뜩한 것은 1430년경 바젤에서 제작된: Historisches Museum, Basel. Michael Camille, *The Medieval Art of Love* (New York: Harry Abrams, 1998), figure 102, p. 115에서 재수록.

127쪽. 중세의 사고방식에서는 상징이 무척 흔했기에: Michel Pastoureau, *Une histoire symbolique du Moyen Age occidental* (Paris: Editions du Seuil, 2004), 11.

128쪽. 영어권 나라들은 프랑스에서 쓰던: Timothy B. Husband, *The World in Play: Luxury Cards 1430–1540* (New York: Metropolitan Museum of Art, 2016), 9.

9장 심장을 분리하여 매장하기

135쪽. 심장 안치함 위에는 샤를의 와상이 놓여 있었는데: Andreas Bräm, "Von Herzen: Ein Betrag zur Systematischen Ikonographie," and Murielle Gaude-Ferragu, "Le coeur 'couronné': Tombeaux et funérailles de coeur en France à la fin du Moyen Age," in *Micrologus, XI, Il cuore, The Heart*, 175, 255 - 256, and figure 14.

136쪽. 그의 비문에는 이렇게 쓰여 있다: Gaude-Ferragu, "Le coeur 'couronné'," 246.

137쪽. 안에 누구의 무엇이 들어 있는지 확실히 해두기 위해: 같은 책, 256.

137쪽. 이것은 대단히 정치적인 행위였으며: Claire de Lalande, "L'écrin du coeur d'Anne de Bretagne," *Anne de Bretagne, L'Objet d'Art*, Hors-Série, no. 75(2016): 20 - 21.

138쪽. 라 플레시의 학생 중에는 훗날 철학자가 된: Doueihi, *A Perverse History of the Human Heart*, 128.

139쪽. 발굴되어 한 미술가에게 팔렸는데: John Rogister, "Born to Be King: The Life, Death, and Subsequent Desecration of Louis XIV," *Times Literary Supplement*, August 5, 2016, 25.

139쪽. 제임스의 시신은 프랑스 혁명 기간에 모두 멸실되었으나: "James II of England," Wikipedia, https://en.wikipedia.org/wiki/James_II_of_England.

10장 심장의 독립

145쪽. 서구 문학사상 처음으로 심장이 스스로 생각하고: Per Nykrog, "Literary Tradition," in René of Anjou, *The Book of the Love-Smitten Heart*, trans. Stephanie Viereck Gibbs and Kathryn Karczewska (New York and London: Routledge, 2001), xiv.

146쪽. "일전에 나의 심장을 보러 갔다네": Charles d'Orléans, *Poésies*, ed. Pierre Champion (Paris: Honoré Champion Editeur, 2010), *Ballade* XXXVII, vol. I, 98 (영어 번역은 저자).

146쪽. 시인이 눈물로 불을 끄려 하나 허사다: 같은 책, *Poésies, Ballade* XXVI, 88.

147쪽. 그는 여인의 회복을 비는 기도를 함께 드리며: 같은 책, *Poésies, Ballade* LV, 117.

147쪽. 사랑에 빠진 심장과 개인적 고통 사이에서 갈가리 찢긴: A. B. Coldiron, *Canon, Period, and the Poetry of Charles of Orleans* (Ann Arbor: University of Michigan Press, 2000), 61 - 73 참고.

148쪽. 물론 심장이 추구하는 것은: 이 문장과 아래 인용문의 출처는 René of Anjou, *The Book of the Love-Smitten Heart*, 9 and 267.

149쪽. 그는 더 유명한 부르고뉴의 공작들과 마찬가지로: 가장 유명한 것은 Vienna National Library Codex Vindobonensis Ms. 2597. 또 다른 아름다운 필사본은 French National Library Ms. Fr. 24399.

150쪽. 빈 국립도서관에 소장된 《사랑에 빠진 심장의 서》 필사본에는: René d'Anjou, *Le livre du coeur d'amour épris*, ed. and trans. Florence Bouchet (Paris: Livre de Poche, 2003), 53.

151쪽. 연인의 기만에 대한 비용의 구체적 묘사는: François Villon, *Poems*, trans. David Georgi (Evanston, IL: Northwestern University Press, 2013), 4–25.

152쪽. "그럼 이제 아무 말 하지 않겠네.": Villon, *Poems*, trans. Georgi, 186–189.

11장 큐피드의 귀환

156쪽. 이렇게 뒤섞어놓으니 심장의 성적 상징은: 이 프레스코화의 일부는 Alain Gruber, ed., *The History of Decorative Arts: The Renaissance and Mannerism in Europe* (New York, London, and Paris: Abbeville Press, 1994), 223에서 재수록.

157쪽. 여기서 심장은 신성한 사랑과 세속적인 사랑을: 아베롱 샤토 드 파나의 이 목판화는 Orest Ranum, "The Refuges of Intimacy," in *A History of Private Life: Passions of the Renaissance*, vol. III, eds. Philippe Ariès and Georges Duby (Cambridge, MA, and London: Belknap Press of Harvard University, 1989), 233에서 재수록.

157쪽. 시인 페트라르카의 소네트 중: Vinken, *The Shape of the Heart*, figure 62, p. 73.

157쪽. 현존하는 이 시기 지도들은 정교하게 장식되어 있으며: 독일의 인문주의자 페트루스 아피아누스가 1520년에 제작한 심형 지도는 '아메리카'라는 이름이 담긴 최초의 지도 중 하나다.

160쪽. 이를 계기로 비슷한 책들이 출간되었는데: Otto Vaenius, "Introduction," *Amorum Emblemata*, ed. Karel Porteman (Aldershot Hants, England, and Brookfield, VT: Scolar Press, 1996), 1.

161쪽. 각 판화에는 (한 점만 빼고) 큐피드의 모습이: John Manning, *The Emblem* (London: Reaction Books, 2002), 170.

161쪽. 아래의 몇 가지 경구를 살펴보라: Vaenius, *Amorum Emblemata*, 22, 30, 32, 34, 64, 80, 208, and 236.

162쪽. 아래 제목의 시들은 남자 연인에게 건네는: 같은 책, 78, 98, 106, 126, 130,

132, and 234.

163쪽. 글을 읽어보면 큐피드는 하늘과 땅을: 이 문장과 아래 인용문의 출처는 같은 책 34-35, 160, 152.

165쪽. 이 책은 동판화 62점을 싣고 시를 곁들였는데: Marc van Vieck, "The *Openhertighe Herten* in Europe: Remarkable Specimens of Heart Emblematics," *Emblematica. An Interdisciplinary Journal for Emblem Studies* 8, no. 1(Summer 1994): 261-291.

166쪽. 놀이 방법은 이렇다. "한 사람이 책을 덮은 채로 들고": 이 문장과 아래 인용문의 출처는 van Vieck, "The *Openhertighe Herten* in Europe," 266-267 and 278.

12장 종교개혁과 반종교개혁

169쪽. 그는 1530년 7월 8일에 쓴 편지에서: 이 편지의 독일어 원본과 루터의 문장에 대한 탁월한 논평에 대해서는 Klaus Conermann, "Luther's Rose: Observations on a Device in the Context of Reformation Art and Theology," *Emblematica: An Interdisciplinary Journal for Emblem Studies* 2, no. 1(Spring 1987): 6 참고.

170쪽. 1524년에 출간된 그의 저작 속표지: Conermann, "Luther's Rose," figures 1 to 12.

170쪽. 종교개혁 과정에서 가톨릭의 전통적 상징과 이미지가: Slights, *The Heart in the Age of Shakespeare*, 101.

172쪽. 의미가 궁금한 사람을 위해 아래에 시가 실렸다: Peter M. Daly, *Literature in the Light of the Emblem* (Toronto, Buffalo, NY, and London: University of Toronto Press, 1979), 86에서 재수록.

173쪽. 이것은 말 그대로 불 시련으로: Slights, *The Heart in the Age of Shakespeare*, 59-60.

173쪽. 또 다른 판화에서는 예수가 빗자루를 들고: Mario Praz, "Sacred and Profane Love," *Studies in Seventeenth Century Imagery* (Rome: Edizioni di storia e letteratura, 1964), especially figure 61, p. 153.

175쪽. 특히 청교도는 (목사 토머스 왓슨의 설교처럼): Erickson, *The Language of the Heart*, 13에서 재인용.

176쪽. 의학이 발전하면서 예수성심과 성모성심은: Scott Manning Stevens, "Sacred Heart and Secular Brain," in Hillman and Mazzio, *The Body in Parts, figure* 13, p. 262.

177쪽. "그의 손에 기다란 금빛 화살이 들린 것을 보았다": St. Teresa of Avila, The

Collected Works, trans. Kieran Kavanaugh and Otilio Rodriguez (Washington, DC: ICS Publications, 1987), 252.

178쪽. 그녀는 자서전에서 1673~1675년에: 이 문장과 아래 인용문의 출처는 Emily Jo Sargent, "The Sacred Heart: Christian Symbolism," in The Heart, ed. James Peto (New Haven, CT, and London: Yale University Press, Wellcome Collection, 2007), 109 - 110.

179쪽. 종이에 그린 그림에서 유화, 고운 비단 장식에: Gérard Picaud and Jean Foisselon, A tout coeur: L'art pour le Sacré Coeur à la Visitation (Paris: Somogy éditions d'art, 2013).

13장 셰익스피어가 들여다본 심장의 비밀

185쪽. 시드니가 묘사한 심장 교환 장면은: Stanley Wells, Shakespeare, Sex and Love (Oxford and New York: Oxford University Press, 2010) 참고.

185쪽. 셰익스피어의 소네트와 희곡에서는 '심장'이라는 단어가: Stephen Amidon and Thomas Amidon, The Sublime Engine: A Biography of the Human Heart (New York: Rodale, 2011), 81.

187쪽. 성공회가 자리 잡은 잉글랜드에서는: Marilyn Yalom, A History of the Wife (New York: HarperCollins, 2001), ch. 3, 97 - 145. 한국어판은 《아내의 역사》(책과함께, 2012).

188쪽. 실제로 비평가 중에는 이 후기 희곡이: Amidon and Amidon, The Sublime Engine, 85.

195쪽. 하지만 현실에서는 '심장의 내용'(이것도 셰익스피어가 만들어낸 표현이다)으로: "Such is the Fulnesse of my hearts content," Henry VI, Part II, Act I, Scene 1, and "I wish your Ladiship all hearts content," The Merchant of Venice, Act III, Scene 4.

14장 심장과 뇌

200쪽. 갈레노스는 심장이 뛰어난 근력과 지구력을: Kemp, Christ to Coke, 87.

201쪽. 몸과 우주의 상호 연결된 체계 안에서: Heather Webb, "The Medieval Heart: The Physiology, Poetics and Theology of the Heart in Thirteenth- and Fourteenth-Century Italy" (PhD dissertation, Stanford University, 2004), 48; Webb, The Medieval Heart (New Haven, CT: Yale University Press, 2010).

201쪽. 레오나르도는 동물을 많이 해부했으며: Francis Wells, "The Renaissance Heart: The Drawings of Leonardo da Vinci," in Peto, The Heart, 80 - 81.

202쪽. 남자와 여자는 갈비뼈 개수가 같음: Famous Scientists, www.famousscientists. org.

203쪽. 실제로 1522년에 출간된 어떤 책에는: *Isagoge*, by Jacobus Carpensis Beregarius. 이 이미지는 Bette Talvacchia, ed., *A Cultural History of Sexuality in the Renaissance*, vol. II (Oxford and New York: Berg, 2011), figure 1:19, p. 32에 재수록.

203쪽. 1560년대에 잉글랜드의 산파 지침서에서는: Cynthia Klestinec, "Sex, Medicine, and Disease: Welcoming Wombs and Vernacular Anatomies," in Talvacchia, *Cultural History of Sexuality in the Renaissance*, 127.

204쪽. 사실 《구조》에 실린 판화에서 여성의 질을: 같은 책, figure 6:3, 124.

205쪽. 프랑스의 데카르트와 잉글랜드의 홉스, 로크는: Fay Bound Alberti, "The Emotional Heart: Mind, Body and Soul," in Peto, *The Heart*, 125 - 142.

206쪽. 플라톤과 갈레노스 같은 고전 시대 인물들은: Jager, *The Book of the Heart*, 152.

205쪽. 단지 아주 작은 샘이 있는 뇌의 가장 깊숙한: *Stanford Encyclopedia of Philosophy*, 2.3 *The Passions of the Soul*, https://plato.stanford.edu/entries/pineal-gland.

207쪽. 사랑으로 말할 것 같으면, 데카르트는 우리가 사랑의 대상을 보면: René Descartes, The Passions of the Soul, trans. Stephen Voss (Indianapolis and Cambridge: Hackett Publishing Company, 1989), article 102, p. 74.

208쪽. 심장과 머리의 경쟁 구도는 17세기 후반에: Geraldine Caps, "Diffusions, enjeux et portées de la représentation mécaniste du corps dans la médecine du second XVIIe siècle." In *Europe XVI/ XVII: Réalités et Représentations du Corps* (I) (Nancy: Université de Nancy, 2011), 142 - 157.

208쪽. 홉스는 대작 《리바이어던》에서: Thomas Hobbes, Leviathan, ed. A. R. Waller (Cambridge: Cambridge University Press, 1904), xviii.

209쪽. 에릭 재거는 명저 《심장의 책》에서: Jager, *The Book of the Heart*, 155.

15장 여성적 심장의 등장

214쪽. 이를 통해 소설가들은 여성을 무대 중앙에 내세웠으며: G. B. Hill, ed., *Boswell's Life of Johnson* (Oxford: Clarendon Press, 1950), ii, 49.

215쪽. 《파멜라》는 언론에서 화제를 불러일으켰는데: Samuel Richardson, *Pamela: or Virtue Rewarded*, eds. Thomas Keymer and Alice Wakely (Oxford and New York: Oxford University Press, 2001), xxii - xxiii. 한국어판은 《파멜라》(문학과지성사, 2008).

215쪽. 파멜라는 젊은 주인을 언급하면서 심장을 200번 이상 들먹인다: 이 문장과 아래 인용문의 출처는 같은 책, 31, 14, 22, 244, 245, 249, and 251.

217쪽. 그녀도 "심장을 겨냥한 공격"의 희생자다: Erickson, *The Language of the Heart*, 207. 나는 로버트 에릭슨의 꼼꼼한 《클러리사 할로》 독해에 빚진 바 크다. 1,500쪽을 전부 읽기는 무리였으니까.

218쪽. 그녀의 절박한 심정은 전통적 기독교 도덕보다 훨씬 깊은 곳에서 우러난다: 이 문장과 아래 인용문의 출처는 Erickson, *The Language of the Heart*, 208, 211, and 225.

220쪽. 그는 친구 벨퍼드에게 이렇게 말한다: Samuel Richardson, *Clarissa: or the History of a Young Lady* (Harmondsworth, Middlesex: Penguin Books, 1985), 1383 – 1384. 한국어판은 《클러리사 할로》(지식을만드는지식, 2012).

224쪽. 그의 철학적 에세이 《쾌락의 기술》(1751)은: 라 메트리에 대한 이 논평은 Natalie Meeker, "French: Eighteenth Century," *Encyclopedia of Erotic Literature*, vol. I, eds. Gaëtan Brulotte and John Phillips (New York and London: Routledge, 2006), 484; and "La Mettrie, Julien Offray de," vol. II, 745 – 746에서 영감을 받았다.

225쪽. 작정하고 조사한 끝에 부셰의 〈신들의 사랑〉 연작에서: 출처는 부셰의 1758년 연작 "Les amours des Dieux," *La Cible d'Amour* [The Target of Love], Collection Louis XV, Louvre.

16장 대중문화에서의 하트

229쪽. 스위스 처녀들은 심장을 수놓은 천을 고이 접어: H. J. Hansen, ed., *European Folk Art in Europe and the Americas* (New York and Toronto: McGraw Hill, 1967), 179 and 217.

230쪽. 이 글자들은 독일어의 독특한 예술적 필체인 프락투어로 썼으며: Donald Shelley, The Fraktur Writings or Illuminated Manuscripts of the Pennsylvania Germans (Allentown: Pennsylvania German Folklore Society), 1961.

231쪽. 뉴잉글랜드에서 대대로 보관하는 개인적 문서에서는: Laurel Ulrich, *A House Full of Females: Plural Marriage and Women's Rights in Early Mormonism, 1835–1870* (New York: Alfred A. Knopf, 2017), 109.

232쪽. 이를테면 1849년에 제작된 한 '영혼 그림'에서는: Edward Deming Andrews and Faith Andrews, *Visions of the Heavenly Sphere: A Study in Shaker Religious Art* (Charlottesville: University Press of Virginia, 1969), plate XII.

233쪽. 이 관습은 1850년대에 끝났지만: France Morin, *Heavenly Visions: Shaker Gift*

Drawings and Gift Songs (New York: Drawing Center, 2001).

233쪽. 모르몬교의 그림은 사랑의 상징인 심장을: Ulrich, *A House Full of Females*, 110 and 133.

234쪽. 말의 굴레에도 심장을 수놓았다: Mary Emmerling, *American Country Hearts* (New York: Clarkson N. Potter, 1988)의 근사한 예 참고.

234쪽. 많은 심장은 우정, 그중에서도 여자들의 우정을 표현했는데: Marilyn Yalom with Theresa Donovan Brown, *The Social Sex: A History of Female Friendship* (New York: Harper Perennial, 2015), chs. 7 and 8. 한국어판은《여성의 우정에 관하여》(책 과함께, 2016).

234쪽. 사랑의 감정을 나타내는 심장은: Robert Shaw, "United as This Heart You See: Memories of Friendship and Family," in *Expressions of Innocence and Eloquence: Selections from the Jane Katcher Collection of Americana*, vol. I, ed. Jane Katcher, David A. Schorsch, and Ruth Wolfe (New Haven, CT: Yale University Press, 2006), 89.

234쪽. 몇 해 전에 미국 공동묘지에 대한 책을 쓰려고: Marilyn Yalom, with photographs by Reid S. Yalom, *The American Resting Place: Four Hundred Years of Cemeteries and Burial Grounds* (Boston: Houghton Mifflin, 2008).

17장 하트와 손

239쪽. 이 말은 1820년에 일라이자 채플린이라는 젊은 미국인 여인이: Eliza Chaplin, Nelson Letters, 1819 - 1869, Essex Institute Library, Salem, Massachusetts.

240쪽. 대개 6개월 안에 정식 결혼식을 했는데: Merry E. Wiesner, *Women and Gender in Early Modern Europe* (Cambridge: Cambridge University Press, 1993), 49.

243쪽. 혼인 무효 청원은 이런 문구로 시작했다: Ann Rosalind Jones, "Heterosexuality: A Beast with Many Backs," in *A Cultural History of Sexuality in the Renaissance*, ed. Bette Talvacchia (Oxford and New York: Berg, 2011), 46.

243쪽. 이 추세는 영국 신문에 실린 '외로운 심장' 광고에서 확인할 수 있다: Francesca Beauman, *Shapely Ankle Preferred: A History of the Lonely Hearts Ads, 1695-2010* (London: Chatto and Windus, 2011), citations from 26 - 29.

246쪽. 그녀의 커플 중에서 가장 화목한 사람들은: Helena Kelly, Jane Austen: *The Secret Radical* (New York: Knopf, 2017), ch. 4.

248쪽. 자녀의 법적 양육권도 아버지에게 귀속했다: Yalom, *A History of the Wife*, 185 - 191. 한국어판은《아내의 역사》.

248쪽. "남자의 처소는 들판이요 여자의 처소는 난롯가라네.": Erna Olafson Hellerstein, Leslie Parker Hume, and Karen M. Offen, eds., *Victorian Women: A Documentary Account of Women's Lives in Nineteenth-Century England, France, and the United States* (Stanford, CA: Stanford University Press, 1981), 118의 논의 참고.

18장 낭만주의, 또는 심장의 지배

259쪽. 월터 스콧 경은 바이런이: "Don Juan," Wikipedia, https://en.wikipedia.org/wiki/Don_Juan.

262쪽. 상드는 자신의 삶과 마찬가지로 소설에서도: 상드와 사랑을 더 온전하게 논의한 문헌으로는 Marilyn Yalom, *How the French Invented Love: Nine Hundred Years of Passion and Romance* (New York: Harper Perennial, 2012), 195 – 217 참고. 한국어판은 《프랑스식 사랑의 역사》.

263쪽. 프랑스의 간통 이야기는 트리스탄과 이졸데: Didier Lett, "Marriage et amour au Moyen Age," *Le Monde: Histoire et Civilisations*, no. 15 (March 2016): 2.

264쪽. 1847년 11월 6일에 C. 벨이라는 서명과 함께 루이스에게 보낸 편지에서: E. C. Gaskell, *The Life of Charlotte Brontë*, vol. II (London: Smith, Elder & Co., 1857), 43.

264쪽. 1848년 1월 12일에 루이스에게 보낸 편지에서: 이 문장과 아래 인용문의 출처는 Gaskell, *The Life of Charlotte Brontë*, vol. II, 54 – 55.

19장 밸런타인

276쪽. 프랑스인들은 오통 드 그랑송의: Nathalie Koble, *Drôles de Valentines: La tradition poétique de la Saint-Valentin du Moyen Age à aujourd'hui* (Paris: Héros-Limite, 2016), 266; Jack B. Oruch, "St. Valentine, Chaucer, and Spring in February," *Speculum* 56, no. 3 (July 1981): 534 – 565.

278쪽. 이 모든 사건의 공간적 배경은 샤를 5세의 아들이자: Charity Cannon Willard, *Christine de Pizan: Her Life and Works* (New York: Persea Books, 1984), 167 – 168.

279쪽. "서로 사랑하는 남녀는": Charles d'Orléans, *Poésies*, vol. I, ed. Pierre Champion (Paris: Honoré Champion Editeur, 2010), *Ballade* LXVI, 128 – 129 (my translations here and the following).

279쪽. "성 발렌티노의 날 투르에서는 / 사랑의 이름으로": 같은 책, *Complainte* IV, 281.

280쪽. 샤를의 시 중에는 "성 발렌티노의 이날": Charles d'Orléans, *Ballades et Rondeaux*, ed. Jean-Claude Mühlethaler (Paris: Livre de Poche, 1992), Rondeau 50,

430.

280쪽. 심지어 이 밸런타인데이 사건을 기록한 그림 두 점이: Koble, *Drôles de Valentines*, 273.

280쪽. 사실과 허구를 뒤섞은 현학적 소설에서: Jean-Pierre Camus, *Diotrephe, or An historie of valentines*, trans. Susan du Verger(1641).

282쪽. 엘리자베스는 1477년 2월 10일 존에게 보낸 편지에서: 엘리자베스 브루스와 마저리 브루스가 존 패스턴 3세에게 보낸 관련 편지들은 Norman Davis, ed., *The Paston Letters: A Selection in Modern Spelling* (Oxford: Oxford University Press, 1963), 233 - 235에 수록.

283쪽. 밸런타인데이는 하루로 끝나지 않았다: Samuel Pepys, *The Diary of Samuel Pepys*, vol. II, ed. Robert Latham and William Matthews (Berkeley and Los Angeles: University of California Press, 1970), 36 and 38.

284쪽. 카드에는 복잡한 퍼즐, 이합체시: 아메리카의 몇몇 훌륭한 사례는 Ruth Webb Lee, *A History of Valentines* (New York and London: Studio Publications, 1952), 8 - 38 에서 재수록.

285쪽. 실은 그의 문구를 베끼거나 단어 순서만 바꾼 것이기는 했지만: Barry Shank, *A Token of My Affection: Greeting Cards and American Business Culture* (New York: Columbia University Press, 2004), 34 - 35.

285쪽. 에밀리는 선생 한 명이 유난히 완고했다고 말한다: Emily Dickinson, *The Letters of Emily Dickinson*, vol. I (Cambridge, MA: Belknap Press of Harvard University, 1965), 63, emphasis original.

286쪽. 한 장 가격이 5달러를 넘었는데: Webb Lee, *A History of Valentines*, 51 - 75.

286쪽. 〈매복한 큐피드〉라는 제목의 카드에는: Debra N. Mancoff, *Love's Messenger: Tokens of Affection in the Victorian Age* (Chicago: Art Institute of Chicago, 1997), 20 - 21.

287쪽. 직종과 직업에 따라 전문화된 카드도 있었다: Webb Lee, *A History of Valentines*, 124.

288쪽. 특히 문제 삼은 것은 "하트나 절반짜리 하트가 새겨진 상자와 카드"였다: "Valentine's Day," Wikipedia, https://en.wikipedia.org/wiki/Valentine%27s_Day.

20장 I ♥ U

295쪽. 2010년 인터뷰에서 심장에 치중하는 이유를 묻자: Ilka Skobie, "Lone Wolf: An Interview with Jim Dine," ArtNet, www.artnet.com/magazineus/features/

scobie/jim-dine6-28-10.asp.

296쪽. 2015년 로스앤젤레스에서 열린 회고전에서: Jonathan Novak, "A Retrospective Delves into Jim Dine's Hearts and Other Iconic Symbols," *Artsy Editorial*, February 4, 2015, www.artsy.net/article/editorial-a-retrospective-delves-into-jim-dines-hearts.

296쪽. 1999년 일본의 통신 회사 엔티티 도코모는: Amanda Hess, "Look Who's Smiley Now," *New York Times*, October 27, 2016, C1.

298쪽. 어떤 사람들은 자연 속 하트를 발견하고서: *The Power of the Heart* (movie), www.thepoweroftheheart.com, and Steve Casimiro, "25 Awesome Hearts Found in Nature," *Adventure Journal*, February 4, 2011, www.adventure-journal.com/2011/02/25-awesome-hearts-found-in-nature.

298쪽. 엘런 후에르타는 '실연한 사람들'을 위해: Sophia Kercher, "Modern Help for the Brokenhearted? It's Online," *New York Times*, February 2, 2017, D3.